金融统计创新与发展

阮健弘 ◎ 主编

JINRONG TONGJI
CHUANGXIN YU FAZHAN

中国金融出版社

责任编辑：亓　霞　贾　真
责任校对：潘　洁
责任印制：裴　刚

图书在版编目（CIP）数据

金融统计创新与发展（Jinrong Tongji Chuangxin yu Fazhan）/阮健弘主编 . —北京：中国金融出版社，2018.1
（新世纪中国金融改革与发展丛书）
ISBN 978 – 7 – 5049 – 9254 – 3

Ⅰ. ①金… Ⅱ. ①阮… Ⅲ. ①金融统计—研究 Ⅳ. ①F830.2

中国版本图书馆 CIP 数据核字（2017）第 256328 号

出版　中国金融出版社
发行
社址　北京市丰台区益泽路 2 号
市场开发部　（010）63266347，63805472，63439533（传真）
网 上 书 店　http://www.chinafph.com
　　　　　　（010）63286832，63365686（传真）
读者服务部　（010）66070833，62568380
邮编　100071
经销　新华书店
印刷　保利达印务有限公司
尺寸　169 毫米 ×239 毫米
印张　24
字数　314 千
版次　2018 年 1 月第 1 版
印次　2018 年 1 月第 1 次印刷
定价　78.00 元
ISBN 978 – 7 – 5049 – 9254 – 3
如出现印装错误本社负责调换　联系电话（010）63263947

新世纪中国金融改革与发展丛书
编 委 会

丛 书 编 委 会：

  易　纲　　陈雨露　　潘功胜　　范一飞　　张晓慧
  万存知　　朱　隽　　阮健弘　　纪志宏　　孙天琦
  李　波　　陆　磊　　邵伏军　　苟文均　　钟　平
  徐　忠　　谢　众　　霍颖励　　穆长春

丛书编写工作组：

  邵伏军　　魏革军　　苟文均　　穆长春　　钟　平
  傅　勇　　袁　鹰　　黄海清　　叶　蓁　　匡　桦
  孙国良

《金融统计创新与发展》
编 委 会

主　编： 阮健弘

副主编： 张文红　赵增德　闫先东

执　笔（按姓氏笔画排列）：

第一章	李　红	刘　茜	张琳琳	岳　丹
	姚　力	温娇月	郭　晶	
第二章	王东妮	张　璇	潘曾云	
第三章	王东妮	王立元	朱海燕	刘　茜
	张琳琳	赵　凌		
第四章	王　磊	叶　欢	李　欣	向晓岚
	刘　珂	刘　颖	张建平	苗大林
	郑　竑	崔二涛		
第五章	计　茜	李　明	张　璇	陈　浩
	岳　丹	单漫与	梁　斌	

中国金融改革发展：
内在逻辑与若干经验

一、新世纪中国金融改革发展的背景和起点

自1978年党的十一届三中全会作出改革开放的决定以来，中国金融业开始了从计划经济体制向市场经济体制的深刻转轨。在传统的计划经济背景下，金融活动更多从属于财政活动，服从于经济计划，金融发展处于被抑制状态。随着人们对社会主义市场经济认识的逐步深化，以及改革开放进程的不断推进，需要尊重金融自身发展规律，对金融体系进行重大改革，减少干预，不断增强市场配置金融资源的作用。

（一）建立双层银行体系，引进市场经济金融体系基本结构

20世纪70年代末80年代初，我国尚处于向市场经济转轨的早期，当时的经济体制改革主要强调改变政府直接干预市场的做法，即通过政府调控影响市场，由市场引导企业，而不是由国家直接调控企业。1979年，国家决定在固定资产投资领域进行将财政拨款改为银行贷款的"拨改贷"试点，这要求银行改变其国家计划执行者和国家财政出

纳员的角色。

在这个背景下，按照邓小平同志"要把银行真正办成银行"的指导思想，当时金融领域改革的主要任务是引进市场经济金融体系的基本结构，厘清政府在金融领域的职能边界，重点是通过政企分开，将中央银行和商业性金融体系分开，构建一个双层银行体系。在这个体系中，中央银行专注于宏观调控、金融监管和为银行提供支付清算等金融服务；专业性金融机构则从人民银行独立出来，向企业和居民提供专业金融服务。按照该思路，自1979年开始，中国农业银行、中国银行、中国建设银行、中国工商银行等金融机构先后建立或恢复建立。建立双层金融体制是我国金融改革的第一步，具有非常重要的意义，否则后面对金融机构、市场、监管、调控的一系列改革都无从谈起。

（二）完善公司治理结构，推动国有专业银行向商业化转型

20世纪90年代早中期，工、农、中、建四大银行还是国有专业银行，分别服务于工商业、农业、国际业务和项目建设等领域，相互之间缺乏充分竞争。同时，这些银行还承担着各自领域的一些政策性业务，一旦国家有要求，银行必须予以支持，当时甚至出现"包饺子"贷款。这显然不符合竞争性市场的基本要求，也不利于金融健康发展。

1992年，党的十四大正式提出"我国经济体制改革的目标是建立社会主义市场经济体制"，第一次把"社会主义基本制度和市场经济结合起来"。1993年，党的十四届三中全会通过了《关于建立社会主义市场经济体制若干问题的决定》，初步形成了社会主义市场经济基本框架。建立社会主义市场经济必然要求推动专业银行向商业银行转型，建立市场化的金融机构。而且，按照党的十四届三中全会关于建立现代企业制度的要求，银行作为商业性机构也应像国有企业一样进行公司治理改革，剥离政策性业务，转变为市场竞争主体。

基于上述考虑，1993年12月，国务院发布《关于金融体制改革的

决定》，决定成立国家开发银行、中国进出口银行、中国农业发展银行三家政策性银行，专门承担政策性金融服务。同时，要求专业银行逐步改革转变为国有独资商业银行，只承担商业性业务，不再按专业领域划分业务，相互之间可以交叉、竞争，以便改进服务。1995年，《商业银行法》出台，从法律上将工、农、中、建四家专业银行正式定位为国有商业银行。

（三）启动汇率改革，配合实体经济对外开放

1979年，为吸引外资，实施对外开放战略，我国颁布了《中外合资经营企业法》。搞中外合资，必然涉及外国资本到国内兑换人民币，必然要有合理的汇率机制，否则外资不愿意进来。这些背景都要求必须对汇率以及外汇管理体制进行改革。

1981年，我国启动汇率改革，人民币兑美元汇率从过去的1美元兑1.53元人民币改为双轨制，即贸易汇率1美元兑2.8元人民币，非贸易汇率不变。这是金融领域改革比较早的一项工作，在当时是相当大的变化。后期，企业要求取消外汇管制的呼声越来越高，但当时思想还不够解放，各方面顾忌较多，采取了过渡性措施，即开始实行外汇留成制度。实际上，外汇留成的本质仍是双轨汇率制度，容易造成价格体系扭曲，甚至寻租、腐败。

1993年筹备党的十四届三中全会过程中，党中央、国务院开始酝酿设计新一轮外汇体制改革。1994年1月1日，正式宣布"改革外汇管理体制，建立以市场为基础的有管理的浮动汇率制度和统一规范的外汇市场"，取消外汇留成制度和外汇兑换券的流通使用，人民币官方汇率和外汇调剂市场汇率并轨，将人民币兑美元汇率统一为1美元兑8.7元人民币。同时，决定实施银行结售汇制度，建立分层次、统一的外汇市场。这标志着人民币汇率形成机制改革迈出了重大步伐，开始转向以市场供求为基础，人民币汇率在外汇资源配置中开始发挥重要作用。

(四) 加强整顿，应对亚洲金融风波冲击

到1997年亚洲金融风波前，金融改革发展取得不少重要进展，但由于金融标准规制不规范、公司治理结构不完善、资本金不充足等原因，金融体系出现一定程度的混乱，不仅案件频发，还普遍存在不良贷款率高、市场恶性竞争等一系列问题。在亚洲金融风波冲击下，银行业积累了大量不良贷款，相当一部分金融机构经营困难，甚至关闭破产。当时国内外一些学者和媒体认为，中国大型国有商业银行已经到了"技术性破产"的边缘，银行体系迟早会出大问题。

这一阶段金融领域的主要任务是进行整顿并支持国有企业脱困。一是调整金融体系的结构。当时，整个经济体制改革需要在适当分权的基础上，建立合理的中央与地方关系。但在金融方面，需实行垂直管理，减少地方对金融的干预，治理金融"三乱"。因此，1997年第一次全国金融工作会议对金融体系的组织结构作了一系列调整，明确人民银行和国有商业银行分支机构党组和人事不再由地方领导。二是补充国有独资商业银行资本金。1997年，将国有独资商业银行所得税税率从55%（外加7%的调节税）下调至33%，提升商业银行利用内源性融资增加资本金的能力。1998年，由财政部发行2 700亿元特别国债筹集资金补充四家银行资本金。三是配合国家应对亚洲金融风波造成的重大冲击进行恢复。一方面，决定通过债转股减轻国企债务负担。另一方面，1999年成立了信达、长城、东方、华融四家资产管理公司剥离大型银行不良资产，帮助国企休养生息，摆脱大量职工下岗和效益下滑的困境。

总的来看，经过二十多年的改革探索，到20世纪末我国初步建立了与社会主义市场经济相适应的现代金融组织体系、金融市场体系、金融调控和监管体系，市场在资金配置中的作用明显增强，也使我国成功抵御了亚洲金融风波的冲击。但同时，金融领域的转轨特征和传统计划经济色彩仍较明显，一些重大体制机制问题还有待解决。尤其是，为配合服务国企改革攻坚和应对亚洲金融风波的影响，金融体系的健康性遭受一定冲击，国有商业银行和农村金融体系形成了巨大规模的坏账，资本账户可兑换、利率汇率市场化等改革未能按计划推进。如果不妥善解决健康性问题，金融机构和金融市场就很难继续为实体经济改革发展提供支撑，如果处理不及时、不妥当，甚至可能爆发金融危机，拖累实体经济发展。而且新世纪初中国加入世界贸易组织后，扩大开放有了更高要求，金融改革开放也面临更多新的任务和挑战。

二、新世纪以来金融改革发展主要进展

新世纪以来，尤其是党的十八大以来，在党中央、国务院的正确领导下，我国金融改革开放发展取得重大进展，大型国有商业银行成功股改上市，银行业金融机构资产质量、经营效益不断提升，多家机构入选全球系统重要性金融机构，金融体系健康性明显提升；坚持市场化方向，遵循渐进可控原则，不断深化利率汇率市场化改革，基本完成利率市场化改革，人民币汇率弹性显著增强，市场配置金融资源的能力不断提高；宏观审慎政策框架不断完善，成功应对了百年一遇的国际金融危机的冲击，守住了不发生系统性金融风险的底线；以场外市场和机构投资者为主的债券市场快速发展，市场深度和广度显著提升，有效促进直接融资比重提高；金融业双向开放不断扩大，人民币国际化扬帆起航并成功加入国际货币基金组织特别提款权货币篮子，我国金融国际竞争力和影响力显著提高，整个金融业发展迈入新时代。

（一）深化银行业改革

由于长期的政企不分、产权模糊、管理低效等历史原因，我国的金融机构积累了严重的系统性风险。20世纪90年代末，按照当时较低的

会计标准，我国银行业不良率在30%左右，虽然1999年剥离了1.4万亿元不良资产，但大型国有商业银行历史包袱仍然很重，不良率依然过高，资本充足率依然很低，甚至为负。因此，迫切需要采取强有力措施，下大的决心，对银行业进行全面深刻的改革，清理财务不健康问题，对金融机构特别是有影响的大型金融机构进行财务重组，使其恢复到健康状态。

要真正实现我国金融机构的健康化，首要任务是引入国际上更高的标准，提高金融规制的规范化程度。过去，我国很多金融领域的法律法规、制度规则是滞后的，很多标准是在实践的摸索中建立的，有些规则一开始甚至是缺失的。当时银行的贷款分类很不合理，主要采用期限法（"一逾两呆"），结果导致大量不良资产被掩盖。基于此，2001年颁布了《金融企业会计制度》，对会计准则进行了改进，同时开始实行贷款五级分类制度。这都是非常实质性的、基础性的工作，有助于弄清楚银行不良资产的真实情况，摸清家底，为后续金融机构健康化发展奠定基础。

大型国有商业银行股改上市

建立规范化的金融规则标准后，金融机构财务状况基本合格，但要跟上国民经济迅速发展的步伐，还需要不断增强资本实力。2002年2月，朱镕基总理在第二次全国金融工作会议上指出，要对国有独资商业银行进行股份制改造，条件成熟的可以上市。对银行等金融机构而言，上市除了可以筹集资本外，更重要的是可以按照现代企业制度建立公司治理结构，提升透明度。只有受到来自广大投资者特别是股票市场投资者和战略投资者的压力和监督约束，金融机构才有足够动力加强财务和风险管理。

由于当时的财政资源十分紧张，党中央、国务院在通盘考虑国家可用于金融改革的资源以及运用这些资源对宏观经济的影响后，明确提出了"抓两头、带中间"改革总体战略，即集中有限资源重点推动政策性历史包袱较重的大型商业银行和农村信用社改革，带动政策性历史负担较轻的股份制和城市商业银行等其他金融机构立足自身进行改革发展。

2003年5月19日，人民银行行长周小川向国务院作了关于《改革试点——国有商业银行的财务重组》的汇报。这份报告在认真总结我国经济与金融体制改革经验的基础上，研究论证各种可能的注资资源选择，创造性地提出运用国家外汇储备注资大型商业银行，并详细设计了核销已实际损失掉的资本金、剥离处置不良资产、外汇储备注资、境内外发行上市的"四步曲"方案。2003年9月，党中央、国务院原则通过了关于国有独资商业银行股份制改革的总体方案。为推进该项工作，国务院成立了国有独资商业银行股份制改革试点工作领导小组，办公室设在人民银行。

推进国有商业银行股改上市的过程也是形成共识的过程。在税收方面，财政部门给予了较大支持，同意按照新的会计准则核销损失，解决国有商业银行养老退休、医疗、住房货币化等历史包袱，并暂缓银行业营改增，同时将营业税税率从8%降到5%。在注资方式方面，当时也有一些争议。有观点认为，通过再贷款进行注资即可，不需要其他改革方案。最后经过反复征求意见，使用外汇储备注资这个新方案得到国内和国际社会的广泛支持。在机构选择方面，最初因担心改革花费资金太多，只定了一家进行改革。实际上如果只选择一家，其容易与中央讨价还价；选择两家改革，可以形成相互竞争的局面。最后事实证明选择两家进行改革达到了很好的效果。在战略投资者方面，当时有观点认为引进的战略投资者应是商业银行，这样可以借鉴其经营管理经验、引进新产品和客户等，但另一种观点是引进投资者应主要考虑资本，只要投资者关心资本回报率，就会通过多种方式促进银行发展。后来，大型国有商业银行也引入了高盛、淡马锡等非银行的战略投资者，事实表明它们的投资持续期反而比国外商业银行更长。

2003年以来,交行、建行、中行、工行、农行陆续进行股份制改革,并成功上市,初步建立了相对规范的公司治理结构,内部管理和风险控制能力、市场约束机制明显增强,资产规模和盈利水平均位居全球前列。2016年末,商业银行业资本充足率13.3%、拨备覆盖率176.4%,均显著提高。2011年以来,中行、工行、农行和建行先后入选全球系统重要性银行(G-SIBs)。改革的实践充分证明,党中央、国务院关于大型商业银行改革的重大决策部署是完全正确的,正是通过改革,大型金融机构的健康性实现了质的飞跃,我国才能成功抵御2008年国际金融危机的严重冲击。

农村信用社改革深入推进

新世纪之初,农村信用社资产占到金融系统总量的10%左右,不良资产在50%左右。2002年末,全国共有农村信用社2 535个,其中97.8%资不抵债。为克服农村金融服务不断萎缩和农村金融机构可持续发展能力薄弱等问题,2003年6月,国务院决定在浙江等8个省份实施农村信用社改革试点。

考虑到农村信用社比较分散,情况参差不齐,当时改革设计了正向激励机制,把中央银行专项贷款和专项票据的兑付与农村信用社实际改革成效相挂钩,充分调动地方政府和农村信用社的积极性,引导农村信用社逐步"上台阶"。第一个台阶,参加改革的农村信用社,必须对改革计划作出承诺,然后才能获得资金支持和相关鼓励政策。第二个台阶,农村信用社必须使资本充足率上升到0的水平后,人民银行方可用专项票据置换其不良资产,同时向农村信用社支付专项票据利息。第三个台阶,专项票据两年到期后,农村信用社资本充足率提高到2%,公司治理和不良资产消化也达到相应指标,经过验收确认,人民银行可以将票据兑现成现金。

在正向激励约束机制作用下,农村信用社资产质量、盈利能力、支农资金实力、可持续性经营能力均得到明显提高,"花钱买机制"的政策效应不断显现。2016年末,全国农村信用社资本充足率12.13%,与2002年末相比提高了20.63个百分点。农村信用社自2004年实现首次轧差盈利后,利润总额快速增长,截至2016年末,累计实现盈利13 437亿元。

(二) 稳步推进利率汇率市场化改革

在金融机构和金融市场逐步健康化、规范化之后,金融改革发展的基础不断巩固,特别是2013年党的十八届三中全会更加鲜明地提出"使市场在资源配置中起决定性作用",在认识和要求上较以往迈上了一个新的大台阶,作为资金主要价格的利率、汇率市场化改革得以再次提速。

利率市场化改革实现重大突破

利率市场化改革的要点是体现金融机构在竞争性市场中的自主定价权,通过差异化定价优化资源配置。从调控的角度看,特别是从以直接调控转向以间接调控为主的过程中,需要有一个顺畅、有效的利率传导机制,并对市场价格形成产生必要的影响。这都要求必须进行改革,形成市场化的利率定价和传导机制。

实现利率市场化是一个长期过程。1993年12月,国务院发布《关于金融体制改革的决定》,提出了利率市场化改革的基本设想。1996年6月1日,人民银行取消同业拆借利率上限管理,由拆借双方根据市场资金供求自主确定,这标志着利率市场化迈出了具有开创意义的一步。进入新世纪后,人民银行按照"放得开,形得成,可调控"的原则,"先贷款后存款、先大额后小额,先外币后本币"的总体思路,继续稳步推进利率市场化,着力完善市场化的利率调控传导机制,给予金融机构更大利率定价自主权,充分发挥市场在资源配置中的决定性作用。2006年,人民银行组织构建了上海银行间同业拆放利率(Shibor),为各类金融产品交易定价发挥了基准作用。同时,分步有序扩大存贷款利率浮动范围，抓住成功应对 2008 年国际金融危机的有利时机，加快推进利率市场化改革，分别于 2013 年 7 月 20 日、2015 年 10 月 24 日放开贷款利率下限和存款利率上限管制。

一般而言，存款利率关系到全社会的资金成本，其市场化对国民经济的影响更加广泛而深刻，完全放开的条件也相对较高。从国际经验看，放开存款利率管制是利率市场化进程中最为关键、风险最大的阶段，一般应置于相对靠后的阶段推进。存款利率市场化这个利率市场化的最后一步，是分若干小步迈出来的。在过去的几年中，存款利率浮动上限经过多次调整直到最后放开，走了五步。2015 年 10 月存款利率上限的最终放开，标志着我国持续 20 多年的利率市场化基本完成，这在利率市场化改革以及整个金融改革历史上，都具有重要的里程碑意义。

在推动利率市场化的同时，货币政策调控框架也在逐步从数量型为主向价格型为主转型。在利率市场化逐步推进的背景下，人民银行在探索构建利率走廊机制方面取得了很好的效果。例如，为稳定短期利率，持续在 7 天回购利率上进行操作，通过开展常备借贷便利（SLF）操作，按需足额提供短期流动性支持，探索发挥其利率作为利率走廊上限的作用。

汇率市场化改革稳步推进

我国汇率市场化改革也走过了较长阶段。新世纪之初，大型商业银行改革刚刚提上议程，很多金融机构的公司治理和抗风险能力尚不足以有效抵御汇改可能带来的风险，因此一方面采取内部磋商开展金融对外交流与合作，化解外部压力；另一方面果断决定先行改革国有商业银行和农村信用社，待这两项改革取得重要进展，宏观调控走上正轨，诸多基础条件成熟之后再正式启动汇改。实践证明，这样的金融改革顺序决策和战术安排是合理的，尽可能地降低了汇改的风险。

2005 年，经过两年多的精心准备和周密部署，人民银行按照"完善人民币汇率形成机制，保持人民币汇率在合理、均衡水平上的基本稳定"的要求，遵循"主动性、可控性、渐进性"原则，再次启动人民币汇率改革。2005年7月21日,我国宣布开始实行以市场供求为基础、参考一篮子货币进行调节、有管理的浮动汇率制度,人民币汇率不再盯住单一美元。这要求人民币汇率更多反映经济基本面尤其是国际经常项目收支平衡情况,汇率形成主要由外汇市场的供求关系决定。沿此改革思路,经过2007年、2012年和2014年连续三次调整,人民币兑美元交易价日浮动幅度从3‰扩大至2%,同时央行基本退出常态外汇干预,人民币汇率弹性显著增强。随着外汇市场对外开放水平的不断提高,金融机构自主定价和风险管理能力不断增强,2015年8月11日,人民银行宣布完善人民币兑美元汇率中间价报价机制,强调中间价报价要参考上日收盘汇率,以反映市场供求变化。2017年5月,在中间价报价模型中新增"逆周期因子",以适度对冲市场顺周期因素,使中间价更加充分地反映宏观经济等基本面因素。

1997年到2017年8月,人民币兑美元汇率在6.09~8.30区间波动,波动幅度远小于其他主要经济体和新兴市场经济体货币,在合理均衡水平上保持了基本稳定。同时,汇率市场化改革对我国经济转型发展和走向均衡产生了积极影响,为宏观调控创造了有利条件,在应对国内外形势变化中发挥了重要作用。

(三) 实施逆周期调控并成功应对国际金融危机

新世纪以来,在经济发展的不同阶段,货币政策根据经济金融形势和物价水平的变化情况,适时适度进行调整,始终坚持金融服务实体经济的本质要求,为经济平稳健康发展和经济体制改革营造了适宜的金融环境。

货币政策调整灵活适度

中国经济自2003年进入新一轮上升周期,经济增长速度加快,物价水平有所上升。人民银行及时调整货币政策操作,综合运用中央银行票据、存款准备金等多种货币政策工具,加强流动性管理和货币信贷调控,适当回收流动性,抑制了货币信贷增长偏快的势头。2003—2007

年，先后15次上调存款准备金率，对冲了外汇占款所投放流动性的大约80%。其中，2007年是调控力度最大的一年，10次上调存款准备金率，6次上调存贷款基准利率。2008年美国次贷危机蔓延加深，国内外经济金融形势发生重大转变，一些金融改革发展任务被迫暂停，首要工作是配合国家应对金融危机冲击。人民银行坚决贯彻落实党中央、国务院应对危机的一揽子计划，及时调整了货币政策的方向、重点和力度，将全年新增贷款预期目标提高至4万亿元左右，指导金融机构扩大信贷总量，并与结构优化相结合，向"三农"、中小企业和灾后重建等倾斜；综合运用多种工具，采取一系列灵活、有力的措施，及时释放确保经济增长和稳定市场信心的信号，5次下调存贷款基准利率，4次下调存款准备金率，保持银行体系流动性充分供应，促进货币信贷合理平稳增长，帮助中国经济在2009年率先实现企稳回升。

对于应对危机的临时性刺激措施，出拳要猛、收拳也要及时。考虑到中国易热不易冷的体制特征，宽松货币条件可能产生一定的副作用，随着形势好转必须果断决策，适时调整政策取向和力度，及时退出相关刺激措施。2010年10月，人民银行周小川行长在北京大学光华管理学院的演讲指出，"根据我的观察，在2009年第二季度，基本上已经看到中国经济强劲复苏，但这种复苏带来了一些问题。因此，在2010年初期，我们很快发现了超调问题，并开始反方向调整，先后三次上调准备金率，以收缩经济中的流动性"，并且强调"如果刺激措施的剂量过大，就可能产生超调问题，如果力度不足，就可能导致经济复苏缓慢"。

探索逆周期的宏观审慎政策框架

国际社会普遍认为宏观不审慎是2008年国际金融危机发生的重要原因。这次危机的破坏性如此之大，其中一个原因是危机传染的渠道发生了很大变化，例如金融衍生品市场缺乏清算机制，风险的跨市场传染发散非常快。另外，这次危机暴露出金融体系存在非常明显的顺周期性。当经济好的时候，各方面信心都很足，金融机构和客户的评级都比较高,资产价格特别是房价不断上涨,此时大多数金融机构是健康的,交易对手一般不会出问题。泡沫一旦破裂,就会出现连锁反应,市场的非理性行为和"羊群效应"会加剧波动。为此,需要引进一些逆周期的因素,增强系统稳定性,如逆周期资本缓冲、系统重要性附加资本以及更高的流动性要求,同时也要加强金融基础设施管理,建立中央对手方等。这些措施在概念上被命名为宏观审慎政策框架。宏观审慎政策框架的提法在国际上被写入了G20文件,在国内被写进了党的十八大、十八届三中全会的文件,也连续几年被写进了政府工作报告。

人民银行较早在逆周期宏观审慎管理方面进行了创新性探索。2009年下半年中国经济出现复苏迹象,在扩大内需等一揽子经济刺激政策的带动下,人民币贷款快速增长。人民银行对此高度关注和警惕,提出应按照宏观审慎政策框架的原理设计新的逆周期措施。2010年,人民银行通过引入差别准备金动态调整措施,将信贷投放与宏观审慎要求的资本充足水平相联系,探索开展宏观审慎管理。当时大家的认识还不一致,有些事还有争论,2010年底的中央经济工作会议明确提出要使用宏观审慎工具。此后,人民银行不断完善宏观审慎政策,将差别准备金动态调整机制"升级"为宏观审慎评估(MPA),逐步将更多金融活动和资产扩张行为纳入宏观审慎管理,并将全口径跨境融资纳入宏观审慎管理。从实践来看,宏观审慎政策框架在促进金融机构稳健审慎经营、维护系统性金融稳定等方面发挥了重要作用,向全球输出了中国经验。党的十九大报告明确提出要健全货币政策和宏观审慎政策双支柱调控框架。

(四)构建层次丰富的现代化金融体系

2003年党的十六届三中全会《关于完善社会主义市场经济体制若干问题的决定》,明确提出要"建立多层次资本市场体系,完善资本市场结构,丰富资本市场产品"。最初建设多层次资本市场的想法相对比较简单，定义的层次少一些，当时主要考虑建设主板市场和创业板市场，后来逐步认识到，需要建立一个更丰富的多层次资本市场乃至多元化的金融体系。金融体系的多元化涉及很多方面，如金融机构多元化、金融产品创新、多层次金融市场等。新世纪以来，按照多元化的方向，全面推动由债券市场、货币市场、外汇市场、黄金市场、股票市场等构成的，分层有序、互为补充的金融市场体系规范创新发展。同时，积极探索发展开发性金融，推动设立民营银行，积极稳妥地发展互联网金融，这些都反映了当前我国金融改革发展所处阶段的多元化特点。随着金融市场体系的复杂化、多元化，金融监管也逐步迈向专业化。

债券市场实现跨越式发展

上个世纪，债券市场在支持国民经济运行发展中的作用相当有限。而且，由于市场化改革不到位、市场定位不准确、市场约束不健全、市场制度不完善，出现了1992年"327国债期货风波"、银行资金违规进入股市、企业债大量违约等风险事件，使整个金融体系隐含了相当大的风险。这些挫折有其时代背景，也与经济处在转轨早期，计划经济色彩比较浓厚，市场经济的思维、环境尚未建立有关。

新世纪之初的金融改革任务非常重，党中央、国务院决定将债券市场改革任务交由人民银行牵头负责。人民银行周小川行长在2005年中国债券市场发展高峰会上明确提出，发展债券市场要以市场经济为思维主线，以合格机构投资者和场外市场为逻辑主线，以完善法规、会计、信息披露和破产制度为环境主线，使有较强分析能力和风险承担能力的机构能够在市场中唱主角。在认真总结经验教训的基础上，银行间债券市场明确了场外市场和定位于机构投资者的发展方向；不断加大市场化改革力度，减少不必要的行政审批，将发行审批制逐步改革为核准制、备案制和注册制；借鉴国际经验，探索行业自律组织和基础设施建设，促进发挥信息披露、信用评级等市场激励与约束机制的作用。

目前，我国债券市场初步形成了以场外市场为主体、场内市场为补充、互联互通的市场体系，2016年末，债券市场托管余额为63.7万亿元，规模位居世界前列。债券市场的发展，大大拓宽了企业和实体经济直接融资渠道，优化了社会融资结构，直接融资比重从2003年的3.9%提升到2016年的27.2%，有效分散了原来高度集中于银行体系的金融风险，增强了整个金融体系的稳定性。

开发性金融散发新活力

金融多元化的另一个重要实践就是开发性金融运用。关于是否有必要发展开发性金融，有过一些争论。最初全球思潮不太倾向于开发性金融。不过，2008年国际金融危机后，全球范围内长期公共融资难觅投资者，加之商业性金融体系"惜贷"，国际社会开始重新认识到开发性金融的重要性。新世纪以来，中国初步探索出了一条富有中国特色的开发性金融道路，即服务国家战略、依托信用支持、不靠政府补贴、市场运作、自主经营、注重长期投资、保本微利、财务上有可持续性的金融模式。一方面，这种模式能够自我权衡经济与政策目标，投向周期长、资金需求大、商业机构难以提供的项目，更有利于满足符合国家长期战略和利益以及大额项目建设资金的需求。另一方面，其在服务国家战略的同时，能坚持市场化运作，能够确保机构的长期可持续发展。近年来，以国开行为代表的开发性金融，在没有财政补贴的情况下，实现了一定回报和财务的可持续性，为"一带一路"建设等国家长期战略和利益作出了贡献，形成了开发性金融的有益实践。

金融监管专业水平和协调性不断提升

金融体系从"不健康"到"健康"的过程中，最开始往往倾向于将监管独立出来，寄希望于专门的监管机构能更好地履行监管职责，同时推动本行业更好发展。当时普遍的观点是，学西方发达国家的早期经验，实行分业经营，分业监管。

证券业监管职责是最早从人民银行分离出去的。1992年10月，国务院决定成立国务院证券委员会和中国证券监督管理委员会，后来证券委员会的发行审核功能合并纳入了证监会。一般而言，资本市场与传统的银行业务相差甚远，而且涉及上市公司监管等专业工作，多数国家的证券业监管大多是独立的，不属于中央银行职责范围，这是比较容易理解的。随后，1998年设立了保监会，加强了对保险业的统一监管。2003年，分设银监会，进一步完善了金融监管体系，明确了银监会、证监会、保监会三家专业性监管机构的目标责任，理清了金融监管和宏观调控之间的责任关系。总体看，分业经营和分业监管模式在提高监管专业性、培养监管人才、防范和化解金融风险、促进金融业改革发展等方面发挥了积极作用。

近年来，随着金融业的改革发展，金融创新活动增多，理财或资产管理类交叉性金融产品加速发展，金融综合经营发展步伐加快。"铁路警察，各管一段"的传统分业监管模式较难适应金融发展新趋势，监管缝隙较大，加大了防范和化解跨市场、跨行业的金融风险的难度。按照国务院的要求，2013年8月人民银行牵头成立了金融监管协调部际联席会议制度。2017年7月召开的第五次全国金融工作会议决定成立国务院金融稳定发展委员会，强化监管协调和监管问责，指定人民银行承担委员会办公室工作，牵头防范化解系统性金融风险。

（五）推动人民币国际化和资本项目可兑换实现新突破

在持续多年的市场化改革基础上，金融改革发展开始加大国际化的步伐，以前是不具备这个条件的。最近几年，尤其是2008年国际金融危机以后，我国抓住有利时机，顺应市场需求，稳步有序推进人民币国际化和资本项目可兑换。

人民币国际化迈上新台阶

人民币国际化起步比设想得要早，主要是因为2008年国际金融危机期间西方国家金融市场一度非常疲弱，加之由于金融危机导致的货币不稳定，市场上缺乏美元，且对美元信心不足，欧元、日元也比较不稳定，国际社会要求改革现有国际货币体系的呼声越来越大，对人民币的欢迎程度超过预期。最早是韩国出于稳定需要，主动要求和我国开展人民币互换。随后陆续有20多个发展中国家提出货币互换，一些发达国家也加入进来。

在国际社会需要，同时于我有利的情况下，人民银行按照党中央、国务院部署，顺势而为，沿着"逐步使人民币成为可兑换的货币"的长期目标，进一步减少不必要的行政管制和政策限制。2009年7月，在上海和广东四市率先启动跨境贸易人民币结算试点，随后逐步扩大至全国。陆续推出人民币合格境外机构投资者（RQFII）、人民币合格境内机构投资者（RQDII）、沪港通、深港通、基金互认、债券通等创新制度安排，完善人民币国际化基础设施体系。经过不懈的努力，人民币国际化取得一系列积极成效。据环球银行金融电信协会（SWIFT）统计，2017年8月，人民币为第五大国际支付货币，市场份额为1.94%。

随着中国经济和人民币国际地位的不断提升，国际上建议将人民币纳入SDR的声音日益增强。人民银行周小川行长在2009年发表文章《关于改革国际货币体系的思考》，激发了国际社会对改革国际货币体系的热烈讨论，以及对增强SDR作用的关注。2015年适逢IMF五年一次的SDR审查，人民币加入SDR面临难得的历史性机遇。党中央、国务院高瞻远瞩、审时度势，及时作出了推动人民币加入SDR的重要战略部署。2015年11月30日，IMF执董会认定人民币为可自由使用货币，决定将人民币纳入SDR货币篮子，并于2016年10月1日正式生效。这是人民币国际化的重要里程碑，代表了国际社会对中国改革开放成就的高度认可，对中国和世界是双赢的结果。

资本项目可兑换改革持续推进

1996年实现经常项目可兑换以后，正当我国研究如何进一步推进资本项目可兑换时，亚洲金融风波爆发了，一些受到较大冲击的国家和地区开始采取资本项目管制抵御风波。我国自身遭受金融风波的冲击也比较严重，国内金融稳定形势比较严峻，资本项目可兑换进程不得不暂停。从2002年下半年开始，我国经济和外贸形势明显改善，国际收支交易规模急剧增加，有经常项目和资本项目双重属性的跨境交易日益增多。在这种背景下，资本项目可兑换进程再次被提上日程。2003年10月，党的十六届三中全会正式重新提出"在有效防范风险前提下，有选择、分步骤地放宽对跨境资本交易活动的限制，逐步实现资本项目可兑换"。但当时我国的银行体系不良资产率非常高，亏损严重。如果微观基础不牢固，推进资本项目可兑换的风险就会非常大，因此没有给出具体的改革时间表。由于涉及资本项目可兑换的各方面条件不太成熟以及2008年国际金融危机爆发的影响，我国的资本项目可兑换改革进程一直比较缓慢。国际金融危机后，随着我国经济逐步稳定复苏，党中央、国务院关于资本账户可兑换的提法开始出现积极变化，多次强调要"逐步实现人民币资本项目可兑换"。2013年11月，党的十八届三中全会进一步提出，要"建立健全宏观审慎管理框架下的外债和跨境资本流动管理体系，加快实现人民币资本项目可兑换"。

从实际效果看，这些年人民币资本项目兑换的方便性取得了很大的进展，并已经体现在我国对外贸易、投资和其他国际经济往来的各个方面。从IMF资本项目交易分类标准下的40个子项来看，目前可兑换和部分可兑换的项目37项，占92.5%，仅剩3项尚未放开。应该说，人民币资本项目可兑换仍是我国经济金融改革开放的一个重要方向，是下一步要重点研究和积极推进的工作。经过这么多年努力，资本项目可兑换已经迈出了相当大的步子，具备了进一步推进的条件。

三、中国金融业改革发展的内在逻辑及经验总结

作为整个经济体制改革的重要组成部分，中国的金融改革发展始终伴随着社会主义市场经济体制改革尤其是实体经济改革开放而持续

推进,与整体经济体制改革进程相衔接、与之配套并为之服务,呈现出一个内部连贯、逻辑一致的过程。新世纪以来的中国金融改革发展的巨大成就来之不易,其间虽有过反复、搁置,但总体进程是不断向前发展的,有很多值得总结的经验。

(一) 坚持市场化取向,稳步推进金融改革发展

自1992年党的十四大正式提出"建立社会主义市场经济体制"目标以来,中国金融始终坚持市场化取向,按照界定产权、政企分开、依法治国、激励相容、社会监督五个市场经济特征,稳步推进各项改革。

市场经济要求等价交换,前提是界定产权。过去只有人民银行一家银行,现在成立了几百家银行和几千家相对独立的农村信用社,而且很多银行都完成股改上市,产权不断清晰,经营效率大幅提升。在市场经济中,经济决策是分散的,主要由企业和家庭选择和决策,因此必须将政府和企业分开,过去银行是政府和财政的出纳,一切听从于政府,现在自主经营,是发挥资源配置作用的市场主体。产权清晰了,决策分散了,如果没有规矩,就乱了,还得要依法治国。在金融领域,陆续颁布了《中国人民银行法》《银行业监督管理法》《商业银行法》《证券法》《保险法》等法律法规,为宏观调控、监管和金融机构经营提供了重要依据。

在法治框架下,市场经济主体的努力和创造力与其物质利益挂钩,能最大限度调动市场主体的积极性,这也是市场经济效率的源泉。过去银行领导干好干坏只体现在政治升迁上,现在银行业已经有了相当的经济激励。但仅有激励是不够的,缺乏现代公司治理和内在约束机制的情况下,单纯的经济激励改革最终不会成功。为此,我国进一步完善了会计准则和披露制度,现在银行每年要披露年报,尤其是上市银行必须接受来自内部和外部的更加严格的监督。

同时,很多市场化改革在推进过程中,难免会面临一些争议。例如,在进行利率市场化改革时,初期可能出现利率中枢上移,对中小微

企业的融资有一定影响。再例如，在进行汇率市场化改革时，汇率弹性增强可能放大外贸出口类企业的风险敞口，对一些缺乏经验的企业可能会造成一定冲击。尽管改革或多或少都存在一些成本代价，但与整体经济通过市场机制获得效率改进相比，推进改革是利大于弊的。在推进改革时需要综合权衡利弊，总体大的方向是要坚持有利于优化资源配置和效率改进，不能因"小弊"而失"大利"。

（二）坚持问题导向，一切从实际需要出发

从实践来看，我国的金融改革一直立足国情实际，坚持问题导向，缺什么、补什么、建什么。从计划经济向市场经济转轨，首先是缺资本，资本不足将严重影响金融机构的健康性，因此需要针对金融机构资本不足、治理不完善问题，对国有专业银行进行商业化和股份制改造，推进农村信用社改革。其次是缺竞争，对于市场经济而言，其本质是在建立激励约束机制的基础上，通过竞争发现价格，进而通过价格引导资源优化配置，促进经济走向均衡，进而提升经济整体效率，这就需要推进利率、汇率市场化改革，发展多元化、多层次金融机构体系，通过竞争提升效率。再次是缺开放，市场经济本质是打破封闭，走向开放型经济，通过扩大开放可以促进竞争，也会倒逼国内改革，因此需要推动贸易与投资自由化和便利化、汇率市场化、放宽外汇管制三大政策改革，降低市场准入门槛，逐渐使竞争和市场成为普遍使用的机制。最后是缺金融市场，现代化的金融体系必然要求高效、富有深度和广度的金融市场，否则金融的价格发现功能就缺乏基础，因此我国加大建设力度，发展了债券市场、衍生品市场、交易所市场、黄金市场、外汇市场、货币市场等。

另外，有些改革过去曾经打算做，却由于遇到危机等各种各样的原因，被耽搁了下来，需要及时补齐改革短板。比如存款保险制度。2015年5月1日，出台了《存款保险条例》。存款保险制度是市场经济条件下银行体系健康发展的一个重要要素，按道理存款保险制度早就应该建立，但因为各种原因没有做。既然允许大家办银行，现在又提出允许民营资本发起设立中小型银行，改善对社区、农村等薄弱环节的金融服务，就需要建立存款保险制度，按照市场化原则处置银行倒闭问题。

（三）坚持以稳促进，通过有力有效调控营造良好金融环境

每一项金融改革的成功推进都离不开良好的经济金融环境。没有良好的环境，金融改革就会遇到较大阻力；当环境比较好时，改革就会事半功倍。为经济稳定发展、金融改革营造稳定良好的经济金融环境，宏观调控尤其是货币政策调控必须有力，必须根据经济形势变化灵活适度调整，加强逆周期调控。在经济过热或资产价格出现泡沫时，必须采用适当工具"慢撒气""软着陆"，实现平稳调整；在经济衰退或遭遇外部冲击时，必须及时出手，稳定形势，增强信心。例如，在1997年亚洲金融风波期间，很多国家货币竞相贬值，有些货币贬值在30%、40%甚至50%以上，但党中央、国务院审时度势，认为人民币贬值虽然有利出口，但会加剧东南亚以及全球金融动荡局面，也不利于国内经济金融稳定，所以坚持人民币不贬值，为国内金融改革稳定发展奠定了坚实基础。2008年国际金融危机期间，我国"出手快、出拳重、措施准"，成功应对了金融危机冲击，当经济在全球率先复苏并初显过热苗头时，又及时启动货币政策正常化，防止政策过冲，同时探索建立完善宏观审慎政策框架。这些措施为经济社会稳定发展营造了良好的货币金融环境，也守住了不发生系统性金融风险的底线。可以说，正是我国成功应对了1997年亚洲金融风波，才能启动国有大型商业银行股改，也正是基本完成了国有大型商业银行股改和农村金融改革，才又成功抵御了2008年国际金融危机冲击，才有可能进一步推进利率汇率市场化等改革，推动现代金融体系健康发展。

(四)坚持立足国情实际,走渐进式改革道路

转轨经济的"休克疗法"和渐进式改革的目标一样,都希望市场起主导作用,把企业搞活,但不同模式效果截然不同。"休克疗法"倾向于全面否定过去的体制,在此过程中,新的机制尚未建立,涉及金融业的法律法规都直接从西方国家照搬引入。在国内缺乏相应的经济背景、实践经验以及人才储备的背景下,这么做可能导致业界和公众一般都很难理解,往往是部分先理解的人占到很大便宜,从中牟利,最终可能导致贫富差距过大,偏离改革初衷。另外,"休克疗法"不太倾向救助濒临倒闭的金融机构,苏联的金融机构在"休克疗法"后基本全垮了,之后国内先后成立了1 000多家私有制的商业银行,几乎没有一家是国有的,都是小银行,这种市场结构不利于抵御金融危机冲击。同时,像中国这么大的国家全世界也没有几个,在如何处理中央与地方关系等问题方面,可借鉴的国际经验比较少,诸多改革很难参照标准模式一步到位,只能坚持走渐进式改革道路。

相比而言,我国的渐进式改革更符合人的一般认识规律。从过去的计划经济转向市场经济体制并谋划下一步发展时,总有个逐步转变、逐步适应的过程,很多传统思想理念很难在短期消除。有的时候,往前走两步甚至会往后退一步,但总体仍是向前的。从金融和实体经济关系的角度看,通常实体经济的改革开放步子走得快一些,或者说实体经济改革开放发展到一定程度,金融业就要加快推进自身的改革开放,跟上实体经济改革开放的步伐,更好地提供金融服务。反之,如果在实体经济的企业改革还没有充分展开,企业还没有获得充分自主权、公司治理还没有充分建立的情况下,金融企业要实现自主经营、建立现代企业制度、形成规范的公司治理等,也是不现实的,有的时候甚至会因为实体经济遭受重创,一些金融改革不得不暂停。另外,从我国实践来看,"摸着石头过河"还体现在对自下而上式改革的重视,因为很多改革造

成的影响可能很大,"试错"成本很高,采取小范围试点,可以减少这种成本,一旦发现有问题,也可以很好地控制风险、吸取经验教训。

坚持渐进式改革,还体现在协调配合,把握改革发展的节奏和机会窗口方面。从过去经验看,一般会先提出一个单子,列出需要推进的重大的改革开放任务,同时研究其横向配合关系和优先顺序。例如,有些工作需要财税部门配合,有些则需要商务部门配合,还有些需要外交部门或者国际组织配合等。实际上,经济转轨过程中推进金融改革,各项政策的选择、设计和配套的形成过程也是各方面达成共识的过程。

新世纪以来,尤其是党的十八大以来,在党中央、国务院的正确领导下,我国金融改革发展蹄疾步稳,重要领域和关键环节改革取得突破性进展。金融体系市场化、双向开放水平明显提高,现代化金融体系更加完善,对经济社会平稳健康发展形成了有力支撑。展望未来,中国特色社会主义进入新时代,我国社会主要矛盾已经转化为人民日益增长的美好生活需要和不平衡不充分的发展之间的矛盾,金融体系改革发展开放面临诸多新的挑战和任务。我们坚信在党中央、国务院的坚强领导下,中国金融事业的巨轮将继续扬帆远航,行稳致远,再创金融改革发展新辉煌!

《新世纪中国金融改革与发展丛书》编委会
2017 年 11 月

做好两个服务实现调统工作新跨越[①]

陈雨露

近年来,人民银行调查统计系统积极适应中央银行职能转变,密切关注经济金融形势发展变化,主动把握国际金融统计发展新趋势,切实服务好金融改革发展决策,服务好稳健中性的货币政策。一是完善宏观调控总量统计,创新设立社会融资规模系列指标,修订货币供应量等口径,提升金融统计透明度;二是强化宏观调控专项统计,建立债券统计、理财统计、信托统计、利率统计,增强服务金融改革和防范化解金融风险能力;三是扩充服务信贷政策的统计,建立大中小微企业贷款、"三农"贷款、精准扶贫贷款统计,提升信贷政策的精准性和科学性;四是形成了一批高质量的分析研究成果,对金融体制改革、宏观调控决策、防控金融风险起到了非常重要的作用。

本轮国际金融危机后,全球中央银行面临一个共同挑战,那就是在传统货币政策目标的基础上,如何防范化解系统性金融风险,维护金融

[①] 本文根据陈雨露副行长在2017年人民银行调查统计工作会议暨形势分析会上的讲话稿整理。本书编委会谨以此文作为本书导读。

稳定。同时，新常态下我国经济发展面临一些新的结构性问题，必须通过全面深化改革才能从根本上解决。这些挑战和任务赋予了调查统计工作新的职责和使命，概括起来可以归纳为"两个服务"。

一是更好地服务货币政策和宏观审慎政策双支柱调控框架。

党中央、国务院高度重视金融统计在宏观调控和金融稳定中的意义和价值。2015年10月，习近平总书记在《关于＜中共中央关于制定国民经济和社会发展第十三个五年规划的建议＞的说明》中明确指出，要"统筹负责金融业综合统计，通过金融业全覆盖的数据收集，加强和改善金融宏观调控，维护金融稳定"。周小川行长一直以来高度重视金融业综合统计工作，多次要求"加快推进金融业综合统计体系建设"。

加快推进金融业综合统计体系建设有着深刻的时代背景。近年来，我国金融体系关联性和复杂性大幅提高，特别是各类交叉性金融产品、金融衍生品等创新型金融产品不断涌现。这些产品有其产生的客观背景，但部分产品边界不清、设计复杂、多层嵌套，导致金融风险的集聚、传染、扩散更加隐蔽和迅速。在这种情况下，人民银行提出货币政策加宏观审慎政策的双支柱调控框架，这个新框架的提出在全球走到了前列。

研判系统性风险，制定宏观审慎政策，需要以扎实可靠的金融业综合统计数据为支撑。统计数据在更好地服务货币政策调控的同时，也要服务好宏观审慎管理。当前最重要的着力点就是做好资管产品统计。

资管产品是近期涌现的交叉性金融产品的典型代表。近年来，资管产品发展迅猛，已经全面覆盖银行、证券、保险等主要金融子行业，还存在跨市场、跨机构的相互交叉。资管产品快速发展，在一定程度上顺应了市场主体投融资多元化需求，但是其结构复杂、多层嵌套，风险隐蔽性高；产品关联、杠杆叠加，风险传染性强。要做到趋利避害，必须以准确的信息为基础，从宏观的、整体的数据和信息，到微观的每一个资管产品到底是怎么跨机构、跨市场，我们要找准它，才能够实现穿透式监测和监管。

做好资管产品统计，首先必须树立问题导向和目标导向相结合的工作思路。资管产品统计的目标是：统筹金融业资管产品统计，实现对银行、证券、保险业资管产品的全面有效监测，反映交叉性金融产品的关联性、发现金融风险的传染性、实现资金链条的穿透性。

其次要树立正确的理念。一是标准化理念，保证数据属性的定义和分类一致，保证能够逐层识别、追踪资金的来源和投向。二是全覆盖理念，不仅机构全覆盖，而且以产品为中心，实现整个资金链条的全覆盖。三是直接交易对手方理念，保证资金链层层连接，既反映机构和产品间的关联性，又实现真正意义上的穿透。四是多维结构化数据理念，多层次、多角度明确数据来源，弥补汇总指标的缺陷。

最后要措施得当，做好"四个统一"。建立统一的互联互通标识，这是交叉性产品关联的基石；建立统一的资管产品统计制度，这是识别风险、评估风险、预警风险、控制风险的核心；建立统一的资管产品信息系统，这是实现互联互通的平台和载体；建立统一的统计数据报送模板。

当然，调查统计系统还要切实围绕稳健中性货币政策的要求，突出重点，继续抓好统计调查数据信息的日常生产。

二是紧密围绕"三去一降一补"五大任务，服务供给侧结构性改革。

党的十八大以来，面对世界经济长周期和我国发展阶段性特征的重大变化，习近平总书记作出了中国经济进入"新常态"的科学判断。2015年12月，中央经济工作会议提出了供给侧结构性改革这样一个适应新常态、实现经济转型的明确途径。会议强调，推进供给侧结构性改革，是适应和引领经济发展新常态的重大创新，是适应国际金融危机发生后综合国际竞争新形势的主动选择，是适应我国经济发展新常态的必然要求。完成改革任务，战术上要抓住关键点，主要是抓好去产能、去库存、去杠杆、降成本、补短板五大任务。2016年12月，中央经济工作会议继续将深入推进"三去一降一补"作为2017年供给侧结构性改革的首要任务，并对五大任务作出明确部署。

在这个过程中，金融服务实体经济的重要任务，就是要服务供给侧结构性改革，推动供给侧结构性改革真正地向前、向深处进展。调查统计部门要发挥好调研监测优势，提高理论研究与数据分析相结合的能力，对供给侧结构性改革中面临的深层次体制机制问题寻根究底，基于充沛数据建言献策。

一是突出问题导向，围绕"三去一降一补"开展调研监测，为提高金融服务实体经济的效率和水平提供科学的决策依据。比如，去产能方面，"僵尸企业"的经营状况如何？债务有没有下降？降成本方面，影响企业成本的因素有哪些，企业融资成本有什么变化？可以从银行和企业两个视角，充分利用制度性调查和实地调研相结合的工作机制，把这些问题解释清楚。再比如，去库存方面，中央经济工作会议提出了坚持分类调控、因城因地施策的重要原则，近期不少城市进一步收紧了房地产信贷政策。这对房地产销售、投资以及房价的影响究竟如何？现有的统计数据可能难以及时准确地说明这些问题，需要调查统计部门发挥系统优势，深入基层，了解活情况、发现新问题，作出更加精准的判断。

二是围绕供给侧结构性改革的深层次问题开展分析研究，注重把数据、理论、政策充分结合起来，做到深入、清楚、细致。比如，去杠杆是供给侧结构性改革的重要任务之一。我国杠杆率有多高？为什么高？宏观杠杆的微观表现是什么？债务的使用效率如何？这些问题是去杠杆政策决策的基础。调查统计部门如果能把这些问题讲清楚，就可以对去杠杆提供有力支持。再比如，补短板方面。近年来我国服务业快速发展，但受经济转轨、准入门槛和价格管制等因素影响，服务业还存在一些短板和发展不足,这些短板和不足已经在统计数据上有所体现。可以以数据为出发点,开展对服务业系列研究,为深化改革和宏观调控等重大问题提供充分依据和现实方案。

三是增强形势分析的科学性和前瞻性,为供给侧结构性改革的总需求管理提供决策依据。2017年的中央经济工作会议和人民银行工作会议指出,货币政策要保持稳健中性,为供给侧结构性改革营造适度的货币金融环境。做好这项工作,特别有赖于对经济形势的科学把握和准确前瞻,这是制定和执行货币政策的基础,也是调查统计系统的传统优势。调查统计系统要继续整合优化现有资源,提高新形势下调查统计数据使用效率。通过调查各类市场参与主体的感受、行为、预期,研究与货币政策和金融改革发展决策密切相关的重点问题。在此基础上,着眼长效机制,构建一个灵敏的经济形势反应机制和清晰的宏微观分析框架,推动形势分析预测工作再进一步,更好地服务中央银行货币政策调控。

当前和今后一段时间,是实施"十三五"规划和供给侧结构性改革的关键时期。人民银行调查统计系统要深入贯彻落实中央关于金融业综合统计工作的指示精神,按照行党委的部署,以资管产品统计为突破口,加快推进金融业综合统计工作,强化调查分析工作,切实做好两个服务,实现调查统计工作转型升级,为中央银行更好地履行宏观调控和维护金融稳定等职能提供更有力的支撑,以优异的成绩迎接党的十九大胜利召开!

目　录

第一章　金融总量统计 …………………………………………… 1

第一节　社会融资规模统计………………………………………… 2
第二节　货币金融统计……………………………………………… 25
第三节　金融账户核算……………………………………………… 52
第四节　提升金融统计透明度……………………………………… 71

第二章　金融专项统计 …………………………………………… 83

第一节　债券统计…………………………………………………… 84
第二节　理财与资金信托统计……………………………………… 108
第三节　标准化存贷款综合抽样统计……………………………… 135

第三章　信贷政策统计 …………………………………………… 153

第一节　中长期贷款投向统计……………………………………… 154
第二节　大中小微企业贷款专项统计……………………………… 164
第三节　房地产贷款统计…………………………………………… 172
第四节　"三农"贷款专项统计…………………………………… 181

第五节　金融精准扶贫贷款专项统计 ················· 191

第四章　调查分析能力建设 ························· 202

第一节　调查能力建设 ····························· 203
第二节　金融稳定监测 ····························· 233
第三节　分析能力建设 ····························· 256

第五章　"十三五"时期金融统计的发展方向：统筹金融业综合统计 ························· 296

第一节　金融宏观调控对金融统计提出的新任务 ········· 297
第二节　推进金融统计标准化建设 ··················· 317
第三节　以资管产品统计为突破口，推进金融业综合统计体系建设 ······························· 326

参考文献 ······································· 342

专栏

专栏1　我国社会融资规模变动的基本趋势 ············· 19
专栏2　金融统计数据全国集中 ······················· 50
专栏3　坚持金融深化，服务实体经济 ················· 69
专栏4　提升债券统计功能　服务宏观审慎管理 ········· 106
专栏5　2016年银行表外理财产品运行情况 ············· 110
专栏6　存贷款利率统计的国际经验 ··················· 139
专栏7　2016年金融机构存贷款利率监测 ··············· 148
专栏8　2009年以来小微企业贷款占比持续提升 ········· 165
专栏9　加强县域金融机构统计建设 ··················· 185
专栏10　涉农贷款快速增长　大力支持"三农"发展 ····· 189

专栏 11	金融精准扶贫贷款专项统计的信息支持作用显现 ……	198
专栏 12	国外中央银行企业景气调查的经验 ………………	203
专栏 13	国外中央银行开展银行家问卷调查的经验 ………	213
专栏 14	住户调查对中央银行的意义 ………………………	218
专栏 15	通胀预期指数与居民消费价格 ……………………	222
专栏 16	企业商品价格指数、生产者价格指数与消费价格指数	227
专栏 17	企业商品价格指数变化情况 ………………………	230
专栏 18	商业银行金融稳健指标 ……………………………	246
专栏 19	系统重要性银行的评价标准 ………………………	251
专栏 20	预计 2016 年 12 月 CPI 同比增长 2%~2.2% ………	272
专栏 21	2016 年上半年 M_1 与 M_2 剪刀差扩大的原因分析 ……	276
专栏 22	我国金融业增加值为什么高 ………………………	279
专栏 23	商业银行利润增速放缓 ……………………………	282
专栏 24	金融稳定理事会（FSB）对影子银行的统计监测 ……	337

第一章
金融总量统计

21世纪以来，我国金融业快速发展，金融工具和融资结构趋于丰富，新金融业态不断涌现。国际金融危机后，世界其他主要国家修订法律框架，扩大统计范围，增加统计内容。我国金融宏观调控面临挑战。人民银行积极适应经济金融形势发展变化，持续推进金融领域的改革开放，积极应对国际金融危机带来的影响，切实维护国家金融稳定与安全，不断加强和改善金融宏观调控。

金融统计紧紧围绕国家经济金融中心工作，不断创新统计框架，完善总量统计，持续提升服务金融宏观调控的能力。一是创新设立社会融资规模指标，从金融机构资产方提供货币政策总量调控目标；二是修订货币供应量等统计口径，完善金融机构信贷收支统计，推进金融统计数据全国集中，继续从负债方优化货币金融总量统计；三是完善资金流量统计，开展金融账户核算，全面系统地反映各经济部门资金流动的规模与结构；四是正式采纳数据公布特殊标准（SDDS），加强信息基础设施建设和数据发布标准化，提升金融统计透明度。

第一节 社会融资规模统计

一、社会融资规模的酝酿和形成过程

为适应经济金融形势变化和金融宏观调控与监测的需要，人民银行从2010年末开始酝酿和研究社会融资规模指标。2010年11月，中国人民银行行长周小川对调查统计司提出："有没有可能从金融机构的资产方入手搞出一个指标，这个指标应该包括银行和非银行金融机构，还应该包括直接融资。这方面有没有理论基础？"此后，周小川行长两次召集行长办公会议，专题讨论社会融资规模指标编制情况。在2011年人民银行年度工作会议上，周小川行长就社会融资规模指标编制专门提出了要求，指出要"加强对社会融资总规模的研究"，"保持合理的社会融资规模"。在随后的"两会"记者招待会上，周小川行长再次强调"我们最近除了观察贷款总量以外，还注意观察社会融资总规模，也就是说，还有很多中间变量都会反映整个经济情况对货币政策的需求"。

在中国证监会、中国保监会、中央国债登记结算公司和中国银行间市场交易商协会等有关部门的鼎力支持下，经过多方努力和专家论证，2011年初，人民银行正式建立社会融资规模增量统计制度，并于同年按季度向社会公布社会融资规模增量数据。自2012年起由按季度公布改为按月公布，并于同年9月公布了2002年以来社会融资规模增量的月度历史数据，同年也建立了地区社会融资规模增量统计制度，按季度编制地区社会融资规模增量统计指标。2014年以来，着手建立社会融资规模存量统计制度，2015年2月10日，正式发布了2002—2014年的

社会融资规模存量历史数据，并开始按季度公布存量数据，2016年开始按月公布社会融资规模存量数据。目前，社会融资规模已经形成一个包含增量和存量、绝对额和增速、年度和月度数据、全国和地方数据的相对完整的指标体系。

在社会融资规模指标的编制和发布过程中，中央的许多会议和报告都重点提到社会融资规模统计指标。2010年12月召开的中央经济工作会议首次提出了要"保持合理的社会融资规模"这一概念。随后，2011年1月国务院第五次全体会议上，时任国务院总理温家宝同志在部署2011年第一季度工作时，要求货币政策要综合运用多种工具，强调要"保持合理的社会融资规模和节奏"。2011年3月第十一届全国人民代表大会第四次会议上，温家宝总理在《政府工作报告》中明确提出当年货币政策的目标是"实施稳健的货币政策。保持合理的社会融资规模，广义货币增长目标为16%"。2012年1月第四次全国金融工作会议指出，金融工作要"保持合理的社会融资规模，坚持金融服务实体经济的本质要求"；2012年之后的中央经济工作会议和《政府工作报告》也都强调社会融资规模这一概念，并将其作为我国货币政策重要的监测分析指标。迄今为止，社会融资规模已连续八年写进中央经济工作会议文件及《政府工作报告》，一次写进全国金融工作会议文件，得到了社会各界的广泛重视。

2016年3月，李克强总理在《政府工作报告》中首次提出，2016年广义货币M_2预期增长13%左右，社会融资规模余额增长13%左右。这是我国第一次在国家层面提出社会融资规模增长目标，标志着社会融资规模与广义货币供应量一起共同作为货币政策的调控指标。

二、社会融资规模统计背景

传统的金融与经济关系，一般是指银行体系通过其资产负债活动，促进经济发展和保持物价水平的基本稳定,在金融机构资产方主要体现为新增贷款对实体经济的资金支持,负债方主要体现为货币的创造和流动性的增加。近年来,我国金融总量快速扩张,金融结构多元发展,金融产品和融资工具不断创新,证券类、保险类机构对实体经济资金支持力度显著加大,商业银行表外业务对贷款表现出明显的替代效应。人民币贷款已不能完整反映金融与经济的关系,也不能全面反映实体经济的融资规模。同时,货币与信贷的关系也变得日益模糊,两者越来越不相匹配。理论研究与政策操作都需要能全面、准确地反映金融与经济关系的更大口径的统计指标。

(一)实体经济融资方式和格局发生了变化

1. 融资提供主体发生变化。按照国际通行的核算原则,全社会经济主体分为住户、非金融性公司(或称非金融企业)、金融性公司(或称金融机构)、政府和国外五大部门。其中,金融性公司又细分为存款性金融公司和其他金融性公司;政府可进一步细分为中央政府、地方政府、社会保障基金[①]。

融资的提供主体是指通过自身的资产负债活动创造流动性的金融资产持有部门。传统的融资提供主体,一般是指以银行为主体的存款性金融机构。随着金融市场的快速发展和金融创新的不断涌现,证券公司、保险公司、基金公司、小额贷款公司、贷款公司、特定目的载体(Special Purpose Vehicle,SPV)等其他金融性公司,也成了实体经济融资的重要提供部门。

2. 金融深化程度不断提高,金融工具和融资结构多元发展。改革开放以来,我国金融业发生了深刻变化,新金融快速涌现,金融业已从过去单一的银行业,演变为银行、证券、保险等多业并存的大金融业。

[①] System of National Accounts 2008;IMF:Monetary and Financial Statistics Manual 2000.

金融统计也应随之发展，不仅需要反映银行对实体经济的支持，也要反映证券业、保险业等其他金融机构对实体经济的资金支持。

同时，金融市场发生深刻变化，交易规模明显扩大，交易方式较过去更为多样和复杂。截至2016年末，我国沪、深两市股票市值合计达50.82万亿元，是2006年末的5.6倍；中央国债登记结算公司本币债券托管余额达43.73万亿元，是2006年末的4.7倍。2016年全年银行间人民币市场以拆借、回购和现券形式累计成交824.3万亿元，比2006年同期增长16.8倍；保险市场原保险保费收入3.1万亿元，比2006年同期增长3.5倍；另外，在股指期货暂停的情况下，2016年期货市场累计成交195.6亿元，也比2006年增长9.3倍。

此外，金融与经济关系更加紧密和复杂，金融工具和品种结构呈现多元化发展态势。近年来，随着金融深化程度的不断提高，我国金融总量快速扩张，非信贷工具创新步伐明显加快，贷款在全社会融资中的比例明显下降，其他方式融资的金额与占比显著上升，呈明显多元发展态势。这种金融多元化的发展趋势，要求反映金融总量的统计指标也要有所创新和发展。

3. 金融调控面临挑战，"按下葫芦浮起瓢"。货币政策的最终目标为促进经济增长、实现充分就业、保持物价稳定和维持国际收支平衡。为了实现这一最终目标，各国货币当局均要根据其具体情况，确定合适的中间目标和主要的监测分析指标。

较长时期以来，我国货币政策中间目标和主要监测分析指标分别是广义货币M_2和新增人民币贷款。在某些年份，新增人民币贷款甚至比M_2受到更多关注，因为在过去相当长的时间内，人民币贷款一直是金融对实体经济最直接、最主要的资金支持。但是近年来，新增人民币贷款和M_2增长速度在实际执行中有时会偏离调控目标。例如，2009年为应对国际金融危机年初计划投放人民币贷款5万亿元以上，但当年实际投放9.59万亿元，超出年初计划92%。2005年初计划M_2余额全年增长15%，但实际增长17.6%，比年初计划高出2.6个百分点；2009年初计划 M_2 余额全年增长17%，实际增长27.7%，比年初计划高出10.7个百分点。

宏观调控只控制贷款规模，其他方式的融资就可能较快增长，出现"按下葫芦浮起瓢"的现象。产生这一现象的主要原因就是，随着金融业的快速发展，贷款占整个社会融资规模的比重不断下降，对实体经济运行产生重大影响的金融变量不仅包括传统意义上的货币和信贷，也包括信托、理财、债券和股票等其他金融产品。以2010年为例，全年新增人民币贷款7.95万亿元，同比少增1.65万亿元，但是实体经济通过委托贷款、信托贷款和未贴现银行承兑汇票从金融体系新增融资高达3.6万亿元，同比多增2.02万亿元。可见，新增人民币贷款已经不能完全反映金融体系对实体经济的资金支持。

如果只观察贷款和广义货币 M_2 的增长，忽视这种"按下葫芦浮起瓢"的现象，就可能混淆调控视线，影响调控效果，贻误宏观调控的时机。只有将商业银行表外业务、非银行金融机构提供的资金和直接融资都纳入统计范畴，才能全面监测和分析社会融资整体状况，也才能从根本上避免"按下葫芦浮起瓢"的现象，即商业银行通过表外业务绕开贷款规模。

4. 融资的币种不局限于本币。较长时期以来，我国银行外币业务量较小，货币供应量统计仅限于本币。但随着我国改革开放的深化和经常项目全部放开、资本项目部分放开，近年来，我国境内中资、外资金融机构的外币业务迅速发展。截至2016年末，我国中资、外资金融机构的外币贷款余额为7 858亿美元，外币存款余额为7 119亿美元，分别是2006年末的4.6倍和4.4倍。按期末汇率折算，2016年末，外币贷款和外币存款余额折合人民币分别为5.5万亿元和4.9万亿元，分别占同期本外币贷款和存款余额的4.9%和3.2%。

随着企业和个人外币贷款的大量增加，外币贷款对我国货币政策和宏观经济的影响也日益明显。金融机构发放的外币贷款是实体经济融资的重要方式之一，由此形成的外币存款，也是企业和居民持有的具有较高流动性的金融资产，能直接影响他们的投资与消费。国际货币基金组织的统计指南和不少国家的统计实践都将外币贷款计入信贷总量，相应地将外币存款计入广义货币 M_2。

从目前的发展趋势看，未来企业和个人对外币融资的需求还会上升，对总需求的影响也会越来越大。

(二) 金融市场发展对货币划分产生了一定的影响

1. 部分金融工具的流动性发生变化，原有货币的划分受到冲击。随着我国结售汇制度的改革，外币存款与人民币存款可以较为灵活地相互转换，外币存款因此具有较强的流动性。同时，创新型金融工具发展迅速，对货币的替代能力显著增强。例如，银行代客理财，理财资金主要来源于居民和企业，流动性较强，理财已成为目前我国居民和企业重要的投资渠道，其变动和流向对存款的影响十分明显。

2. 货币发行部门发生变化。货币的发行部门是指通过自身的负债活动能创造流动性的机构部门，一般包括中央银行和其他存款性公司，也可以包括非金融性公司及中央政府。

随着金融市场的快速发展，创新型准金融机构如货币市场基金、表外理财产品、信托投资计划等发展迅猛，对广义货币形成了较大冲击。非金融性公司也为社会提供了一定的流动性。如一些非金融性公司签发票据或发行债券，这些票据和债券也具有较强的流动性，由此扩大了货币和流动性的发行部门。

3. 货币持有部门发生变化。货币的持有部门就是上述纳入货币统计的各类金融资产的持有部门，一般包括住户部门和非金融性公司，也可以包括存款性公司以外的其他金融性公司、社会保险基金和社保理事会、机关团体事业单位和政府部门。

我国地方政府财政存款具有特殊性，因为我国地方政府承担区域经济发展职责，负责提供基础设施与公共服务，地方财政存款具有比中央财政存款更强的流动性，还可作为地方经济建设的资本金，或为投资项目提供隐性担保，其变动对商业银行信用扩张产生了较大影响。同时，非银行金融机构作用明显增强。证券公司、保险公司、住房公积金中心等机构，它们在存款性金融机构的存款虽与企业和个人存款不完全相同（存放或提取时有一定的限制条件），但也具有较强的流动性。

（三）编制社会融资规模统计指标的意义

社会融资规模概念的提出是我国货币政策理论和实践的重大创新，是我国货币政策二元传导机制的重要一环。加强社会融资规模统计监测，将其作为货币政策调控目标，对于促进我国经济发展和完善金融宏观调控均具有重要的意义。

1. 能够更好地从资产方反映货币政策的二元传导机制。从金融体系负债方看，金融市场发展对货币划分产生了影响，这使得单凭货币已经远远不能满足货币政策执行的需要；从金融体系资产方看，金融工具和融资结构多元发展，实体经济融资方式和格局发生了变化，人民币贷款已不能完整反映金融与经济的关系，也不能全面反映实体经济的融资规模，以贷款作为货币政策的中间目标，容易出现"按下葫芦浮起瓢"的现象。这使得传统的以货币供应量和贷款为主体的货币政策二元传导机制的有效性下降，尤其是资产方的贷款的影响明显减弱。社会融资规模增量和存量指标顺应了经济金融形势的发展和融资结构的变化，涵盖了比贷款更为广泛的融资渠道，代表性更强，兼顾了间接融资和直接融资、表内融资和表外融资、传统业务和创新业务，更贴近于市场利率，有利于利率市场化调控，有利于推动金融创新，能够更好地从资产方反映货币政策的二元传导机制。

2. 有利于详细地解释资金往来的结构性特点。与货币供应量仅有总量数据不同，社会融资规模不但有总量数据，还有丰富的分结构的数据。目前，社会融资规模可以分地区统计，分银行和非银行统计，分银行表内和表外统计，分直接融资和间接融资统计，分不同市场（债券市场、股票市场）统计等。这些分项数据可以跟踪监测金融风险的跨市场、跨区域、跨机构、跨产品的传染途径，从而有效控制系统性区域性金融风险。将社会融资规模纳入逆周期金融宏观审慎管理框架，有利于实施逆周期宏观审慎管理，监测整个金融体系的风险和评估总体流动性水平，强化对系统重要性金融机构、市场和工具的监管。

3. 有利于加强金融对实体经济的支持。随着我国金融市场的多元发展，通过金融部门向实体经济提供融资支持的不仅仅有信贷，还有债券、股票、委托贷款、信托贷款、银行承兑汇票等多种方式。将上述多种融资方式包括在内编制的社会融资规模统计指标，能够多角度地全面反映全社会各类融资支持实体经济的状况。社会融资规模从资金供给的角度进行统计，能够从供给方反映金融对实体经济的支持，这与我国政府色彩较浓的经济特点相一致。也可以分类计算，如分地区、分行业、分部门、分来源等。

4. 有利于促进直接融资发展，改善企业融资结构。提高直接融资比重，改善企业融资结构，发挥好股票、债券、产业基金等融资工具的作用，更好地满足多样化投融资需求，这是我国金融发展的方向。为此，加强包含贷款、股票及债券等金融资产在内的社会融资规模监测是十分必要的。社会融资规模概念的提出，能够促进全社会更加重视发展直接融资，从而分散银行间接融资过高的风险、降低企业融资成本、丰富公众投资渠道，充分发挥市场在金融资源配置中的决定性作用，提高资金的配置效率。

5. 有利于提高金融宏观调控的针对性和有效性。当前金融机构表外业务发展较快。表外业务一方面绕开了贷款规模,另一方面引起存款和广义货币的波动,进而影响宏观调控效果。而监测社会融资规模能较好地避免这一问题。表外业务的资金最终都会通过信托贷款、委托贷款、银行承兑汇票、企业债券、股票等金融工具投放于实体经济,而这些工具都已涵盖在社会融资规模中。因此,加强社会融资规模统计监测,能够更好地提高宏观调控的有效性和针对性。

6. 有利于加强逆周期宏观审慎管理和金融体系稳健性评估。2008年国际金融危机后,为防范系统性金融风险,各国监管改革方案都要求将金融体系视做一个整体,加强对各类金融机构、工具和市场的宏观审慎管理,从更宽广的角度监测、评估整个金融体系的稳健性和风险点。社会融资规模统计指标口径涵盖了整个金融体系,不仅包括银行类金融机构的金融资产,还包括证券类和保险类金融机构的金融资产,已远远超出了存款、贷款的概念。

7. 有利于吸取国际金融危机的教训,避免重蹈西方国家片面强调需求管理而忽视产出和供给因素的覆辙。最新一轮国际金融危机的根本原因在于,西方国家长期实行需求扩张政策,国民过度举债,超前消费,"寅吃卯粮",透支未来购买力,导致银行、企业、个人乃至政府的偿付能力不足,资产负债表全面恶化。因此,我国提出要着力发展实体经济,是对国际金融危机根源的深刻洞悉。重视社会融资规模指标,有利于从供给方加强金融对实体经济的支持力度,有利于避免重蹈西方国家片面强调需求管理而忽视产出和供给因素的覆辙。

三、社会融资规模统计基本原则和做法

(一) 社会融资规模的定义和内涵

社会融资规模是指实体经济(非金融企业和住户)从金融体系获

得的资金。其中,增量指标是指一定时期内(每月、每季度或每年)获得的资金额,存量指标是指一定时期末(月末、季度末或年末)获得的资金余额。这里的金融体系是整体金融的概念。从机构看,包括银行、证券、保险等金融机构;从市场看,包括信贷市场、债券市场、股票市场、保险市场以及中间业务市场等。

具体来看,社会融资规模统计指标主要由以下四个部分构成:

第一个部分是金融机构通过表内业务向实体经济提供的资金支持,包括人民币贷款和外币贷款。

第二个部分是金融机构通过表外业务向实体经济提供的资金支持,包括委托贷款、信托贷款和未贴现的银行承兑汇票。例如,银行承兑汇票是 A 企业向 B 企业签发的能够进行支付交易并且银行承诺在 A 企业不能兑付时银行保证兑付的一种商业汇票。银行承兑汇票并不动用银行资产,但它又与银行信誉直接相关,因为最后如果企业不能兑付,是需要银行支付的。也就是说,银行承兑汇票代表了持有方的无条件债权和承兑银行的无条件负债。因此,即使没有发生资金的交换,银行承兑汇票仍被 A 企业视为承兑银行的资产,被 B 企业视为承兑银行的负债。

第三个部分是实体经济利用规范的金融工具,在正规金融市场所获得的直接融资,主要包括非金融企业境内股票筹资和企业债券融资。

第四个部分是其他方式向实体经济提供的资金支持,主要包括保险公司赔偿、投资性房地产、小额贷款公司贷款和贷款公司贷款。但社会融资规模存量指标不包括保险公司赔偿。这是因为赔偿是指一定时期内因履行赔偿义务而发生的金额,它没有存量或余额的概念。

可见,社会融资规模与传统的贷款指标不同,它既包括实体经济从银行业获得的融资,也包括实体经济从证券业和保险业获得的融资。

(二)社会融资规模统计指标的构成

社会融资规模统计指标由多项子指标构成。其中,社会融资规模增量指标由10项子指标构成,即对实体经济发放的人民币贷款(以下简称人民币贷款)、对实体经济发放的外币贷款(以下简称外币贷款)、委托贷款、信托贷款、未贴现的银行承兑汇票、企业债券、非金融企业境内股票融资、保险公司赔偿、投资性房地产和其他融资工具。社会融资规模存量指标由9项子指标构成,即不包括上述十项指标中的保险公司赔偿。

这些子指标的具体定义如下:

1. 人民币贷款。人民币贷款是指金融机构向非金融企业、个人、机关团体以贷款、票据贴现、垫款等方式提供的人民币贷款,是实体经济部门传统的主要融资工具。社会融资规模统计中的人民币贷款不包含银行业金融机构拆放给非银行业金融机构的款项和境外贷款。

从期限结构看,人民币贷款主要由三项构成:短期贷款、中长期贷款和票据融资。其中,短期贷款是指银行业金融机构发放的期限在一年以内(含一年)的人民币贷款;中长期贷款是指银行业金融机构发放的期限在一年以上(不含一年)的人民币贷款;票据融资是指银行业金融机构通过对客户持有的票据进行贴现而提供的融资。

人民币贷款属于银行业金融机构的表内业务,历来是我国金融业为实体经济提供的最主要的融资服务。新中国成立以来,随着我国经济总量的快速上升,人民币贷款也总体呈不断扩大态势。1950年新增人民币贷款仅为18亿元,而2016年新增人民币贷款达到12.6万亿元,是1950年的近7 000倍。

2. 外币贷款。外币贷款是指金融机构向非金融企业、个人、机关团体以贷款、票据贴现、垫款、押汇、福费廷等方式提供的外币贷款,也属于银行业金融机构的表内业务。改革开放以来,我国逐步成为国际贸易大国,外币贷款由小变大,日益成为实体经济特别是外贸型企业的重要融资渠道。银行业金融机构外币贷款余额由1993年的673亿美元提高至2016年的7 858亿美元。由于是以外币计价,外币贷款的增长会受到世界经济形势、境内外利差和外汇管理政策等多种因素的叠加影响。因此，在社会融资规模各子项中，外币贷款的波动相对较大。社会融资规模统计中的外币贷款也不包含银行业金融机构拆放给非银行业金融机构的款项和境外贷款。

3. 委托贷款。委托贷款指由企事业单位及个人等委托人提供资金，由金融机构（贷款人或受托人）根据委托人确定的贷款对象、用途、金额、期限、利率等代为发放、监督使用并协助收回的贷款。社会融资规模指标统计中只包括一般委托贷款，不包含现金管理项下的委托贷款。委托贷款业务是金融机构（受托方）的表外业务。目前委托贷款比较活跃，这主要与两个因素有关：一方面，在我国企业之间的直接借贷方面还存在一些制度性约束，需要借助金融机构作为媒介；另一方面，金融机构在贷款方面的专业能力可以帮助委托人降低管理成本。2016 年社会融资规模统计中的委托贷款余额为 13.2 万亿元，当年增加额为 2.2 万亿元，而 2002 年分别仅为 4 465 亿元和 175 亿元。

4. 信托贷款。信托贷款指信托投资公司在国家规定的范围内，运用信托投资计划吸收资金，对信托投资计划规定的单位和项目发放的贷款。它不列入信托投资公司自身的资产负债表，是其表外业务。社会融资规模中的信托贷款，实际上是信托投资公司所管理的资金信托计划中的一种资金运用方式。据人民银行统计，2016 年末信托贷款达到 6.21 万亿元，当年增加额为 8 593 亿元。近些年来，资金信托计划规模扩张较快，信托贷款也相应快速增长。其中的一个重要原因是，我国总储蓄率较高，许多个人和企业有庞大的理财需求，而实体经济又存在旺盛的融资需求，这就为信托贷款的增长提供了肥沃的土壤。

5. 未贴现的银行承兑汇票。未贴现的银行承兑汇票指企业签发的银行承兑汇票未到金融机构进行贴现融资的部分，即境内金融机构表内、表外并表后的银行承兑汇票。统计上体现为企业签发的全部银行承兑汇票扣减已在银行表内贴现的部分，其目的是为了保证社会融资规模不重复计算。

银行承兑汇票是作为企业的一种延期支付的信用工具而诞生的。它是商业银行的一项表外业务，实质上是银行用自己的信用提高了企业所签发汇票的接受程度。目前，银行承兑汇票分为纸质和电子两种，都是短期限的。通常纸质的期限不超过六个月，电子的期限不超过一年。

6. 企业债券。企业债券是指由非金融企业发行的各类债券，是一种在金融市场上的直接融资，具体包括企业债、超短期融资券、短期融资券、中期票据、中小企业集合票据、非公开定向融资工具、资产支持票据、公司债、可转债、可分离债和可交换债等券种。

目前，银行间市场是上述大部分券种的主要发行和交易场所。其中，短期融资券是2005年5月在银行间市场推出的新券种。它的发行是我国融资方式的重大突破，是金融市场建设的重要举措，对拓宽企业直接融资渠道、改变直接融资与间接融资比例失调、完善货币政策传导机制、促进货币市场与资本市场协调发展、维护金融整体稳定具有重要的战略意义。2008年4月，人民银行发布《银行间债券市场非金融企业债务融资工具管理办法》，超短期融资券、短期融资券、中期票据、中小企业集合票据、非公开定向融资工具和资产支持票据都属于非金融企业债务融资工具范畴。该办法明确中国银行间市场交易商协会对债务融资工具的发行和交易实施自律管理，标志着银行间债券市场管理方式的重大转变。

需要指出的是，企业债券融资的重要性还在于它对我国货币创造的影响。银行业金融机构是企业债券的重要投资者。与银行发放人民币贷款创造货币的过程类似，银行购买债券也能创造出新的货币。从这点出发，特别是考虑到我国金融体系仍是银行业机构占据主导地位，企业债券融资就显得尤为重要了。

2016年企业债券融资额为3万亿元，占当年社会融资规模增量的16.8%，比2002年提高15个百分点。2016年末，企业债券融资余额为

17.9万亿元，占同期社会融资规模存量的11.5%。企业债券已成为非金融企业部门除人民币贷款外的重要融资方式之一。

7. 非金融企业境内股票融资。非金融企业境内股票融资指非金融企业通过正规金融市场进行的股票融资，是当前非金融企业重要的直接融资方式。目前，计入社会融资规模的是非金融企业在我国境内沪、深两市的股票融资，主要是A股融资。从历史数据看，该项融资受市场环境影响较大，在年度之间有不小的波动。在启动股权分置改革后的较长时间里，我国非金融企业股票融资总体呈上升趋势，之后趋于下降，但近年来又有所回升。2016年非金融企业股票融资在当年社会融资规模增量中的占比为7%，比2002年高3.9个百分点。

8. 保险公司赔偿。保险公司赔偿指保险公司在保险合同有效期内履行赔偿义务而提供的各项资金，具体包括财产险赔款、健康险赔款和意外伤害险赔款。

保险赔偿相关业务是保险业的特色，是保险业在业务上有别于其他金融行业的最根本特征。新中国成立以来，我国保险业的发展可以说是跌宕起伏：1949年10月20日成立了中国人民保险公司，先后建立了2 000多个分支机构，对国民经济的较快恢复起到了积极的经济补偿作用；1959—1978年的20年，是其业务发展的低谷期，那时候国内保险业务基本被停办，只保留了少量涉外业务；改革开放以来，保险业获得了新生并实现了较快发展，其经济补偿和资金融通两项功能得到了较好发挥。

9. 投资性房地产。投资性房地产指金融机构为赚取租金或资本增值，或者两者兼有而持有的房地产，包括出资的土地所有权、持有的土地使用权、已出租的建筑物等。目前纳入社会融资规模的投资性房地产，包括银行业金融机构投资性房地产和保险公司投资性房地产两项，其中保险公司投资性房地产的量相对较大。目前，保险业机构的投资性房地产业务主要受中国保监会分别在2010年和2012年所发布的两个文件规范,即《保险资金投资不动产暂行办法》(保监发〔2010〕80号)和《关于保险资金投资股权和不动产有关问题的通知》(保监发〔2012〕59号)。

10. 其他融资。其他融资指实体经济从小额贷款公司、贷款公司等获得的资金,目前主要包括小额贷款公司贷款、贷款公司贷款等。

小额贷款公司和贷款公司是近年来新出现的两类金融机构。其中,前者数量增长极为迅速。目前,小额贷款公司主要由地方政府批准设立,贷款公司的成立则由中国银监会审批。自《关于小额贷款公司试点的指导意见》(银监发〔2008〕23号)以及《关于村镇银行、贷款公司、农村资金互助社、小额贷款公司有关政策的通知》(银发〔2008〕137号)等文件发布以来,小额贷款公司迅速发展,其发放的贷款金额远远超过贷款公司。截至2016年末,纳入人民银行统计范围的小额贷款公司数量达8 600余家,贷款余额达9 273亿元。

从上述定义可以看到,社会融资规模包含的内容主要是金融机构的资产,是非金融企业和个人的负债,可从金融机构(金融市场)统计,也可从非金融企业和个人统计。考虑到对非金融企业和个人开展统计,点多面广且统计基础薄弱,社会融资规模主要从金融机构的资产方和金融市场的发行方进行统计。

目前,社会融资规模基础数据主要来源于人民银行以及国家发展改革委、中国证监会、中国保监会、中央国债登记结算公司、中国银行间市场交易商协会和银行间市场清算所(上海清算所)等有关部门。通过完善金融统计制度,加强中央银行与各金融监管部门等有关方面的协调配合,不仅能及时获取当期数据,也可追溯历史数据。

(三) 社会融资规模的统计原则

社会融资规模的基本统计原则主要包括五个方面:居民原则、金融原则、合并原则、计值原则及可得性原则。

第一章　金融总量统计

1. 居民原则。根据《2008年国民账户体系》（SNA 2008）定义，居民是指在一国的经济领土上保持一个经济利益中心的机构单位，即当它无限期或在一个较长时期（通常为一年）内从事并打算继续从事一定规模的经济活动和交易时，则该机构单位就是该国的居民。其中，一国的经济领土由受该国政府管辖的地理领土构成。

社会融资规模的持有部门和发行部门均为居民部门。社会融资规模的持有部门（借款人或债务人），是指通过自身的负债活动获得资金的实体经济部门，即住户和非金融性公司；社会融资规模的发行部门（贷款人或债权人），是指实体经济所获得资金的境内提供者，除境内金融性公司外，还包括住户和非金融性公司。

2. 金融原则。社会融资规模是指实体经济从金融体系获得的资金。也就是说，从非金融体系如通过个人途径和财政体系获得的融资，不在社会融资规模的统计范畴内。

3. 合并原则。社会融资规模涵盖金融机构、金融市场通过间接或直接方式向实体经济提供的资金支持。在统计社会融资规模时，不仅要将金融机构间的债权和债务关系合并处理，并且金融机构通过金融市场对实体经济的资金支持与金融市场直接融资也要避免重复统计。在数据汇总方面，金融机构之间的债权和所有权关系相互轧差，不重复计算。例如，金融机构之间相互持有的股权、金融机构之间相互持有的债券等，都不计入社会融资规模。

举例来说，计入社会融资规模中的银行承兑汇票是指金融机构表内表外并表后的银行承兑汇票，即银行为企业签发的全部承兑汇票扣减已在银行表内贴现部分。所谓贴现，是指需要资金时，可以用银行承兑汇票经过一定比例折扣后向银行申请贷款。贴现会动用银行的资金，是银行的资产，这部分融资已经在人民币贷款中反映了。在统计社会融资规模时，根据合并原则，不重复统计。因此，在统计银行承兑汇票时，需要扣除已经到银行贴现的银行承兑汇票部分。

4. 计值原则。社会融资规模分为增量指标和存量指标。增量指标是指一定时期内（每月、每季度或每年）获得的资金额，存量指标是指一定时期末（月末、季度末或年末）获得的资金余额。

社会融资规模各项指标在统计时，均采用发行价或账面价值进行计值，以避免股票、债券等金融资产的市场价格波动扭曲实体经济的真实筹资。具体计价方式如下：（1）贷款类金融资产直接用账面值计价。（2）银行承兑汇票直接用承兑时的汇票账面值计价。（3）债券和股票类资产按面值或账面值进行计值。（4）计算社会融资规模增量时，外汇资产用当期平均汇率转换为人民币计价；计算社会融资规模存量时，外汇资产用期末汇率转换为人民币计价。

5. 可得性原则。可得性原则，是指计入社会融资规模的指标应是可统计和计量的，并且其数量较大，对经济有较明显影响。实际操作中，虽然某些统计指标具有良好的理论基础，但由于可得性差或数额较小，统计成本较大，也可暂时不计入。例如，私募股权基金目前就难以统计；再如，对冲基金，我国这类机构规模和数量都较小，未来条件成熟，可将它们计入社会融资规模。

（四）社会融资规模与《货币与金融统计手册》

国际货币基金组织的《货币与金融统计手册》，是国际通行的货币金融统计基本方法和原则，是各国中央银行制定金融统计制度时遵循的国际惯例。它为各国提供了一套较完整的货币与金融统计处理准则。《货币与金融统计手册》指出信用总量大体可以分为三类：狭义信用总量，指存款性公司对其他部门以贷款、非股票证券、贸易信贷以及预付款为表现形式的债权；广义信用总量，除包括狭义信用外，还包含全部金融性公司为实体经济提供的股权融资和其他类似于银行信贷的融资（其可以由金融性公司概览来反映）；综合信用总量，包括广义信用总量以及国内其他部门（企业、个人等部门）和非居民提供的信用支持，可依据资金流量核算框架进行编制。

社会融资规模依据《货币与金融统计手册》提出的编制原则,以金融概览和资金流量核算框架为基础进行编制。金融概览是全部金融机构(包括银行类、保险类及证券类机构等)资产负债进行合并、汇总后的资产负债表。其负债方反映全部金融机构向实体经济提供的流动性,包括现金、存款、实体经济部门持有的金融债券等,是不同货币供应量口径的组成部分。资产方反映的是金融机构对实体经济的资金支持,其中金融机构持有的各类贷款、债券、股票、银行承兑汇票等是社会融资规模的组成部分。资金流量核算反映了全社会五大部门(住户、非金融性公司、金融性公司、政府和国外部门)的资金来源和运用情况。资金流量核算表中住户和非金融企业负债总量的合计,反映了实体经济通过金融体系从各部门获得的全部资金支持,对应着社会融资规模的主要组成部分。

▼ 专栏1

我国社会融资规模变动的基本趋势

2016年末,社会融资规模存量为155.99万亿元,是2002年末的10.5倍,年均增长18.3%,比同期人民币贷款增速高2个百分点;与同期名义GDP的比率为209.6%,比2002年高80.7个百分点。

自2002年以来,社会融资规模存量增长变化大体可以分为三个阶段。

第一阶段:2002—2008年。这一阶段,社会融资规模存量总体呈平稳较快增长态势,由2002年末的14.9万亿元增长至2008年末的38万亿元,年均增速为16.9%,年均新增额为3.9万亿元。除个别年份外,这一阶段社会融资规模存量与GDP的比率基本稳定在

125%左右，金融支持与经济发展总体是相适应的。

第二阶段：2009—2010年。这一阶段，社会融资规模存量呈迅猛增长态势。为积极应对国际金融危机的影响，自2008年下半年起，我国实施了适度宽松的货币政策，加大了金融对实体经济的支持力度，社会融资规模存量由2008年末的不到40万亿元，快速增长至2010年末的65万亿元，年均增速达30.8%，比2002—2008年年平均增速提高13.9个百分点；社会融资规模存量年均新增额13.5万亿元，是2002—2008年年均新增额的3.5倍。同时，社会融资规模存量与GDP的比率呈快速上升态势，由2002—2008年的125%左右上升至150%以上。

第三阶段：2011年至今。这一阶段，社会融资规模存量缓中趋稳。2011—2016年社会融资规模存量年均增长15.2%，增速比2009—2010年年均增速低15.6个百分点，比2002—2008年年均增速低1.7个百分点。从与GDP的比例关系看，这一阶段，社会融资规模存量与GDP的比率由2011年的165.5%升至2015年末的209.6%。

社会融资规模存量情况如专栏表1-1所示。

专栏表1-1　　　　　　　　社会融资规模存量情况

	社会融资规模存量（亿元）	社会融资规模存量同比增速（%）	其中					
			人民币贷款（%）	外币贷款（折合人民币）（%）	委托贷款（%）	信托贷款（%）	未贴现的银行承兑汇票（%）	企业债券（%）	非金融企业境内股票融资（%）
2002年末	148 532	—	—	—	—	—	—	—	—
2003年末	181 655	22.3	21.4	26.6	13.3	—	126.0	132.9	8.0
2004年末	204 143	14.9	14.3	16.8	61.6	—	-8.0	4.0	8.5
2005年末	224 265	13.5	13.3	11.0	11.8	—	0.7	129.1	4.2
2006年末	264 500	18.1	16.3	9.0	20.0	—	44.9	68.7	12.5
2007年末	321 326	21.5	16.4	21.9	29.9	84.0	138.4	41.0	45.8

续表

	社会融资规模存量（亿元）	社会融资规模存量同比增速（%）	其中						
			人民币贷款（%）	外币贷款（折合人民币）（%）	委托贷款（%）	信托贷款（%）	未贴现的银行承兑汇票（%）	企业债券（%）	非金融企业境内股票融资（%）
2008年末	379 765	20.5	18.7	5.1	29.1	84.3	9.2	78.7	17.7
2009年末	511 835	34.8	31.3	55.5	35.8	63.4	36.5	86.2	18.3
2010年末	649 869	27.0	19.9	15.9	44.2	34.4	135.5	42.3	30.9
2011年末	767 791	18.3	16.1	13.1	21.2	13.5	25.6	36.2	17.7
2012年末	914 675	19.1	15.0	27.2	17.1	75.0	21.0	44.4	8.6
2013年末	1 075 217	17.6	14.2	7.2	39.7	61.1	12.7	24.2	6.7
2014年末	1 229 386	14.3	13.6	4.1	29.2	10.8	-1.1	25.8	11.8
2015年末	1 382 824	12.5	13.9	-13.0	18.0	2.0	-14.8	25.1	20.2
2016年末	1 559 933	12.8	13.4	-12.9	19.8	15.8	-33.3	22.5	27.6

社会融资规模指标表明，我国融资结构呈现多元发展态势，金融对资源配置的积极作用不断提高。从2016年末社会融资规模存量结构数据来看：

第一，对实体经济发放的人民币贷款余额占比大幅回落。2016年末对实体经济发放的人民币贷款余额为105.19万亿元，占同期社会融资规模存量的67.4%，比2002年低19.4个百分点。

第二，对实体经济发放的外币贷款余额占比略有下降。对实体经济发放的外币贷款折合人民币余额为2.63万亿元，占同期社会融资规模存量的1.7%，比2002年低2.4个百分点。

第三，委托贷款、信托贷款和未贴现银行承兑汇票占比明显上升。委托贷款余额为13.2万亿元，占同期社会融资规模存量的8.5%，比2002年高5.5个百分点；信托贷款余额为6.31万亿元，占同期社会融资规模存量的4%，比2002年高近4个百分点；未贴现银行承兑汇票余额为3.9万亿元，占同期社会融资规模存量的

2.5%,比 2002 年高 1.4 个百分点。

第四,直接融资(企业债券和股票融资)占比显著提升。2016 年末直接融资达到 21.8 万亿元,占社会融资规模的 15.2%,比 2002 年高 10.2 个百分点。其中,企业债券融资余额为 17.92 万亿元,占社会融资规模的 11.5%,比 2002 年高 11.1 个百分点;非金融企业境内股票融资余额为 5.77 万亿元,比 2002 年增长了 8 倍。

四、社会融资规模与主要经济金融变量的关系

(一)社会融资规模与主要经济变量的关系

1. 社会融资规模与主要经济指标相互关系紧密。利用社会融资规模和主要经济指标的季度数据来分析,对数据进行季节调整和标准化处理,以去除季节性波动和异方差对社会融资规模存量与经济指标间关系的异常影响,之后进行相关性分析。结果显示,社会融资规模存量与主要经济指标(GDP、固定资产投资完成额、社会消费品零售总额、发电量、CPI 和进出口总额)均具有较高的相关性,且相关系数均高于社会融资规模增量 0.05 左右(见表 1 - 1)。

表 1 - 1　　　　　社会融资规模与主要宏观经济指标的相关性

指标/相关系数	社会融资规模存量	社会融资规模增量
GDP	0.991	0.942
进出口总额	0.955	0.892
固定资产投资完成额	0.991	0.944
社会消费品零售总额	0.997	0.942
CPI	0.987	0.925
发电量	0.981	0.933

2. 社会融资规模与主要经济变量间均存在明显的因果关系。格兰杰因果关系检验结果显示，社会融资规模存量与主要经济指标之间存在显著的因果关系，其中，社会融资规模存量与GDP互为因果关系，与CPI存在单向引导关系（见表1-2）。

表1-2　　　　社会融资规模存量与主要经济指标的格兰杰检验结果

指标	社会融资规模存量与主要经济指标的格兰杰因果关系
GDP	互为因果
进出口总额	互为因果
固定资产投资完成额	互为因果
社会消费品零售总额	社会消费品零售总额是社会融资规模存量的格兰杰成因
CPI	互为因果
发电量	社会融资规模存量是发电量的格兰杰成因

3. 社会融资规模与GDP、CPI间存在稳定的长期均衡关系。协整检验结果表明，社会融资规模存量与GDP、CPI间存在稳定的长期均衡关系，可以根据社会融资规模存量的变动趋势预测GDP的长期趋势，也可以根据GDP预期目标推算出所需要的社会融资规模存量长期趋势值。同时误差修正模型（ECM）结果也表明，短期内二者间的均衡关系存在波动，需要进行短期动态修正。

4. 社会融资规模增加会对固定资产投资完成额、GDP和CPI产生显著影响。利用向量误差修正模型（VECM）及脉冲响应函数进行分析，结果显示：一是社会融资规模存量增加一个单位，固定资产投资在6个月内趋于增加，之后下降并于两年后达到均衡。二是社会融资规模存量增加，CPI上涨压力将在5个季度内趋于加大，之后趋于稳定。三是社会融资规模存量对GDP的影响过程较为复杂。社会融资规模存量增加，一年内将引起GDP上升，之后影响逐渐减弱，并趋于平稳。上述分析表明，社会融资规模存量增加会引起固定资产投资完成额、GDP和

CPI 的上升（见图 1-1）。

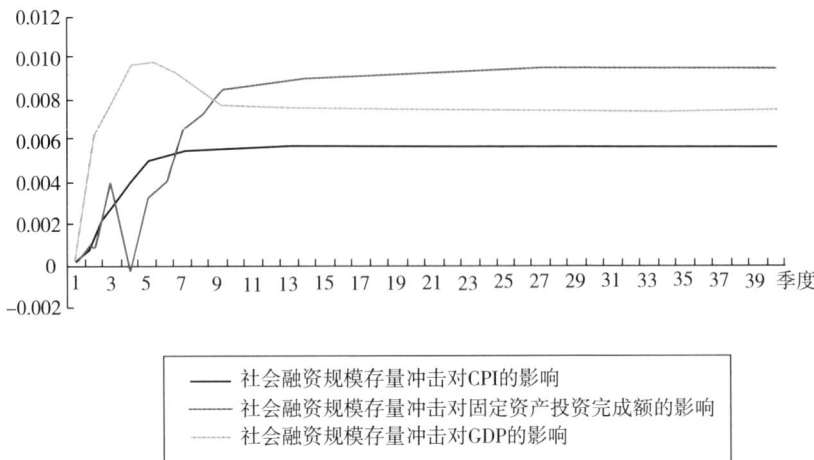

图 1-1 社会融资规模的冲击对 GDP、CPI、固定资产投资的影响

（二）社会融资规模与主要货币政策操作目标的关系

1. 社会融资规模与利率和基础货币间存在较为紧密的相关性。同样基于季度数据，分别对社会融资规模存量增速与上海银行间同业拆借利率（SHIBOR）、银行间市场同业拆借利率（LEND）、银行市场质押式债券加权平均利率（PLEDGED）和基础货币增速之间的相关性进行了分析。结果表明，社会融资规模存量与利率之间存在较显著的负向相关性（最大相关系数为 -0.83，利率先行于社会融资规模存量变动约一个季度，见表 1-3），社会融资规模存量与基础货币之间存在较显著的正向相关关系（相关系数为 0.69，基础货币先行于社会融资规模存量变动约一年）。

表 1-3　　　　　　社会融资规模与市场化利率的相关性

指标/相关系数	SHIBOR	LEND	PLEDGED	基础货币增速
社会融资规模存量同比增速	-0.75	-0.83	-0.82	0.69（滞后 4 期）

2. 利率、基础货币与社会融资规模存在较为显著的因果关系，二者是引起社会融资规模存量变动的原因。格兰杰因果关系检验结果显示，

社会融资规模存量与货币政策操作目标之间存在显著的单向因果关系，利率和基础货币是引起社会融资规模变动的原因。

3. 利率和基础货币增加会对社会融资规模产生显著影响。利用协整检验和脉冲响应函数进行分析，结果表明：（1）社会融资规模存量与利率和基础货币间存在较为稳定的长期协整关系；（2）在利率增加一个标准差的冲击下，社会融资规模存量增速会出现明显放缓，在一年左右开始回升，然后趋于稳定；（3）在基础货币增速增加一个标准差的冲击下，社会融资规模存量增速会在短期下降后迅速上升，约两年后趋于长期稳定（见图1－2）。

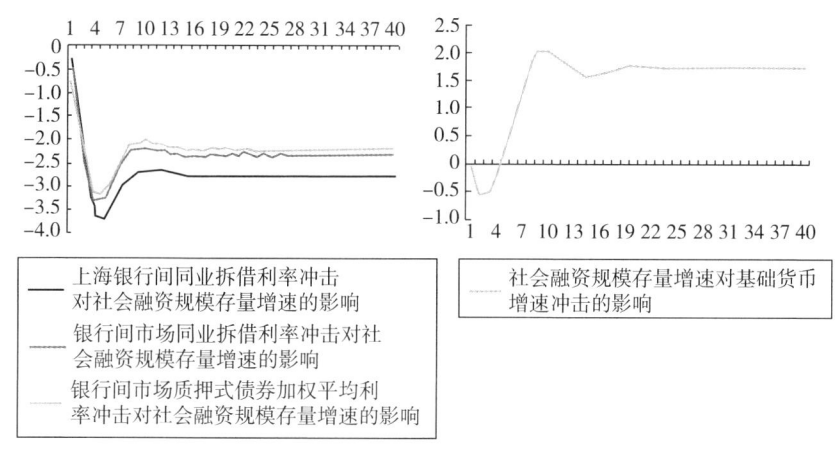

图1－2　利率和基础货币增速对社会融资规模增速的影响

第二节　货币金融统计

货币金融统计是人民银行一项重要的基础性工作，是国家统计体系中的一个重要组成部分。自1948年编制第一张统计报表以来，金融统计工作始终围绕我国经济金融工作，不断丰富统计内容，完善统计分类，改进统计模式，提升统计效率，以其综合灵敏、反映及时的特点，准确、及时地提供统计资料，为政策制定和科学决策发挥了重要作用。

新中国成立之初，人民银行的主要任务是平抑物价、打击金融黑市和支持经济恢复，调查统计部门围绕这个中心工作，定期向中央人民政府和国家领导人报送货币发行简报（日报）、银行业务报告表（旬报）以及相关材料。1951年实行了中国人民银行统计报告制度，定期按规定程序统计、编制、报送22种统计报表和2种统计电报。这些报表和材料基本上反映了当时全国的金银、外汇、利率的变动，以及银行头寸松紧和货币投放情况，受到党和国家领导人及各级政府的重视，成为当时了解整个经济、金融状况的资料和进行决策的依据。

1953年进入计划经济时期以后，随着国家银行体制的建立，中国人民银行成为全国的信贷中心、现金中心和结算中心，银行信贷计划纳入国家经济计划。这一时期，金融统计主要是为综合信贷计划、现金计划服务，通过信贷、现金项目电报汇总编制信贷现金计划执行情况表，如实反映信贷收支、货币流通、企业流动资金使用和有关国民经济的变化情况，发挥国民经济的"信号站"和"晴雨表"的作用。为考核当期信贷、现金计划完成情况，编制计划和检查政策、计划执行情况报表。

1978年改革开放以后，特别是1984年中国人民银行专门行使中央银行职能以来，金融统计为适应职能转变不断进行改革。1986年出台《金融统计管理暂行规定》，1995年、2002年两次进行了修订，基本形成了金融统计的法律框架。1994年10月，按季度编制和对外公布货币供应量统计数据。1997年对金融统计进行了重大改革，实行了"全科目"上报，由原来商业银行报送自己设定的统计指标改为按照人民银行设计的统一指标进行报送。这次改革统一规定信息源与最终报表的归属关系，保证各机构、各部门之间数据口径的一致性；加强了报表"归口"管理，减少对金融机构多头收取报表状况；在数据报送上统一了金融统计处理软件,大大提高了统计工作的电子化水平和工作效率;金融统计范围更加全面,数据源更加详尽,报表更加科学、严谨,电子化水平上了一个新台阶。2002年进行了本外币并表,实现了统计数据的归口管理。2003年后根据需要又先后新增了中长期贷款投向、大中小微企业贷款、房地产贷款、代客理财、"三农"贷款等多项专项统计,较好地满足了各部门对统计信息的需要。自2009年起,正式实现金融统计数据全国集中,对数据信息进行自县、市、省至全国四级地区的统一管理、统一维护和共享,进一步提升金融统计工作质量和效率。

通过这些卓有成效的工作和改革,建立起以银行资产负债信息为核心内容,以信贷业务、中间业务等为补充的灵活、高效的金融统计体系。统计内容包括信贷收支统计、货币统计、利润统计、表外业务统计等;报表内容涵盖了银行业中、外资金融机构的本、外币各类金融业务,报表的频度包括日报、旬报、月报、季报、半年报、年报等;基本上实现了金融统计从服务于计划经济向服务于社会主义市场经济的转变,较好地满足了中央银行货币政策、金融稳定以及党中央、国务院领导及有关部门、社会公众对金融统计信息的需要。

一、完善货币金融统计的背景

随着市场经济的发展,国内经济与国际迅速接轨,金融市场与金融创新迅猛推进,金融信息日益复杂与多元化,尤其是国民经济核算体系的转轨,货币政策传导渠道的改变,中央银行职能转变以及宏观调控与操作方式的改革,使人民银行货币金融统计工作面临严峻挑战和改革要求。

(一)货币金融统计面临的挑战和要求

1. 金融改革与创新对货币金融统计的挑战。随着我国经济金融体制改革进程的深化，利率、汇率的市场化进程逐渐加快，融资渠道更加多元化，新型金融机构不断涌现，金融产品更加丰富，金融市场进一步发展，极大地影响了货币政策的传导机制、过程以及实施效果。在新形势下，如何更好地服务于货币政策的制定和实施，是货币金融统计面临的新课题。

2. 企业会计准则转换对货币金融统计的挑战。过去我国货币金融统计指标体系是以会计核算科目作为基础设计而成的，当时所有金融机构均执行1993年金融企业会计制度，采用同样的会计科目。2006年财政部推行了《企业会计准则》，与国际会计准则趋同。新会计准则赋予了金融机构会计科目设置和核算的灵活性，也对金融资产的确认、分类与计量带来较大的影响，同时套期保值、金融衍生工具的引入也使金融总量与风险的计量更为复杂。金融统计指标分类需要与时俱进地完善，提高统计与会计的协调性与互补性，准确计量金融总量，正确评估金融风险。

3. 人民银行新的职能与定位对货币金融统计提出了新要求。首先，银监会分设之后，人民银行的职能相应进行了调整，对金融统计的要求从原来的银行业金融机构扩大到包括证券机构、保险机构等整个金融业机构。如果仅靠与监管部门信息共享获取统计数据，由于统计分类不一致，难以实现数据的交叉核对与合并。其次，近年来我国金融体系关联性与复杂性大幅提高，金融风险的积聚、扩散、传染更加隐蔽和迅速，宏观调控难度加大，中央银行职能逐渐从专注于货币政策向货币政策与宏观审慎并重转变，宏观审慎统计的重要性和紧迫性越来越强，对货币金融统计体系建设提出更高的要求。

4. 现代货币分析框架对货币金融统计提出了更高的要求。20世纪90年代前期，在直接调控方式下，我国将信贷总量和现金发行量作为货币政策的中间目标。从1994年开始，人民银行逐步缩小了信贷规模的控制范围，加强了对货币供应量的统计分析与研究，1996年人民银行正式将货币供应量作为中间目标。1998年人民银行改革了货币调控方式，取消了对商业银行信贷规模的直接调控，逐步推行资产负债比例管理，货币政策向间接调控迈出了重要一步。货币政策决策方式的调整和改革，对货币金融统计也提出了更高的要求。

5. 国际社会对我国货币金融统计的要求日益增多。一方面，随着经济全球化不断发展，市场化程度日益提高，货币金融统计也要更多采用国际标准，进行国际比较、交流与对话。另一方面，2008年国际金融危机暴露出金融统计信息缺失这一突出问题。危机后，G20国家中央银行和国际组织深刻反思现行金融统计体系，总结经验教训，积极应对信息缺口，完善金融统计监测框架，在货币金融统计、国际银行业务统计、系统重要性银行统计等方面提出思路与构想，并制订具体的实施计划与时间表，提出了更高的数据采集、编制等要求。

（二）货币金融统计改革的理念

1. 与国民经济核算体系相协调。国民经济核算体系是对国民经济整体的全面核算，金融统计是其在金融核算方面的拓展与细化，只有在概念、定义、分类等方面与国民经济核算体系相衔接，提高金融统计与国民经济核算内在的协调性，金融统计信息才能更充分地发挥作用。因此，金融统计要适应国民经济核算体系的转变，调整统计指标体系内机构部门、金融工具（尤其是贷款）的分类方式，取消旧有物质生产平衡表体系（MPS）下的分类方式。

2. 与国际金融统计准则相接轨。国际货币基金组织编制的《货币与金融统计手册》在金融统计领域的地位，如同SNA体系在国民经济核算领域一样，是国际通用标准。采用该国际标准不仅有利于我国进行国际比较和国际交流，更可借鉴吸收先进的经验与技术。但是也应充分认识到我国与发达工业国家之间不同的国情，学习《货币与金融统计手册》所提供的标准，领会其基本思想，吸收其合理的内涵与精髓，结合我国的具体国情和现实，采纳其概念、定义、分类和惯例，构建我国的现代金融统计框架。

3. 适用性与前瞻性相结合。现阶段我国经济体制和金融体制都处于改革之中，在这种情况下建立金融统计体系，必须从实际出发，首先考虑是否具备可行性。一些创新性金融活动和金融机构在我国尚未产生，或者还不普遍，在学习和借鉴国际经验时，要考虑我国的实际情况。同时，金融统计体系又要保持一定的稳定性和历史可比性，因此统计体系还要有前瞻性，在概念、分类、核算范围等方面为未来的补充和发展留下空间和余地。

4. 连续性与可比性。货币政策调控经济依据的是操作目标、中间目标、最终目标之间相对稳定的关系，而这些关系主要依靠长期监测和分析来确定，在反映这些关系的重要指标上，应最大限度地遵循连续性原则，保持统计口径的一致性。如果是新设立的统计制度和统计指标，则要按照新的统计制度与方法在原有数据基础上进行估算，确保不因统计制度的改革和变动导致监测指标的变动，进而影响宏观分析与货币政策决策。

5. 时效性与准确性相结合。货币金融统计工作是对金融机构各项业务最终结果的反映，金融统计报表的制作时间总是滞后于金融业务的发生，时滞越长参考作用越差。未来的货币金融统计体系要尽量缩短时滞，提高及时性。由于时滞的长短与数据的准确性在某种程度上具有相互制约的特点，在设计统计指标体系时，要充分考虑数据质量与时滞的关系，在提高时效性的同时，保证数据质量。

二、修订货币供应量统计口径

在未来一段时期内，货币供应量仍是我国货币政策的中间目标。要结合我国金融市场和金融工具发展的实际情况，进一步完善和修订货币供应量统计口径。

（一）货币供应量的理论基础及其定义

1. 货币供应量的理论基础。货币供应量统计的理论基础是货币供给理论。货币供给理论首先要回答货币是什么的问题。20 世纪 50 年代之前，大多数西方经济学家赞同狭义货币说，即强调货币的交易媒介作用，认为货币是指被广泛用作交易媒介的工具以及被用于清偿债务的资产，包括流通中的现金和商业银行吸收的活期存款。20 世纪 50 年代后，经济学家开始倾向于广义货币。货币学派的代表人物弗里德曼和施瓦茨将货币定义为"能使购买行为从售卖行为中分离出来的购买力的暂栖所"，即强调货币的价值贮藏职能，认为货币应该包括公众所持有的通货和商业银行的全部存款。托宾、格利和肖等人进一步扩展了货币的定义，认为"除了通货和商业银行的存款之外，购买力也能够在别处找到暂栖所，如在其他储蓄机构中找到"，因而主张将非银行金融机构的各种存款都包括进货币中。20 世纪 50 年代末，英国拉德克里夫委员会在其著名的报告中提出了广义流动性的概念，以"一般流动性"为界定货币的标准，认为金融机构存款之外的短期流动性资产（如国债、企业债）在流动性上与广义货币的各个组成部分只有程度的差别而无本质的不同，也应包括在广义货币的范围内。20 世纪 60 年代末、70 年代初，随着金融创新的快速发展，出现了 ATS 账户、NOW 账户等货币性较强的信用工具。绝大多数经济学家认为，金融创新创造了一系列新的交换手段，也创造了新的货币资产，因此应该对货币供应量作相应的调整。

2. 货币供应量的定义。货币供应量是全社会的货币存量，是某一时点承担流通和支付手段的金融工具的总和。由于经济学家关于货币定义的争论仍在进行中，货币供应量至今未有一个全球通用的统计口径，各国货币当局根据本国的实际情况自行定义。国际货币基金组织为了提高成员国之间主要金融指标的可比性，制定了《货币与金融统计手册》，指导各国的货币供应量统计。该手册以金融机构资产负债表为基本框架，以可测性、可控性、相关性为标准，采用归纳法或经验分析法进行筛选，从金融工具、货币发行部门、货币持有部门三个维度进行描述，最终确定货币供应量的构成。

货币供应量分析的三个维度分别阐述了什么是货币、谁发行货币、谁持有货币。一是充当广义货币的金融工具必须具有流动性以及交易媒介和价值贮藏的功能。一项金融工具是否纳入货币，主要由其交易成本、可分割性、期限及收益等因素决定。纳入各层次货币的金融工具主要包括现金、存款、支票、回购协议、短期证券以及商业票据等。二是货币持有部门通常包括非金融性公司、住户和为住户提供服务的非营利机构、其他金融性公司和地方政府。三是货币发行部门一般包括中央银行和存款性金融机构。有些国家将国家财政部门发行的铸币或纸币、政府或公共非金融性公司发行的短期债券纳入广义货币。

各国主要依据金融工具的流动性划分货币层次（见图1-3）。金融工具的流动性是指金融工具在多大程度上能够在短时间内以全部或接近市场的价值出售。充当货币的金融工具因其种类不同，其流动性不同，现金和活期存款能够按其全部面值用于购买产品、服务以及金融和非金融工具，其他有价证券则需要花费一定时间在证券市场上出售后转换成现金和活期存款后才可用于交换，因此现金和活期存款的流动

狭义货币	广义货币	最广义货币
（M_0、M_1） →	（M_2、M_3、…） →	（L…）
流动性强	…	流动性弱
收益低	…	收益高
可分割性强	…	可分割性差
可转让性强	…	可转让性弱
交易成本低	…	交易成本高

图1-3 货币供应量层次特征

性最强，支票和定期存款的流动性稍弱，其他有价证券的流动性更弱。

(二) 主要国家货币供应量的统计实践与经验

1. 主要国家货币供应量的统计实践。美联储于20世纪60年代开始进行货币供应量统计，并于70年代将货币供应量作为货币政策的中间目标。随后，一些市场经济国家纷纷效仿其实践，根据自身金融结构特征，编制相应的多层次货币供应量，作为货币政策的中间目标。如欧洲中央银行实行的"双支柱"货币政策，其中一个支柱就是货币指标，主要是广义货币供应量 M_3。

目前，美国货币供应量层次分为 M_1 和 M_2。M_1 包括流通中现金、非银行机构发行的旅行支票、活期存款和其他支票存款（包括存款机构的可转让支付命令账户、自动转账账户、信用合作社的股金提款账户）。M_2 包括 M_1、储蓄存款（包括货币市场存款账户）、小额定期存款（金额小于10万美元的定期存款）和零售货币市场共同基金余额。

欧洲中央银行货币供应量包括狭义货币供应量（M_1）、"中间"货币供应量（M_2）和广义货币供应量（M_3）。M_1 包括流通中现金、隔夜存款。M_2 包括 M_1、2年内到期的定期存款和3个月内的通知存款。M_3 包括 M_2、货币市场基金份额、回购协议和2年内到期的债券。

各国货币供应量及层次划分并不是一成不变的。20世纪70年代以来，随着金融创新产生了许多具有较高流动性的新型金融工具，导致传统的货币供应量与经济增长、价格水平之间的关系不再像以前那样紧密。为此，各国货币当局都对货币供应量统计体系予以修订和完善，以使货币供应量在新的经济金融环境下，继续保持与经济增长、物价之间的密切关系。美联储曾多次修订货币供应量及货币层次，大的调整包括：1971年开始编制 M_2 和 M_3；1975年开始公布 M_4 和 M_5；1980年修订 M_1（分别为 M_{1A} 和 M_{1B}），并重新编制 M_2 和 M_3，放弃 M_4 和 M_5，新增广义流动性 L；1982 年不再公布 M_{1A}，重新定义 M_{1B} 为 M_1；2006 年 3 月不再公布 M_3。即便如此，到 20 世纪 90 年代初期，M_2 与主要经济指标的相关性也大大减弱，于是美联储于 1993 年 7 月宣称，不再以任何货币供应量作为政策目标，而改以联邦基金利率为中间目标和操作目标，但仍统计和公布货币供应量，以作为监测指标。

2. 主要国家货币供应量的统计经验。一是无论各国货币供应量统计与层次划分存在多大的差异，首先都要界定清楚货币工具及货币的发行部门和持有部门。二是各国对货币供应量的分析，都从注重理论上的定性研究转变为注重货币供给影响经济的定量分析，并发展为理论分析与实证研究紧密结合的分析方法。三是货币供应量的范围逐步扩大，货币层次不断延伸，从 M_0、M_1、M_2 发展到编制广义流动性总量。各国都以金融工具的流动性作为划分货币层次的标准。四是货币供应量的范围和层次划分是动态的，各国都根据金融市场的发展和金融工具的创新及时修订货币供应量统计口径。五是无论是否将货币供应量作为货币政策的中间目标，各国货币当局仍将各层次货币供应量作为货币政策重点监测指标。

(三) 我国货币供应量统计的探索及面临的挑战

改革开放后较长一段时间内，我国实行的是以信贷规模控制为主的调控模式，并未进行相应的货币统计和货币层次的划分。1994 年起，人民银行开始探索以货币供应量为中间目标的新货币调控体系，并于当年第三季度起按季度向社会公布货币供应量分层次监测目标，首次将我国的货币供应量分为三个层次：M_0 = 流通中的现金，M_1 = M_0 + 单位活期存款，M_2 = M_1 + 储蓄存款和企业定期存款。随着资本市场的发展和金融开放的扩大，金融机构和金融产品的不断创新，货币供应量统计不断受到冲击和挑战。

1. 货币供应量统计面临的挑战。近年来，我国面临着与西方国家

20世纪80年代相类似的情况，金融总量快速扩张，金融结构多元发展，金融工具不断创新，货币供应量与GDP、物价水平等主要经济变量之间的相关性减弱，货币需求函数也发生着变化，货币供应量统计口径在金融工具、货币发行部门和持有部门各个维度均面临新的挑战。

首先，金融工具日趋多样化和复杂化。随着我国金融市场的发展，一是创新型金融工具发展迅速，对货币的替代作用显著增强。如银行承兑汇票，由银行承担到期无条件付款责任，可以贴现和转让，流动性较强，具有明显的货币特征。二是部分金融工具的流动性发生变化，原有货币范围和层次划分受到挑战。比较明显的是外币存款和银行卡项下活期存款。随着我国结售汇制度的改革，放开经常项目可兑换后，外币存款与人民币存款的替代性明显增强，外币存款因此具有较强的流动性。随着银行业电子化水平的提高，银行卡品种日益丰富，发行量大幅增加，银行卡项下个人活期存款越来越多地用做居民的支付结算工具。这部分存款的流动性与可开列支票的企业活期存款基本相同。

其次，货币发行部门发生变化。随着金融市场的发展，一是创新型准金融机构如货币市场基金、表外理财产品、信托投资计划等发展迅猛，对广义货币造成较大冲击。二是非金融性公司也为社会提供一定流动性。例如，一些非金融性公司签发票据或发行债券，这些票据和债券具有较强的流动性，扩大了广义流动性的发行部门范围。

再次，货币持有部门发生变化。一是地方政府财政存款的影响发生变化。我国地方政府承担着区域经济发展的职责，负责提供基础设施与公共服务，地方财政存款具有比中央财政存款更强的流动性，还可作为地方经济建设的资本金，或为投资项目提供隐性担保，其变动对商业银行信用扩张产生较大影响。二是非银行金融机构的影响明显增强。证券公司、保险公司、住房公积金中心等机构，它们在存款性金融机构的存款虽与企业和个人存款不完全相同（存放或提取时有一定的限制条件），但也具有较强的流动性。

最后，在经济金融环境及宏观调控方式发生变化时，货币供应量对GDP、CPI等实体经济变量的解释力会出现阶段性下降。例如，1999年我国特有的新股申购制度，引起大量的居民储蓄存款和企业活期存款与证券公司客户保证金相互转化，造成货币供应量对GDP、CPI等实体经济变量的解释力下降。

2. 修订货币供应量统计的基本原则。修订货币供应量统计应从我国金融市场实际出发，坚持以下五项原则：

一是相关性增强原则。修订货币供应量统计的目的是提高货币反映经济变化的敏感性，增强与经济产出、价格等经济变量的相关程度。调整或扩大广义货币的金融工具，应当与经济变量高度相关。

二是可测性原则和成本效益比较原则。调整和扩大的广义货币金融工具应是可以统计和计量的，并且其数据量较大，对经济的影响显著。对于数额较小，或统计成本较大的金融工具，即使应当纳入货币供应量，也可暂时不调整。

三是连续性原则。调整货币供应量应在增强与经济变量相关度的前提下，尽可能采用变动幅度小的调整方案。或虽扩大货币供应量的统计范围，但监测的重点维持在原来货币与经济相关度的范围。

四是流动性原则。在进行货币供应量统计时要按照居民和机构的金融工具流动性标准确定货币、准货币及其他，并把货币供应量划分成不同的层次。

五是与国际接轨原则。我国修订货币供应量统计口径应遵循国际货币基金组织《货币与金融统计手册》中确定的货币统计框架体系及相关基本统计原则。

3. 货币供应量修订的主要内容。基于以上五项基本原则，人民银行对货币供应量统计口径进行过一次修订和三次技术性完善。

2001年对货币供应量进行一次修订：1999年我国资本市场快速发

展,证券公司客户(个人和机构投资者)保证金迅猛增长。由于我国特有的新股申购制度,新股申购会引起证券公司客户保证金大幅波动。若月末适逢新股申购,大量的居民储蓄存款和企业活期存款转化为申购资金,下月初未中签资金又大量回流至存款账户,致使月末货币供应量骤降,并造成货币供应量对 GDP、CPI 等实体经济变量的解释力下降。2001 年 6 月,为消除股票申购冻结资金对货币供应量的影响,将证券公司客户保证金存款计入 M_2。

2002 年、2006 年和 2011 年对货币供应量进行三次技术性完善。

第一次完善是 2002 年。中国正式加入世界贸易组织后,我国对外资金融机构的管理和业务许可进一步扩大。随着我国外资、合资金融机构快速发展,外资银行人民币存款规模显著上升,为适应市场环境的变化,提高货币统计的准确性,按照当时我国各层次货币供应量的统计原则,将境内外资金融机构吸收的人民币存款分别计入不同层次的货币供应量。

第二次完善是 2006 年。《信托法》及《信托投资公司资金信托管理暂行办法》实施后,明确要求信托投资公司不得以任何形式吸收或变相吸收存款,自 2006 年起 M_2 不再包括信托投资公司、租赁公司吸收的存款。

第三次完善是 2011 年 10 月。为了适应货币发行部门的变化,对货币供应量 M_2 统计口径进行修订。过去,非存款类金融机构在存款类金融机构的存款以及住房公积金存款规模较小,对货币供应量的影响很小。随着非存款类金融机构的发展以及住房保障制度的实施,这些存款增长较快,这些机构存款的性质虽与企业和个人存款不完全相同(存放或提取时有一定的限制条件),但也具有较强的流动性,自 2011 年 10 月起将其纳入广义货币 M_2。修订后的货币供应量较好地反映了当期社会流动性和购买力水平,保持了 M_2 与物价、经济增长等指标之间的紧密关系。

4. 货币供应量的编制方法。我国货币供应量一般通过两个层次的统计来采集基础数据：第一个层次是以金融机构资产负债统计指标的数据为基础，汇总各相关机构的数据编制资产负债表，主要包括中央银行资产负债表、其他存款性公司资产负债表；第二个层次是编制概览表，将中央银行资产负债表和其他存款性公司资产负债表进行合并编制存款性公司概览。存款性公司概览中的货币与准货币即是货币供应量。货币供应量的统计流程如图1-4所示。

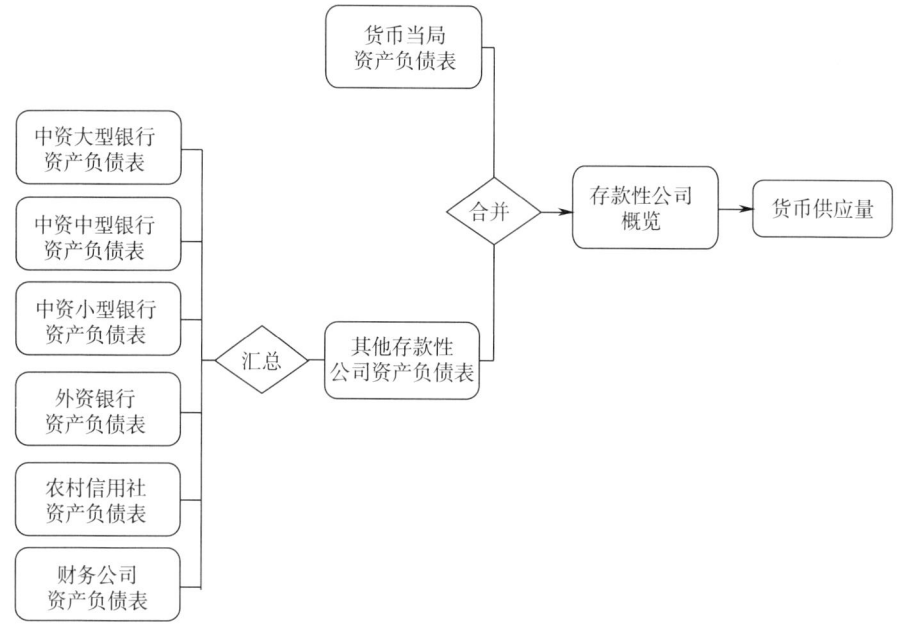

图1-4 货币供应量的统计流程

货币当局资产负债表以人民银行统计数据为基础编制而成。货币当局资产负债表显示了人民银行的国外资产、国内信贷以及储备货币构成等数据，不仅反映了人民银行与国外、政府、非金融机构的债权债务关系，也反映了与其他存款性公司的债权债务关系。货币当局资产负债表如表1-4所示。

表1-4　　　　　　　　　　货币当局资产负债表　　　　　单位：亿元人民币

项目	2016.03	2016.06	2016.09	2016.12
国外资产	246 545	245 224	238 943	229 796
外汇	238 366	236 308	229 109	219 425
货币黄金	2 417	2 488	2 530	2 541
其他国外资产	5 763	6 428	7 304	7 829
对政府债权	15 313	15 274	15 274	15 274
其中：中央政府	15 313	15 274	15 274	15 274
对其他存款性公司债权	44 158	57 566	61 905	84 739
对其他金融性公司债权	6 655	6 658	6 658	6 324
对非金融性部门债权	72	75	72	81
其他资产	13 474	13 346	12 098	7 497
总资产	326 216	338 142	334 950	343 712
储备货币	283 377	289 071	290 707	308 980
货币发行	71 353	69 031	71 920	74 884
其他存款性公司存款	212 024	220 040	218 786	234 095
不计入储备货币的金融性公司存款	3 910	4 760	5 713	6 485
发行债券	6 572	6 572	764	500
国外负债	3 828	3 882	3 787	3 195
政府存款	27 339	31 797	29 920	25 063
自有资金	220	220	220	220
其他负债	972	1 841	3 840	-731
总负债	326 216	338 142	334 950	343 712

资料来源：中国人民银行网站，www.pbc.gov.cn。

其他存款性公司资产负债表根据中资大型银行、中资中型银行、中资小型银行、农村信用社、财务公司和外资银行的资产负债统计数据编制而成。其他存款性公司资产负债表显示了其他存款性公司的国外资产、国内债权构成以及国外负债、国内负债构成等数据，反映了其他存款性公司与国外、政府、其他存款性公司的债权债务关系。其他存款性公司资产负债表如表1-5所示。

表1-5　　　　　　　其他存款性公司资产负债表　　　　单位：亿元人民币

项目	2016.03	2016.06	2016.09	2016.12
国外资产	41 063	42 585	46 034	50 020
储备资产	221 687	230 117	230 546	246 447
准备金存款	214 986	223 905	223 694	239 867
库存现金	6 701	6 212	6 852	6 581
对政府债权	117 323	145 391	161 514	172 140
其中：中央政府	117 323	145 391	161 514	172 140
对中央银行债权	6 161	5 696	677	525
对其他存款性公司债权	300 636	304 320	304 522	315 878
对其他金融机构债权	224 021	242 537	251 143	265 299
对非金融机构债权	809 470	821 461	825 632	836 468
对其他居民部门债权	279 691	296 514	313 984	329 544
其他资产	75 906	81 626	82 686	87 435
总资产	**2 075 960**	**2 170 247**	**2 216 738**	**2 303 756**
对非金融机构及住户负债	1 314 172	1 356 213	1 387 791	1 420 679
纳入广义货币的存款	1 234 409	1 270 047	1 303 229	1 329 747
单位活期存款	346 930	380 825	389 272	418 253
单位定期存款	300 623	301 674	315 077	307 990
个人存款	586 856	587 549	598 881	603 504
不纳入广义货币的存款	38 640	39 130	40 162	44 874
可转让存款	11 354	11 065	12 078	14 028
其他存款	27 286	28 066	28 084	30 846
其他负债	41 123	47 035	44 400	46 057
对中央银行负债	46 855	60 247	64 388	87 880
对其他存款性公司负债	123 721	131 786	135 593	144 837
对其他金融性公司负债	150 576	160 884	151 794	157 275
其中：计入广义货币的存款	147 138	157 625	148 063	152 016
国外负债	11 879	13 119	12 780	12 673
债券发行	172 911	181 275	191 977	201 111
实收资本	43 988	44 340	45 343	46 947
其他负债	211 858	222 383	227 071	232 355
总负债	**2 075 960**	**2 170 247**	**2 216 738**	**2 303 756**

资料来源：中国人民银行网站，www.pbc.gov.cn。

第一章 金融总量统计

存款性公司概览是货币当局资产负债表与其他存款性公司资产负债表的合并，反映的是中央银行与其他存款性公司作为一个整体，其对外的资产负债情况，包括对国外、政府、非金融机构以及除中央银行和其他存款性公司之外的其他金融机构的债权债务关系。存款性公司概览如表1-6所示。

表1-6　　　　　　　　存款性公司概览　　　　单位：亿元人民币

项目	2016.03	2016.06	2016.09	2016.12
国外净资产	271 903	270 808	268 411	263 948
国内信贷	1 425 207	1 496 112	1 544 356	1 600 067
对政府债权（净）	105 297	128 868	146 868	162 352
对非金融部门债权	1 089 233	1 118 050	1 139 688	1 166 093
对其他金融部门债权	230 676	249 194	257 801	271 623
货币和准货币	1 446 198	1 490 492	1 516 361	1 550 067
货币	411 581	443 644	454 340	486 557
流通中货币	64 651	62 819	65 069	68 304
单位活期存款	346 930	380 825	389 272	418 253
准货币	1 034 617	1 046 848	1 062 020	1 063 509
单位定期存款	300 623	301 674	315 077	307 990
个人存款	586 856	587 549	598 881	603 504
其他存款	147 138	157 625	148 063	152 016
不纳入广义货币的存款	38 640	39 130	40 162	44 874
债券	172 911	181 275	191 977	201 111
实收资本	44 208	44 560	45 563	47 167
其他（净）	-4 848	11 464	18 705	20 796

资料来源：中国人民银行网站，www.pbc.gov.cn。

其中，流通中货币为 M_0；货币为 M_1；货币和准货币即为 M_2。

目前，货币供应量和社会融资规模是我国货币政策的调控目标。随着我国金融改革不断深化和科学技术的不断进步，创新型金融机构、金融产品、支付工具不断涌现，这些创新都将影响货币政策的传导机制，影响货币供应量与经济增长、物价等主要经济变量之间的关系。因此，应结合金融市场和金融工具发展的实际情况,做好研究和论证,适时完善货币发行部门和金融工具范围,根据金融工具流动性特征及变化,及时修订货币供应量统计口径和层次,使货币供应量统计能够真实、全面地反映社会流动性和购买力,提高货币供应量作为货币政策中间目标的有效性。

三、完善金融机构信贷收支统计

信贷收支统计其实是沿用了我国计划经济时期的名称。长期以来,信贷收支统计一直是我国货币与金融统计最重要的组成部分,信贷收支统计表为我国宏观经济金融管理、货币政策决策和实施提供了大量、可靠的信息支持。在我国经济金融发展与改革的过程中,信贷收支统计的业务内涵已由原来对信贷收支计划执行情况的统计,转变为对银行业金融机构资产负债的简要统计;统计目标也由过去考核和检查信贷计划执行情况,转变为反映银行业金融机构的资金来源与运用情况,为制定和实施货币政策服务。

信贷收支统计虽然是对银行业金融机构资产负债的简要统计,但与金融机构的资产负债统计不完全相同。金融机构资产负债统计分为金融机构监管统计中的资产负债统计与货币统计中的资产负债统计。监管统计中的资产负债统计是围绕金融机构经营的安全性、流动性和盈利性而设计的,其统计是以法人为原则,目的是计算资本充足率、不良贷款率、资产流动比例、存贷款比例、资产利润率、资本利润率等监管统计指标。货币统计中的资产负债统计是围绕广义货币的构成而设计的,其统计是以居民为原则,侧重反映货币供应量的规模、结构及形成过程,可明确区分金融工具是否计入广义货币。而信贷收支统计侧重反映信贷资金来源与运用的规模、结构和渠道,不区分计入广义货币与不计入广义货币的金融工具。比如,财政存款在信贷收支统计表中作为负债的一个重要项目单独反映，而在存款性公司概览中并不单独反映。

（一）信贷收支统计的特点

1. 信贷收支统计采用经常性、全面统计的形式。为了服务于货币政策决策，满足日常调节商业银行头寸的需要，信贷收支统计采用以月报为主，日报、旬报为辅的方式，并根据货币政策的需要，规定报送机构范围与各机构的报送内容，自上而下组织部署，按照统一的格式、统一的统计指标、统一的报送程序和时间，逐级提供全面的统计资料。

2. 信贷收支统计的指标主要是存量价值指标。在信贷收支表中所有项目均是价值指标，也就是以货币单位计量的总量指标，从而使信贷收支统计具有较高的综合性和概括能力，更好地表明信贷的总规模与总水平。信贷收支统计的指标以时点指标为主，也就是存量指标，反映的是某一时点上该指标的余额。

3. 信贷收支统计的结果均以平衡表形式反映。平衡表的平衡式：资金运用总计＝资金来源总计。信贷收支表的平衡建立在会计平衡表的基础之上，只是对会计平衡的资产负债项目进行移项与轧差，并不破坏会计的基本平衡关系。在信贷收支表的左侧即资金来源方，主要是金融机构的负债与所有者权益类项目；在信贷收支表的右侧即资金运用方，则是金融机构的资产类项目；在信贷收支表的资金来源方设置了其他项目，主要用于反映信贷收支表中未能列示的项目，此项目是负债类项目减去资产类项目的平衡项目。

4. 信贷收支统计表采用汇总和合并两类方法编制。在信贷收支统计表中，单家机构的报表反映本机构对外的债权债务关系；在较低层级汇总类机构采用汇总编制方式，不仅反映表内机构与其他部门、机构之间的交易与债权债务情况，还反映表内机构之间的交易与债权债务情况；在较高层级汇总类机构采用合并编制方式，将表内机构之间的交易剔除，仅反映表内机构与其他部门之间的交易与债权债务情况。

(二) 信贷收支表的修订原则

为准确计量金融机构存贷款总量，合理反映资金来源与运用的结构与渠道，需要适时调整存贷款统计口径，优化信贷收支表项目，完善信贷收支表体系，主要遵循以下原则：

一是逐步与国际通行规则接轨。遵照国际货币基金组织的标准，认定在货币派生过程中非存款类金融机构与非金融机构的作用相似，将非存款类金融机构与存款类金融机构之间的资金往来计入存款和贷款。突出存款类金融机构在金融体系的核心地位，增设存款类金融机构信贷收支合并表，与国际通行的存款性公司概览基本一致。

二是对称性原则。作为金融交易主体的经济部门在资产负债方的统计口径保持一致。比如，存贷款统计口径调整，将非存款类金融机构存放在存款类金融机构的款项纳入"各项存款"统计口径，相应地，将存款类金融机构拆放给非存款类金融机构的款项纳入"各项贷款"统计口径。

三是统一性原则。在国民经济账户及货币统计中，金融交易采用四式记账方法，对于同一金融交易债权债务双方金融工具、价值的认定具有一致性。存款类金融机构各项存款口径与广义货币中的存款口径基本保持一致。

四是系统性原则。全面梳理信贷收支报表体系，对银行业存款类、银行业非存款类金融机构单家机构、汇总机构报表的存贷款统计口径进行系统性调整，并优化报表展示项目。与此同时，对贷款专项统计相关口径与内容进行全面梳理与系统性调整。

（三）信贷收支表修订的主要内容

根据信贷收支表的修订原则，为适应我国金融创新发展和分析监测的需求，全面反映金融机构资金的来源、运用渠道，人民银行不断修订金融统计指标，调整信贷收支报表项目，完善信贷收支报表体系。近年来主要修订内容如下。

1. 调整各项存款统计口径及分类。为分析资金来源分布情况，将信贷收支表中各项存款分为企业存款、财政存款、机关团体存款、储蓄存款、农业存款、信托存款、委托存款和其他存款，报表项目的设置具有显著的时代特点。但上述项目分类是将机构部门分类和品种分类混杂在一起，存在统计分类标准不唯一的情况。为适应金融机构存款业务发展和产品多样性，监测存款资金在国民经济各部门的分布情况，优化展示存款品种和部门分类，提高统计分类的科学性和准确性，将各项存款按机构部门、期限及产品品种进行复合分类。扩大各项存款统计口径，将非存款类金融机构存放在存款类金融机构的款项纳入"各项存款"。

2. 调整各项贷款统计口径及分类。为服务于信贷政策需要，信贷收支表中各项贷款分为短期贷款、中期流动资金贷款、中长期贷款，其中短期贷款分为工业贷款、商业贷款、建筑业贷款、农业贷款、乡镇企业贷款、三资企业贷款、私营企业贷款及个体贷款、其他短期贷款，中长期贷款分为基本建设贷款、技术改造贷款和其他中长期贷款。随着业务的不断丰富和发展，原有贷款统计中短期贷款按贷款对象性质分类、中长期贷款按业务品种分类的不足凸显。为更好地监测信贷资金的发展及变化情况，将各项贷款按机构部门、期限及产品品种进行分类。扩大各项贷款统计口径，将存款类金融机构拆放给非存款类金融机构的款项纳入"各项贷款"。

3. 调整同业往来统计口径及相关报表项目。缩小银行业存款类金融机构同业往来统计口径，仅将存款类金融机构间的交易列为同业交易，并更名为"银行业存款类金融机构往来"。同时在资金来源方增设"卖出回购资产""借款及非存款类金融机构拆入"项目，在资金运用方增设"买入返售资产""存放非存款类金融机构款项"项目，用于反映存款类金融机构与其他金融机构间的往来。

4. 增设相关统计项目促使信贷收支表向资产负债表形式转化。一是取消负债方"其他"项目，分别在信贷收支表资金运用方、资金来源方增设"其他资产""其他负债"项目；二是将"联行往来""外汇买卖"等项目由双方列示调整为单方净值列示。

5. 调整信贷收支报表体系。一是根据本外币一体化的思路，统一人民币业务、外币业务统计指标，统一人民币、外币、本外币信贷收支表项目，更为全面、统一地反映金融机构各类资产负债业务情况。二是根据金融机构在货币派生中的作用，优化信贷收支报表体系，将原有国家银行信贷收支表、金融机构（不含外资）信贷收支表、金融机构（含外资）信贷收支表，调整为银行业存款类金融机构信贷收支表、银行业非存款类金融机构信贷收支表、存款类金融机构信贷收支表和金融机构信贷收支表。

（四）信贷收支表的主要内容

1. 信贷收支统计表的机构范围。信贷收支统计中的金融机构为中央银行和银行业金融机构。具体为：

（1）人民银行。

（2）银行业存款类金融机构：中资大型银行（中国工商银行、中国农业银行、中国银行、中国建设银行、交通银行、国家开发银行、中国邮政储蓄银行），中资中型银行（招商银行、中国农业发展银行、上海浦东发展银行、中信银行、兴业银行、中国民生银行、中国光大银行、华夏银行、中国进出口银行、广发银行、平安银行、北京银行、上海银行、江苏银行），中资小型银行（恒丰银行、浙商银行、渤海银行、城市商业银行、农村商业银行、农村合作银行、村镇银行），农村信用社，财务公司，外资银行。

(3) 银行业非存款类金融机构：信托投资公司、金融租赁公司、汽车金融服务公司、贷款公司等。

2. 信贷收支统计中的报表分类。从中国目前现行的信贷收支统计来看，按信贷收支统计所反映的主体，可将信贷收支统计表划分为人民银行信贷收支表、单家金融机构信贷收支表、汇总类金融机构信贷收支表；按信贷收支表所反映的币种可分为人民币信贷收支表、外汇信贷收支表、本外币信贷收支表。其中，按信贷收支统计所反映的主体分类的信贷收支表主要反映如下内容：

(1) 人民银行信贷收支统计表。人民银行信贷收支统计表是中央银行进行货币政策管理的基础，在货币政策操作以间接调控为主的情况下，中央银行居于货币政策的核心，通过其自身资产负债结构的调整，引起商业银行资产负债结构的调整，最终使社会资产结构得到调整，影响社会最终支出与供给，进而调节经济活动，实现资金供求平衡。

(2) 单家金融机构信贷收支统计表。单家金融机构信贷收支统计表包括单家银行业金融机构信贷收支表。各家银行业存款类金融机构是货币政策的操作对象，货币政策经由银行业存款类金融机构的逐级推进，影响货币供应量与贷款总量，最终调节社会总需求与总供给。它是货币政策的重要传导途径，因此，单家金融机构的统计在信贷收支统计中占有重要地位。

(3) 汇总类金融机构信贷收支统计表。汇总类金融机构信贷收支统计表包括某类金融机构信贷收支汇总表及所有银行业金融机构信贷收支合并表。其中，最受关注的是人民银行及银行业金融机构合并的信贷收支表，即金融机构信贷收支表。据此，可以了解某一时期金融机构以信用方式集中和调剂的资金总量，全面、综合地反映信贷资金的来源渠道、资金的性质和分布。它是宏观经济运行的缩影，也是货币政策实施效果的综合反映。金融机构信贷收支表结构如图1-5所示。

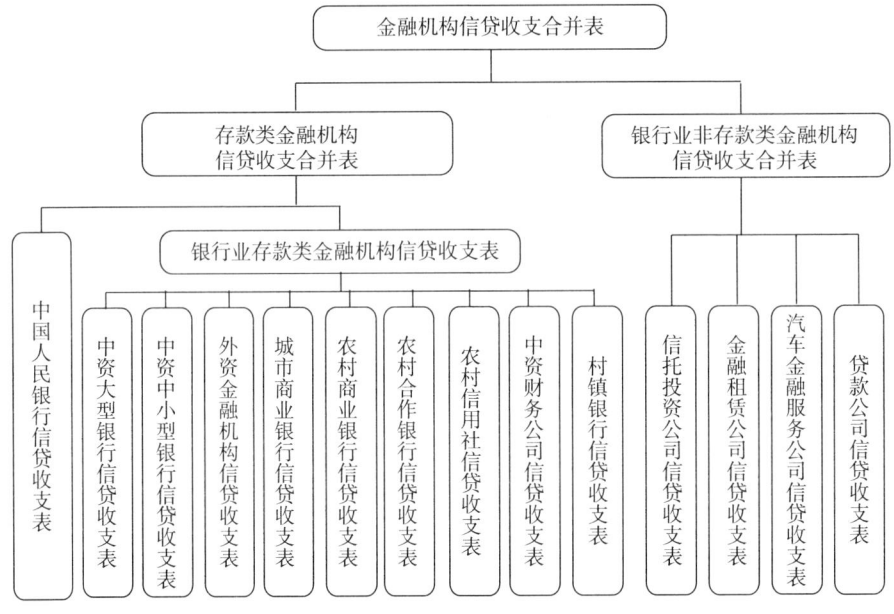

图1-5　金融机构信贷收支表结构

3. 信贷收支统计表主要项目。信贷收支统计表的内容分为资金来源和资金运用两个方面，人民银行、单家金融机构以及金融机构信贷收支合并表的报表项目略有不同。

金融机构信贷收支表由人民银行、银行业金融机构的信贷收支项目合并而成，其中各项存款和各项贷款项目按部门、金融产品进行复合分类。各项存款分为境内存款和境外存款，其中境内存款又分为住户存款、非金融企业存款、政府存款、非银行业金融机构存款。各部门存款又按照金融产品进行细分，如住户存款分为活期存款、定期及其他存款。各项贷款分为境内贷款和境外贷款，其中境内贷款又分为住户贷款、非金融企业及机关团体贷款、非银行业金融机构贷款。各部门贷款又按照金融产品进行细分,如住户贷款先分为短期贷款和中长期贷款,再细分为经营贷款和消费贷款。该表多用于反映资金在经济部门间的流动(见表1-7)。

表1-7　　　　　　　金融机构人民币信贷收支表　　　　　单位:亿元

项目	2016.03	2016.06	2016.09	2016.12
来源方项目				
一、各项存款	1 411 183	1 462 397	1 485 214	1 505 864
（一）境内存款	1 400 021	1 450 753	1 474 865	1 497 169
1. 住户存款	580 800	581 521	592 909	597 751
（1）活期存款	217 001	216 945	225 331	231 630
（2）定期及其他存款	363 799	364 576	367 578	366 121
2. 非金融企业存款	445 248	465 346	480 303	502 178
（1）活期存款	175 269	191 138	192 839	215 107
（2）定期及其他存款	269 980	274 208	287 464	287 072
3. 政府存款	249 960	271 954	277 665	270 379
（1）财政性存款	36 177	43 819	42 906	35 292
（2）机关团体存款	213 783	228 134	234 759	235 086
4. 非银行业金融机构存款	124 012	131 932	123 988	126 860
（二）境外存款	11 162	11 644	10 350	8 695
二、金融债券	17 762	25 335	28 660	31 579
三、流通中货币	64 651	62 819	65 069	68 304
四、对国际金融机构负债	2 298	2 347	2 405	2 407
五、其他	108 580	120 337	140 880	151 799
资金来源总计	1 604 474	1 673 236	1 722 228	1 759 952
运用方项目				
一、各项贷款	985 613	1 014 859	1 041 138	1 066 040
（一）境内贷款	982 366	1 011 385	1 037 376	1 061 667
1. 住户贷款	282 755	299 767	317 526	333 615
（1）短期贷款	90 497	92 287	94 274	95 520
消费贷款	42 025	44 100	46 500	49 313
经营贷款	48 472	48 187	47 774	46 208

续表

项目	2016.03	2016.06	2016.09	2016.12
（2）中长期贷款	192 259	207 480	223 253	238 094
消费贷款	158 729	172 873	187 397	201 159
经营贷款	33 530	34 607	35 856	36 935
2. 非金融企业及机关团体贷款	691 731	702 833	710 199	718 521
（1）短期贷款	262 344	263 279	260 123	260 899
（2）中长期贷款	364 529	369 996	375 982	385 662
（3）票据融资	49 417	53 218	57 152	54 710
（4）融资租赁	13 252	14 195	14 826	15 508
（5）各项垫款	2 189	2 145	2 116	1 743
3. 非银行业金融机构贷款	7 880	8 785	9 652	9 532
（二）境外贷款	3 247	3 474	3 761	4 373
二、债券投资	200 143	224 182	238 372	247 604
三、股权及其他投资	174 485	191 888	207 563	220 820
四、黄金占款	2 417	2 488	2 530	2 542
五、中央银行外汇占款	238 366	236 308	229 109	219 425
六、在国际金融机构资产	3 451	3 510	3 515	3 521
资金运用总计	1 604 474	1 673 236	1 722 228	1 759 952

资料来源：中国人民银行网站，www.pbc.gov.cn。

▼ 专栏2

金融统计数据全国集中

为适应经济金融改革和发展对统计工作的新需要，满足宏观调控愈加精细和高频度的数据需求，人民银行按照金融统计数据全国集中的理念，于2008年建设完成了金融统计数据集中系统，并于2009年正式依托该系统实现了金融统计数据全国集中。这不仅是金融统计工作内容和方式的深刻转变，更是金融统计管理理念的重大变革。

　　金融统计数据全国集中的工作模式是：第一，人民银行总行设置统一的金融统计服务器和数据库，采集、处理和存储包括县、市、省至全国四级地区的所有上报数据，满足各级地区人民银行分支机构生成和查询各报数机构各层级的金融统计报表和数据。人民银行各分支行不再配置金融统计服务器，而是通过内联网登录设置在总行的服务器完成数据采集、数据处理和数据查询与共享等相关工作。第二，总行对重要的基础信息进行统一维护，保证系统重要基础信息的正确性，这不仅降低系统管理成本，也提高统计工作效率。第三，人民银行各级分支机构按总行预先设定的规则进行数据处理和报表生产，这是统计数据质量的重要保障。

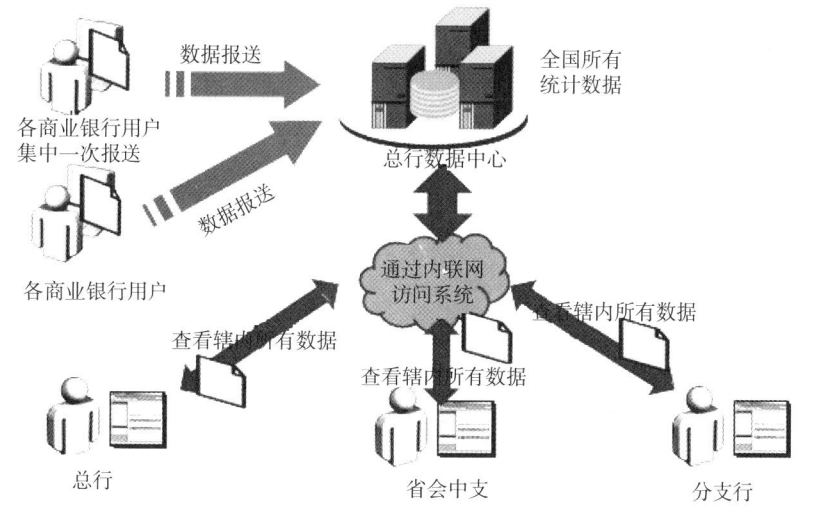

专栏图1-1　数据集中系统的数据采集模式

　　数据集中后，数据管理由传统的金字塔模式变为倒金字塔模式，数据管理更科学、数据生产更规范、数据共享更便捷，在有效提升信息支持政策决策能力方面具有重要意义。

第三节 金融账户核算

21世纪以来，我国金融账户核算不断完善。2004年，开始增加金融账户下的资产负债核算，补充存量数据。由此，我国形成了既包括流量数据又包括存量数据的相对完整的金融账户体系。

从部门上看，2005年，我国在金融机构部门中增加了证券投资基金子部门，这样，金融机构部门由以前的3个子部门（中央银行、其他存款货币机构、保险公司）扩展为4个子部门（中央银行、其他存款货币机构、保险公司、证券投资基金）；2008年，增加代客理财、资金信托，以及其他金融机构，金融机构子部门扩展为7个子部门（中央银行、其他存款货币机构、保险公司、证券投资基金、代客理财、资金信托、其他金融机构）。

从科目上看，2005年，新增证券投资基金份额和证券公司客户保证金2个交易科目；2008年，将未贴现银行承兑汇票、委托、资金信托、代客理财等业务纳入资金流量核算，并增设7个交易科目，包括未贴现银行承兑汇票、委托存款和委托贷款、资金信托和信托贷款、代客理财资金和理财贷款，其中未贴现银行承兑汇票和委托贷款放入对外公布表反映，其他合并在其他科目中体现。

一、资金流量核算

资金流量核算所涉及的统计范围比货币统计、国际收支统计、金融市场统计等范围更广。反映金融交易的资金流量核算是经济体中各机构部门以及这些部门与世界其他地方之间所有的金融交易。

(一) 资金流量核算的基本概念

资金流量核算，也称为资金流量循环账户，是国民经济核算体系的重要组成部分。它从社会资金运动这一侧面，系统地反映和描述社会各部门的资金来源和使用，以及部门间资金的流量、流向和余缺调整的一种社会资金核算方法。

1. 资金流量核算的形成和发展。第二次世界大战后，金融业发展十分迅速，金融活动在将储蓄有效地转化成投资的过程中，起到了一种中枢作用，几乎每一种经济单位都在不同层次上参与了不同的金融活动。如何全面、综合地反映国民经济中各种金融交易，成为金融统计面临的一个重要任务之一。

1947 年和 1952 年，美国经济学家 M. A. 科普兰发表了《通过美国经济跟踪货币流通》以及《美国货币流量研究》两篇论文，文中用资金流量的方法对美国主要经济部门的金融活动做了全面的研究，构造了资金流量表的最初表式。这标志资金流量核算体系的诞生。文中的方法很快得到美联储的重视，并采纳了文中的表式，于 1955 年编制了美国的资金流量账户。

20 世纪 50 年代后期，金融活动在世界经济中的地位愈发突出，金融机构和金融工具不断创新，金融对经济发展的作用也不断提高。在这种背景下，许多国家都认识到要全面地分析和把握金融活动对国民经济的影响，必须要编制资金流量账户。资金流量账户作为一种金融统计工具，开始在一些发达的市场经济国家推广。

1968 年，联合国在修订《国民账户体系》（以下简称 SNA）时，把资金流量账户正式纳入国民经济核算账户体系之中。这是资金流量核算发展历史上的重要进步，因为含有资金流量账户后的国民经济核算体系能够十分清晰地反映国民经济的实物运行与金融交易之间的关系。此后，资金流量核算的普遍性更有所提高，之后，随着经济金融发展，统计技术进步，联合国又公布了 SNA 1993、SNA 2008（目前最新的国民经济核算体系），许多国家在贯彻 SNA 时，都根据本国的具体国情建立了自己的资金流量账户，并逐渐形成制度，定期发表有关数据。

2. 资金流量账户与国民账户的关系。资金流量核算是整个国民账户体系的一部分。图 1-6 反映了资金流量核算与国民经济其他账户的关系。

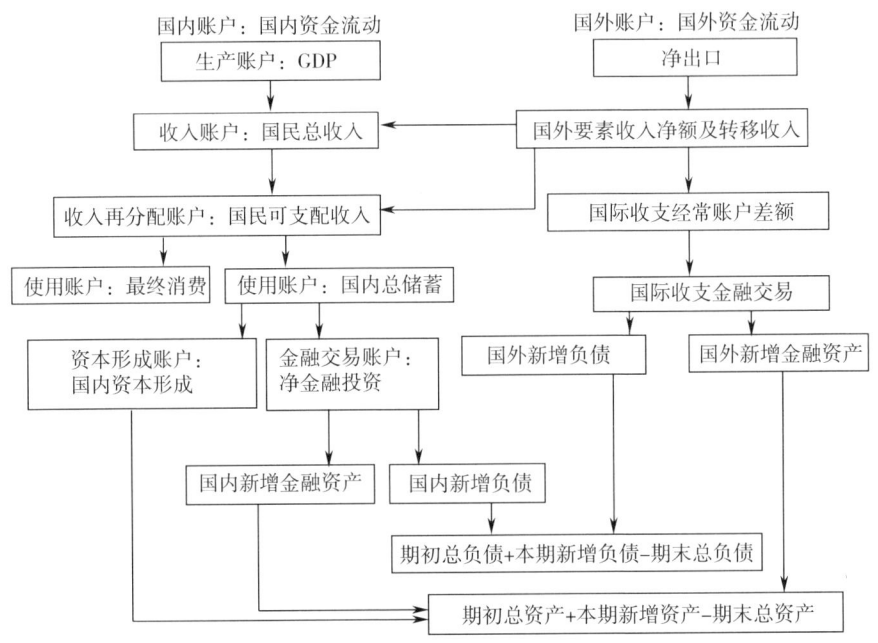

图 1-6　国民经济资金流动情况

从国内资金流动的过程看，国内经济主体通过生产活动得到 GDP，加上国外要素收入为国民总收入，再加上国外转移收入为国民可支配收入。国民可支配收入用于最终消费后，形成国内总储蓄。国内总储蓄在用于投资的过程中，各机构部门的特点有所不同。住户部门主要是资金盈余部门，也就是说它的储蓄大于投资，因此住户部门需要通过金融交易把多余的资金提供给资金短缺的部门。非金融企业和政府部门主要是资金赤字部门，也就是说它的储蓄小于投资，因此这两个部门需要通过金融交易融入资金弥补资金短缺。金融机构部门的作用就是通过各类金融交易起到资金融通的中介作用。资金流量表国内的资金流动规模反映了各机构部门为实现其资金融通所发生的金融交易的数量，体现交易主体之间的债权债务关系，同时也反映了金融交易是如何将储蓄转化为投资的。

3. 资金流量核算的特点。资金流量核算作为一个统计体系，它具有以下特点。

一是资金流量核算范围广、覆盖面宽。资金流量核算账户记录了国民经济机构部门之间，以及机构部门与国外之间的所有金融交易。反映了所有机构部门的资产负债以及净金融投资状况。它不像货币与银行统计、国际收支统计等金融统计体系，只以某个部门为主，统计某些特定的金融交易。它是一个由各个机构部门的金融交易账户所共同构成的统计账户体系。通过资金流量账户，不仅可以观察到已在货币与银行统计和国际收支统计中有所反映的金融机构部门的金融资产与负债的变动状况，或者国外与国内的金融交易等，而且，还可以观察到住户、非金融企业以及政府等部门的金融交易行为。

二是资金流量核算是国民经济核算体系的一部分。资金流量核算根据国民经济实际运行中储蓄向投资转化过程，以及金融交易在这个转化过程中的作用，秉承国民经济核算体系的收入分配和使用账户，以及资本账户，反映全社会的金融交易的规模，以及各机构部门之间发生的债权债务往来。它既是一个独立的统计体系，又是国民经济核算体系的一个组成部分。

三是资金流量核算与其他统计体系具有高度的协调性。资金流量核算作为国民经济核算体系的一个组成部分，它的定义、分类和统计方法与国民经济核算高度统一。由于其他重要的宏观经济统计体系，如货币与银行统计、国际收支统计、政府财政统计等，与国民经济核算体系相协调，因此，资金流量核算与其他的宏观经济统计体系之间具有高度的协调性。

四是资金流量核算具有国际可比性。1953年联合国公布了"国民经济核算体系及其附属表",随后分别于1968年、1993年和2008年三次修订这套统计体系。到目前为止,几乎所有的市场经济国家都将这套统计体系的基本原则贯彻到本国的国民经济统计工作中。因此,尽管各国的金融体系各不相同,各国的资金流量核算作为国民经济核算的一部分,由于使用相同的核算原则,相互间也具有很高程度的可比性。这为对比研究不同国家金融发展与经济发展之间的关系提供了数据基础。

(二)资金流量核算的内容

1. 资金流量核算的层次。从核算内容看,资金流量核算有两个层次(见表1-8),一是实物交易部分,其资金流动对应国民经济中的实物交易;二是金融交易部分,其资金流动对应国民经济中的债权债务关系。

表1-8　　　　　　　　　　资金流量简表

资金流量表简要表式

交易项目 \ 机构部门	住户		非金融企业		政府		金融机构		国内合计		国外		合计	
	运用	来源	运用	来源	运用	来源	运用	来源	运用	来源	运用	来源	运用	来源
实物交易部分														
1. 可支配总收入														
2. 最终消费														
3. 总储蓄(=1-2)														
4. 资本转移														
5. 资本形成总额														
6. 其他非金融资产的获得减处置														
7. 净金融投资(=3+4-5-6)														
8. 统计误差														
金融交易部分														
9. 净金融投资(=10-11)														

第一章 金融总量统计

续表

机构部门 交易项目	住户		非金融企业		政府		金融机构		国内合计		国外		合计	
	运用	来源	运用	来源	运用	来源	运用	来源	运用	来源	运用	来源	运用	来源
10. 资金运用合计														
11. 资金来源合计														
12. 货币黄金和特别提款权														
13. 通货和存款														
14. 非股票证券														
15. 贷款														
16. 其他（股票和其他股权，保险技术准备金，金融衍生工具，其他应收/应付账款等）														

实物交易部分的资金流量核算，主要反映国民经济及其各机构部门的国民收入分配、国民收入使用（包括投资和消费），以及储蓄投资差（净金融投资）。

金融交易部分的资金流量核算，主要反映国民经济各机构部门之间，以及国内与国外之间发生的各种金融交易。

国民经济各部门的可支配总收入首先可用于该部门的消费，剩余的部分为储蓄。一个部门的储蓄加上来自其他部门的资本转移，与资本形成总额和其他非金融资产获得（或处置）的差额，为该部门的储蓄投资差，也称为净金融投资。储蓄大于投资，表明该部门为资金盈余部门，净金融投资为正；储蓄小于投资，表明该部门为资金短缺部门，净金融投资为负。这一部分为实物交易部分的资金流量核算。

各部门的储蓄和投资往往是不等的。一般来说，住户部门的储蓄大于投资，是资金盈余部门；企业部门的储蓄小于投资，是资金短缺部门。金融市场和金融中介机构为部门之间的资金融通起到了调节作用，各类债权债务关系通过以各类金融工具为基础的金融交易得以实现，从而使国民经济各部门资金需求和资金供应得以平衡。

一个部门在金融市场上的各类资金的运用,形成该部门在核算期内新增的金融资产。一个部门在金融市场上的各类资金来源,形成该部门在核算期内的新增负债。新增资产和新增负债的差额,为该部门在金融市场上的净金融投资。如果净金融投资为正,表明该部门为资金盈余部门;反之,为资金短缺部门。不考虑统计误差,通过储蓄投资差计算的净金融投资与通过新增金融资产和负债差额计算的净金融投资,二者在数量上是一致的。

2. 资金流量核算的分类。资金流量表主要由两个部分组成:金融交易和机构部门。该表反映了每一个机构部门所发生的各种金融交易的情况。要进行资金流量核算,首先要对部门和交易进行定义和分类。

(1) 机构部门分类。资金流量核算采用的机构部门概念和定义与国民经济核算是完全一致的。资金流量核算将经济总体的所有机构单位分为五个大的机构部门。

住户部门。住户向其他部门提供劳动,并获得劳动者报酬,或者以家庭为单位从事生产活动,并获得混合收入。住户部门是消费活动的主要承担者,其大部分可支配收入都用于消费,剩余部分少量用于住宅和其他实物投资,其余用于储蓄存款、债券、股票和其他金融投资。它是资金盈余的主要部门。

非金融企业部门。由所有从事非金融活动,并以营利为目的的常住法人企业组成。非金融企业部门是从事货物和服务生产的主要部门,它在生产过程中创造的原始收入,通过初次分配,将劳动者报酬付给劳动者,将生产税缴纳给政府,自己获得营业盈余和固定资产折旧。非金融企业部门是进行实物投资的主要部门,因而也是资金需求最大的部门,其不足的资金通过国内外金融交易取得。

政府部门。由各种行政单位和事业单位组成。政府部门的主要职能是利用征税和其他方式获得的资金向社会公众提供公共服务;通过税收和转移支付,对社会收入和财产进行再分配;通过公共投资活动,为社会经济发展提供基础设施。政府部门在分配、调剂和运用社会资金中发挥重要作用。

金融机构部门。由从事金融中介以及与金融中介密切相关的辅助金融活动的各类金融机构,如中央银行、商业银行、保险公司、证券投资基金、资金信托、代客理财等其他金融机构组成。金融机构在调剂社会资金中处于特殊地位,在筹集和调剂社会资金过程中起着核心作用,是社会资金运动的中枢。

国外部门。与本国常住者(包括住户、非金融企业、政府和金融机构)发生各种经济往来活动的外国常住者归并在一起,就形成国外部门。在资金流量核算中,国外部门反映本国对外经济往来中的收支和借贷关系。

(2)金融交易分类。当一个机构单位向另一个机构单位缔结了有关有偿提供资金的契约时,金融债权和债务便得以产生,这也就意味着发生了一笔金融交易。大部分金融交易形成了金融资产和负债。但也有一部分金融交易虽然形成了金融资产,却没有对应的负债。股权是最典型的例子。尽管股票或股权的持有人对接受资金的一方没有金融债权,但是,接受资金的一方有义务让股东参与剩余价值的分配。因此,在核算时可将股权类金融交易看做是提供资金一方的金融资产,接受资金一方的负债。

基本的资金流量表应该包括以下主要的金融交易:货币黄金和特别提款权、通货和存款、非股票证券、贷款、股票和其他股权、保险技术准备金、金融衍生工具、其他应收应付账款。

资金流量表中金融资产和机构部门的分类完全符合国民经济核算中金融资产和机构部门的分类,与其他主要金融统计关于金融资产和机构部门的分类是协调的。需要指出的是,表1-8是一种比较简单的资金流量表。各国的金融交易和机构部门,尤其是金融部门都有各自的特点,因此,它们在编制资金流量表时,应在这个基本框架下,结合本国情况进行金融交易和机构部门的进一步划分。

3. 资金流量核算的表现形式。资金流量核算有两种表现形式：账户和矩阵。账户是借用企业会计T字账户形式，直接表现复式记账的结果。T字账户的右端称为来源方，反映负债的变动；左端称为使用方，反映资产的变动（见表1-9）。账户分机构部门账户和交易账户。机构部门账户反映某个机构部门金融资产负债的变化情况；交易账户反映某类交易在各部门形成的债权和债务。表1-10和表1-11分别以住户和贷款列示。矩阵表是由机构部门为列（宾栏）与金融交易项目为行（主栏）构成的。宾栏在每个机构部门之下都分别列出"运用"与"来源"两栏，相当于账户的来源方和使用方。账户和矩阵本质上是一致的。账户的表现形式有助于了解某个部门或某个交易的具体情况；矩阵的形式有助于了解各部门和各交易之间的关系。

表1-9　　　　　　　　　　资金流量账户

使用	来源
金融资产的变动	负债的变动
金融资产的增加	负债的增加
金融资产的减少（-）	负债的减少（-）
净金融投资	

表1-10　　　　　　　　　　住户部门账户

资金运用	资金来源
资金运用合计	资金来源合计
通货	贷款
存款	
证券	
其他（净）	
净金融投资（=资金运用合计-资金来源合计）	

表 1-11　　　　　　　　　　　贷款账户

资金运用	资金来源
资金运用合计	资金来源合计
金融机构	住户部门
	非金融企业部门
	国外

（三）资金流量核算的基本原则

1. 复式记账方法。如同工商会计一样，资金流量核算以复式记账原则为基础。每一笔金融交易必须记录两次，一次作为资金来源，记录核算期内负债的变化；同时作为资金运用，记录核算期内金融资产的变化。记录的资金来源总额与资金运用总额必须相等，保证资金流量金融账户的一致性。图 1-7 是关于复式记账的图解。

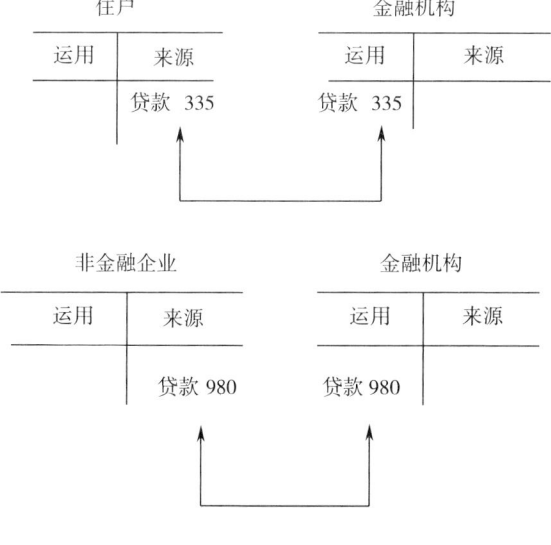

图 1-7　复式记账图解

2. 权责发生制原则。复式记账原则要求某一笔交易在发生时，必须同时计入有关交易单位双方各自的账户中。也就是说，机构单位之间的交易必须是在债权和债务发生、转换或取消的同时记录在各自的账户上，遵循权责发生制原则。该原则原理虽然简单清楚，但在实际中由于各种原因，如清算方面的时滞、实物交易和相应的资金收讫付讫的时滞以及通信速度等方面的原因，各机构单位即使在核算中贯彻权责发生制原则，也难免发生在不同时点上记录同一交易的现象。这也是核算体系存在误差的一个重要原因。以表1-12中的统计误差项为例，这些误差中有相当一部分是由于不同机构单位在记账时存在时滞带来的。

3. 估价原则。复式记账的原则还要求对一笔交易在有关的部门中以相同的价值记录。由于交易是按交易者双方商定的实际价格发生的，因此，交易发生的时点上的市场价格是资金流量核算选择的估价标准。

4. 项目合并与轧差。由于资金流量核算范围的广泛性特点，数据采集和统计技术很难达到编制非常详细的金融账户的要求。所以，各国在编制金融交易账户时，与其他专门统计相比，可能采用的是比较粗的口径。进而在编制时，经常将反映不很重要的经济现象的交易项目，或是数据来源有困难的项目做合并或轧差处理。

5. 资金流量核算的基础数据。由于资金流量核算具有广泛性的特点，它对基础数据的要求非常不同于货币与银行统计、国际收支统计或某些其他证券统计等针对专门领域的统计体系，即它没有一套专门的、由基本经济单位直接上报的数据收集系统，它只能利用已有的各种统计体系以及统计调查中的数据，按照资金流量核算的要求进行加工，满足资金流量核算的数据需要。对于上述所列举的各个专门领域的统计，它们都有各自一套完整的基础数据来源系统。例如，金融机构单位定期向中央银行按规定报送用于编制货币与银行统计的基础报表；全国多数涉及与国外经济往来的经济单位要填报用于编制国际收支平衡表的申报单。也就是说，这些专门领域统计体系的基础数据来源于专门为其服务的、由基层单位直接负责填报的数据收集系统，而资金流量核算没有专门的上报系统，它直接从这些已有的各类经济统计中取。所以，资金流量核算的基础数据的质量主要取决于它所要从中取数的统计体系与资金流量核算体系的协调程度。二者的协调性越高，资金流量核算基础数据的质量就越高。

获取资金流量基础数据的方法有两种。一是直接通过其他统计体系获得，包括从其他部门统计和市场统计获取，前者主要来源于货币与银行统计、国际收支统计、政府财政统计、税收统计和登记、征信体系登记、保险和养老基金业统计、证券基金以及其他从事辅助性金融活动的金融机构统计，它们是资金流量核算的主要数据来源；后者主要是债券股票的数据。二是通过调查取得经验数据和比例，依此对某些数据进行推算分解。例如，直接通过其他专门统计体系取得的数据往往仅从交易的一方面反映金融交易，缺乏对手方的金融交易信息。可以通过相关调查，取得经验比例数据。在编制资金流量表时，运用我们能够掌握的某类金融交易的全体数据，利用经验比例对其在各部门进行部门分解，达到编制资金流量表的目的。

6. 资金流量核算的数据处理方法。编制资金流量数据有两种方法。一是流量法，即直接取得金融交易的流量数据，具有代表性的例子是有关国外部门金融交易的数据可以直接取自国际收支平衡表中的金融账户；二是存量轧差法，即根据能够得到的期初期末金融资产与负债的存量数据，计算当期发生的流量数据。

2015 年资金流量表详见表 1-12。

表1-12　2015年资金流量表

单位：亿元

交易项目 Item	顺序号	住户 Households		非金融企业 Non-financial Corporations		政府 General Government		金融部门 Financial Sectors		国内合计 All Domestic Sectors		国外 The Rest of the World		总计 Total	
		运用 Uses	来源 Sources	运用 Uses	来源 Sources	运用 Uses	来源 Sources	运用 Uses	来源 Sources	运用 Uses	来源 Sources	运用 Uses	来源 Sources	运用 Uses	来源 Sources
净金融投资	1	81 185		-10 807		11 508		-61 245		20 641		-20 641		0	
资金运用合计	2	122 682		130 106		65 901		290 968		609 657		-17 996		591 661	
资金来源合计	3		41 497		140 913		54 393		352 213		589 017		2 645		591 661
通货	4	2 101		266		59		353	2 957	2 780	2 957	177		2 957	2 957
存款	5	46 818	11 074	67 002	35 650	23 972		30 346	155 584	168 138	155 584	-7 056	5 498	161 083	161 083
活期存款	6	20 768	30 523	31 202	35 406	11 522			63 491	63 491	63 491			63 491	63 491
定期存款	7	24 932		21 601		7 102			53 635	53 635	53 635			53 635	53 635
财政存款	8					-914			-914	-914	-914			-914	-914
外汇存款	9	1 148	-7	7 049	-7 182	107		-2 086	1 045	6 218	1 045	325	5 498	6 543	6 543
其他存款	10	-30		7 149	15 913	6 155		32 433	38 327	45 708	38 327	-7 381		38 327	38 327
证券公司客户保证金	12	4 232		3 715	3 080	1 837		1 313	11 201	11 096	11 201	104		11 201	11 201
贷款	13		41 497		82 867			144 190	15 781	144 190	140 145	-897	3 147	143 293	143 292
短期贷款与票据融资	14		11 074		35 650			46 723		46 723	46 723			46 723	46 723
中长期贷款	16		30 523		35 406			65 929		65 929	65 929			65 929	65 929
外汇贷款	18		-7		-7 182			-3 130	14	-3 130	-7 174	-897	3 147	-4 027	-4 027
委托贷款	20				15 913			15 913		15 913	15 913			15 913	15 913
其他贷款	21		-92		3 080			18 754	15 766	18 754	18 754			18 754	18 754

第一章　金融总量统计

续表

交易项目 Item	顺序号	住户 Households		非金融企业 Non-financial Corporations		政府 General Government		金融部门 Financial Sectors		国内合计 All Domestic Sectors		国外 The Rest of the World		总计 Total	
		运用 Uses	来源 Sources	运用 Uses	来源 Sources	运用 Uses	来源 Sources	运用 Uses	来源 Sources	运用 Uses	来源 Sources	运用 Uses	来源 Sources	运用 Uses	来源 Sources
未贴现的银行承兑汇票	25			-10 569	-10 569			-10 569	-10 569	-21 137	-21 137			-21 137	-21 137
保险准备金	28	14 446		970			7 025		8 391	15 416	15 416			15 416	15 416
金融机构往来	29							-8 167	-18 134	-8 167	-18 134	-10 461	-494	-18 628	-18 628
准备金	32							-17 471	-17 513	-17 471	-17 513	-42		-17 513	-17 513
证券	33	8 156		7 191	37 097	4 093		110 432	44 111	129 872	128 460	1 063	2 475	130 935	130 935
债券	34	4 938		3 529	29 340	2 695	47 252	107 795	42 416	118 958	119 008	50		119 008	119 008
国债	35	2 112		25		-6	47 252	45 121		47 252	47 252			47 252	47 252
金融债券	36			381		331		41 654	42 366	42 366	42 366			42 366	42 366
中央银行债券	37								50		50	50		50	50
企业债券	38	2 826		3 124	29 340	2 370		21 020		29 340	29 340			29 340	29 340
股票	39	3 218		3 662	7 757	1 397		2 637	1 695	10 914	9 452	1 013	2 475	11 927	11 927
证券投资基金份额	40	8 927		7 837		3 876		2 770	23 630	23 410	23 630	220		23 630	23 630
库存现金	41							-208	-222	-208	-222			-208	-208
中央银行贷款	42							-1 038	-1 038	-1 038	-1 038			-1 038	-1 038
其他（净）	43	38 001		38 273	32 000	32 064		62 433	138 772	170 772	170 772			170 772	170 772
直接投资	44			11 298	15 169					11 298	15 169	15 169	11 298	26 467	26 467
其他对外债权债务	45			4 123	-3 910		116	-2 026	-738	2 097	-4 532	-4 532	2 097	-2 435	-2 435
国际储备资产	46							-21 390		-21 390			-21 390	-21 390	-21 390
国际收支错误与遗漏	47				-11 742						-11 742	-11 742		-11 742	-11 742

二、金融账户中的资产负债核算

从存量、流量角度看,金融交易部分的资金流量核算是金融交易流量核算,与之相对应的资产存量核算是国民资产负债表中的金融资产与负债核算。事实上,要更好地说明社会融资活动、金融结构变动等重要经济现象,只有将存量数据和流量数据相互结合使用,才能掌握完整的分析数据基础。

(一) 资产负债核算

资产负债核算由两部分组成:一部分是非金融资产存量,具体包括固定资产、存货等;另一部分是金融资产与负债存量,是反映一个国家或一个部门在某一时点上资产、负债的存量账户。资产负债核算反映了生产账户、收入的分配和使用账户以及积累账户中登录的最终结果。

金融账户的资产负债核算账户对金融资产与负债的部门和交易分类、核算表式、核算原则和数据来源,与金融资金流量核算账户是基本一致的。在测算金融资产负债存量时,可以将各种类型的资产和负债进行汇总,得到某一机构单位资产减负债的净值;也可以得到经济中所有单位持有的某一类资产的总价值。金融资产存量核算账户要反映那些在一个核算期内记录的交易和其他流量情况,以说明核算期期初到期末之间存量的价值变化。

经济总体的资产账户情况举例详见表 1-13。

表 1-13　　　　　　　　经济总体的资产账户　　　　　　　单位:亿元

	期初资产负债表	资本和金融账户	资产物量其他变化账户	重估价账户			期末资产负债表
				名义持有损益	中性持有损益	实际持有损益	
非金融资产							
生产资产							
固定资产							

续表

	期初资产负债表	资本和金融账户	资产物量其他变化账户	重估价账户			期末资产负债表
				名义持有损益	中性持有损益	实际持有损益	
存货							
贵重物品							
非生产资产							
自然资源							
合约、租约和许可							
商誉和营销资产							
金融资产							
货币黄金和SDRs							
通货和存款							
债务性证券							
贷款							
股票和投资基金份额/单位							
保险、养老金和标准化担保计划							
金融衍生工具和雇员股票期权							
其他应收/应付款							
金融负债							
货币黄金和SDRs							
通货和存款							
债务性证券							
贷款							
股票和投资基金份额/单位							
保险，养老金和标准保障计划							
金融衍生工具和雇员股票期权							
其他应收/应付款							
净值							

(二) 期初期末金融资产存量相关账户

期初、期末资产负债表中资产存量价值存在如下等式：

期末存量 = 期初存量 + 金融交易 + 资产物量其他变化 + 重估价变化

其中，金融交易，是指在核算期间内通过交易获得的同类资产的全部价值，减处置同类资产的全部价值，记录在金融账户中；资产物量其他变化，是记录既非交易也非价格变化导致的非金融资产和金融资产价值的变化，这些变化记录在资产物量其他变化账户中；重估价变化，是指在核算期间内因为资产价格变化而产生的正负名义持有收益价值，这些变化反映在重估价账户中。这三个账户通过记录机构单位或部门所持有资产的所有价格和物量变化（不论其是否由交易引起），即可显示资产净值从期初到期末的变化，并能够按照构成项目对其进行分解。

资产物量其他变化账户包括三个方面。一是允许某些资产不通过交易进入和退出 SNA。进入和退出资产负债表的行为被分别称为经济出现和经济消失。一旦自然形成的资产，如地下资产，获得了经济价值或者变得没有经济价值，进入和退出就产生了。当机构单位与自然之间发生相互作用时，就会出现这种进入和退出现象，由此就会与由交易造成的进入和退出现象形成对比——交易一般是通过机构单位之间的共同协议达成的。还有一些进入和退出可能与人类活动创造的资产有关，如贵重物品、外购商誉或者黄金。二是记录那些意外的、不可预测的事件给得之于资产（和相应的负债）的经济利益所带来的后果。这类意外事件属于外部事件影响，包括一个机构单位未经资产所有者同意，便从资产所有者那里实际取走资产的行为。这种行为不是交易，因为不存在双方同意这一前提条件。此外，还包括那些诸如自然灾害或战争等损坏资产的事件。三是记录因机构单位和资产的分类变化以及机构单位结构变化而引起的资产变化。

重估价账户记录持有损益，涉及三个定义，包括名义持有损益、中性持有损益和实际持有损益。名义持有损益被分解为中性持有损益和实际持有损益两个组成部分。第一部分是与一般价格水平同比例的重估价，它是通过运用同一时期的一般价格水平变化指数对全部资产或负债的初始价值进行重估而得到的重估价，那些货币价值固定的资产或负债也要包括在内。由于所有资产和负债的购买力在重估后都保持不变，因此这个重估价结果被称为中性持有损益。第二部分是名义持有损益与中性持有损益之差，这个差值被称为实际持有损益。如果某些资产的名义持有损益大于中性持有损益，则产生实际持有收益，原因在于平均来说，资产的相对价格提高了,这些资产的实际价格比一般价格水平提高更快(或下降更慢)。同理,资产相对价格的下降会导致实际持有损失。

(三) 金融资产负债核算的意义

与流量相比,在相邻两个时期之间流量可能波动相当大,而存量水平则会显得比较稳定,因此,存量水平的波动程度可以传达出特别有用的额外信息。

运用金融资产负债存量账户,可以分析各个部门的金融资产和负债存量的总额、净额及其变化,通过测算各个部门的资产负债结构、预测变化趋势,可以进行有效的风险监控。金融资产存量账户在经济分析和政策分析方面得到广泛的运用,如通过进行经济预测为制订经济计划提供支持,评估当前经济政策或经济政策变化对经济未来走向和对各个部门以及各种交易的影响。

> 专栏3

坚持金融深化,服务实体经济

金融深化理论的核心观点:一国的金融体制与该国的经济发展存在相互作用的关系。金融深化反映了金融参与国民经济的程度。对新兴市场经济体来说,金融深化程度提高,通常反映了一个国家金融抑制程度的减弱,以及资金使用效率的提升。衡量金融深化程度的重要指标是金融相关率(以市价估值的金融总资产与 GDP 的比率),这一比率过高,反映金融深化过度;过低,则金融深化不足。基于金融资产负债核算数据,可以计算当前我国金融深化的程度。

自 2004 年以来,我国国内部门金融相关率呈现快速上升态势,2015 年末为 7.51 倍,比 2004 年上升 311 个百分点,年均上升 28.3

个百分点。而同期美国①为10.32倍,欧元区为11.36倍,日本为13.7倍,从增幅上看,中国高于美国(132个百分点)和日本(234个百分点),低于欧元区(351个百分点),增幅较大(见专栏图1-2)。

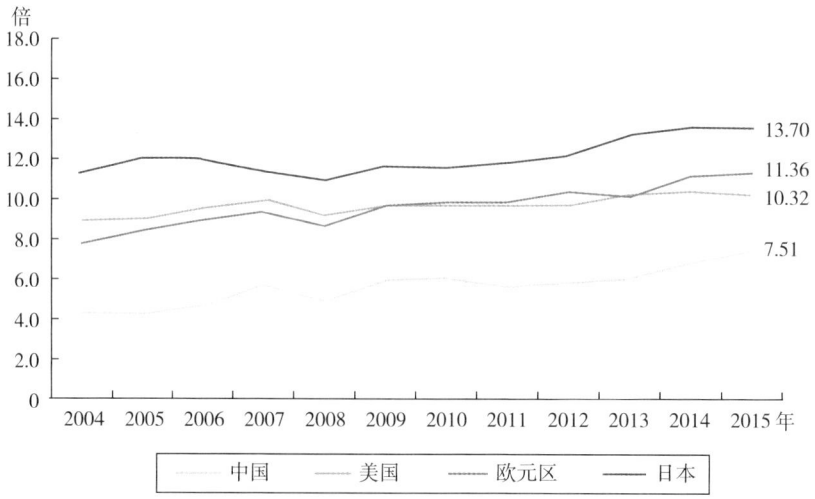

资料来源:中国人民银行、美联储、欧洲中央银行、日本银行、Wind数据库。

专栏图1-2 2004—2015年中国国内部门金融相关率与发达国家比较

从金融深化水平来看,我国当前的金融相关率相当于美国1997年,欧元区2002年,日本1995年的水平②。基本符合我国城镇化进程和GDP的发展水平。2015年,我国城镇化率③为56.1%,GDP为11.06万亿美元;1997年美国城镇化率为79%,GDP为8.61万亿美元;1995年日本城镇化率为78%,GDP为5.45万亿美元;2002年欧元区城镇化率为76.8%,GDP为7.13万亿美元。

---

① 由于美元作为世界货币,是其他国家的储备货币,因此其他国家持有的美元金融资产相对较多,而美国是货币发行国家,在货币储备和金融资产储备上不用考虑汇率因素,所以持有的金融资产要少于其他国家。因此,在作金融深化程度的国际比较时,不宜单纯以美国的金融相关率为参照,而应同时对比其他发达国家的金融相关率情况。

② 日本的金融相关率持续较高,与金融泡沫没有完全消除、日本经济增长缓慢、金融资产定价较高等因素有关。

③ 城镇化率指一个地区城镇常住人口占该地区常住总人口的比例。

第一章 金融总量统计

第四节 提升金融统计透明度

一、正式采纳数据公布特殊标准

提高中央银行透明度和公信力，打造服务型中央银行，是人民银行全面推进政务公开的一项重要工作。近年来，我国金融统计信息披露日益规范，披露频度不断加快，在数据收集、加工、质量控制、对外披露等方面严格标准要求。2015年10月8日，中国人民银行官方网站发布消息：中国正式采纳国际货币基金组织数据公布特殊标准，标志着中国在完善统计体系、提高透明度方面取得又一重大进展。

（一）数据公布特殊标准产生的背景

随着经济全球化进程的加快，各国、各地区之间的交流与合作更加紧密。20世纪90年代亚洲金融危机后，国际社会普遍认识到缺乏信息是导致危机爆发的重要因素之一，提高宏观经济统计数据透明度十分重要。在此背景下，国际货币基金组织理事会临时委员会（现国际货币与金融委员会，简称IMFC）于1995年10月批准制定两个层级的数据标准：数据公布特殊标准（Special Data Dissemination Standard，SDDS）和数据公布通用系统（General Data Dissemination System，GDDS），用来指导成员国向公众提供经济和金融数据。

1996年4月，国际货币基金组织确立SDDS，并向所有成员国开放，供其选择，旨在指导那些已享有或希望获得资本市场准入的国家公布其关键数据，从而使广大数据使用者，特别是金融市场参与者能够借助充分的信息来评估各国经济形势。同年，国际货币基金组织在其官网设立了一个数据公布标准布告栏（http：//dsbb.imf.org），即电子布告栏，并以其作为数据标准倡议的一部分，帮助公众随时获取有关各国数据公布做法的信息。

（二）数据公布的主要方面

数据公布就是面向公众发布数据。SDDS明确了数据公布的四个方面，包括数据的覆盖范围、周期性（频率）和及时性，所公布数据的质量，公布数据的真实性，以及公布数据的公众可得性。在数据覆盖范围、频率和时效方面，SDDS的重点是公布那些对宏观经济表现和政策评估最为重要的数据。它规定了实体、财政、金融和对外四个经济部门的数据类别，对于宏观经济表现和政策的透明度而言，及时、全面地公布经济和金融数据至关重要。在数据质量方面，通过一些可监测的替代指标，数据使用者可以获得评判数据质量所需的信息，其中包括公布与统计数据编制方法及来源有关的文件，指出与国际通行统计方法不一致的内容，鼓励各国每7~10年编写并发布一份标准与准则遵守情况报告或其他质量评估文件的数据模块，公布分项的详细信息、与相关数据协调情况，以及支持统计交叉检验并确保合理性的统计框架。在数据真实性方面，SDDS要求接受国公布数据生成依据、渠道等。在数据公众可得性方面，SDDS要求向公众提供便利、平等的数据获取渠道，发布数据公布日程预告，同时向所有利益相关方发布数据。

为了灵活实施标准，国际货币基金组织执行董事会对数据标准倡议进行了多次审查，依据不断变化的形势，多次对标准进行更新调整。由于各成员国经济结构和制度安排不尽相同，标准将一些规定做法指定为"相关"做法，同时还列明了"鼓励"而非"规定"各国采取的做法。例如，有些数据类别或分项与某个特定国家"不相关"时，那么即使接受国没有编制和公布与该类别或分项有关的数据，也会认为该国遵守了SDDS。一个/多个生产指数分项（产业、商品、部门）在

"相关"情况下才予以公布,"相关"的规定也允许不适用某些概念(如将整个经济体的工资作为衡量一个农业经济体的劳动力市场指标,就属于这种情况)、某些工具(指数化债务)和市场(股票市场和外汇市场)。当然,当有关概念适用、有关市场存在或使用有关金融工具和安排的情况下,就不能引用"相关"的条款。一般地,"规定"编制的数据及其分项都是对于分析一国经济表现和政策很重要的数据,"鼓励"编制的数据则是那些可能会提高一国经济表现和政策透明度的补充信息,它需要更全面的统计体系。

在数据具体内容方面,针对金融部门规定的数据类别包括存款性公司概览(DCS)、中央银行概览(CBS,我国公布的是货币当局资产负债表)、利率以及股票市场的股票价格指数。鼓励公布七项具体的金融稳健指标。除此之外,还有实体部门的国民账户、生产指数、消费物价指数(CPI)以及生产物价指数,财政部门的广义政府运营(GGO)、中央政府运营(CGO)以及中央政府债务(CGD),对外部门的国际收支(BOP)、官方储备资产、国际储备和外币流动性(储备模板)等。

(三)数据的公布形式

数据的公布形式包括电子形式以及更为传统的形式。一般的接受SDDS的成员国在其网站上设置一个便于公众访问的网页(国家主要数据页面)。在该网页中,接受标准的成员国可按照SDDS的要求公布数据,并且通过一个超级链接与国际货币基金组织的数据公布标准布告栏相连接,从而帮助公众便利地获取各国数据和数据诠释。页面中还包括更广泛数据集的超链接,如一些时间序列数据、实时更新数据等。

公布日程预告、数据诠释和国家主要数据页面,以及国际货币基金组织的数据公布标准公告栏,代表了SDDS的几项关键操作内容。这些内容通过互联网将电子版国家数据和数据诠释向公众公布，为公众便捷平等地获取数据提供了便利，也为国际货币基金组织监测接受标准成员国的数据标准遵守情况提供了有效支持，进而成为维护标准在资本市场和公众心目中信誉的基础。

（四）中国正式采纳数据公布特殊标准

前面提到国际货币基金组织在1995年10月批准制定了两个层级的数据标准。除了SDDS，还有GDDS，以期为希望发展统计制度的国家提供一个框架。SDDS与GDDS框架基本一致，但对数据覆盖范围、公布频率、公布及时性、数据质量、公众可得性等方面要求更高。在GDDS框架下，各国可以努力公布全面、可靠的数据，从而最终满足SDDS的要求。GDDS推出后，国际货币基金组织开始在各成员国中积极推广使用该系统，当时有38个国家参加了该系统，其中多为发展中国家。该系统涉及实际部门、财政部门、金融部门、对外部门和社会人口部门五大宏观经济部门的数据，它对数据的范围、频率和及时性，数据的质量，数据公布的完整性，数据的公众可获取性等同样提出了具体的要求。

2002年1月1日，经国务院同意，人民银行代表中国政府致函时任国际货币基金组织总裁科勒，通报中国参加国际货币基金组织"数据公布通用系统"的决定。根据GDDS的要求，人民银行建立了金融统计数据公布时间表制度，提前发布下一年度数据披露的频率、时间、内容等。这是我国政府增加宏观经济透明度的一个里程碑，标志着我国统计制度朝着国际标准迈出了一大步。

根据GDDS有关要求，参加国需完成三个方面的工作：一是将GDDS作为本国经济、金融和社会人口数据的编制及公布系统的框架；二是指定与国际货币基金组织联系的本国协调人；三是撰写对统计做法的描述，即数据诠释。经过20多年改革和对外开放的实践，中国经济获得突飞猛进的发展,并与世界经济进一步融合。国内五大部门的统计数据,在范围、频率、及时性和质量方面,公布的完整性和公众可获取方面,基本上已符合GDDS的要求。我国承诺加入GDDS是适应经济全球化、金融市场一体化的需要,也是进一步扩大对外开放的需要。加入GDDS对完善我国统计制度、提高我国宏观经济决策水平有重大意义。首先,加入GDDS有利于提高我国宏观经济统计数据的透明度,推进我国统计方法制度的改革,提高宏观经济统计数据的国际可比性;其次,加入GDDS也将有利于更清楚地了解我国宏观经济的实际情况,以便对我国经济发展趋势作出较为准确的判断,为宏观经济决策提供可靠依据,从而有利于防范和化解风险。

2014年11月,国家主席习近平在G20布里斯班峰会上郑重承诺,中国将采纳国际货币基金组织的SDDS。此后,我国成立了由国家统计局牵头,人民银行、财政部、海关总署和国家外汇管理局共同参与的部际SDDS工作领导小组及办公室,负责我国采纳SDDS的相关工作。各相关部门经过一年的努力和通力协作,实现了在国际货币基金组织官方网站上公布的各相关部门数据发布日程表和统计数据诠释文件,在国家统计局官方网站推出了国家主要数据页,在人民银行官方网站公开了国际储备和外汇流动性模板,以及在相关部门官方网站公布了本部门主要数据。2015年7月起,按照国际货币基金组织SDDS的要求,通过人民银行官网按月更新数据公布日程预告。一些统计数据首次对外发布。例如,人民银行和外汇局于2015年7月中旬发布了官方储备资产、国际储备与外币流动性数据模板和全口径外债数据,财政部7月底发布了分季度中央政府债务数据,国家统计局9月初发布了分季度GDP数据。

2015年10月6日,经国务院同意,中国人民银行行长周小川以国际货币基金组织中国理事身份致函国际货币基金组织总裁拉加德,正式通报中国采纳国际货币基金组织SDDS的决定。这标志着我国已完成采纳 SDDS 的全部程序，将按照 SDDS 标准公布相关统计数据。10 月 7 日，中国人民银行副行长易纲和国际货币基金组织第一副总裁利普顿在利马共同出席了在国际货币基金组织年会期间举行的中国采纳 SDDS 的仪式。

采纳 SDDS 符合我国进一步改革和扩大对外开放的需要，有利于提高宏观经济统计数据的透明度、可靠性和国际可比性，有利于进一步摸清宏观经济家底，为国家宏观经济决策提供及时、准确的依据，有利于加深国际社会和公众对中国经济的了解，提升我国全球经济参与度。

二、注重统计数据发布

金融统计是人民银行履行职能的基础，也是国家统计体系中一个重要组成部分，人民银行自 1948 年开始编制第一张统计报表到现在，已由当初仅为计划资金部门统计的"两张表"发展到涵盖货币信贷统计、经济景气调查、经济金融分析预测三位一体的调查统计业务体系，报表管理也由最初的手工填报，逐步实现电子化进而发展为数据集中式的信息化管理。

（一）积极推进信息基础设施建设

人民银行自互联网发布统计数据以来，由最初公布的 7 张单项表逐步扩展至 6 类 30 张中英文对照报表，发布的频率、内容、流程更加规范。这些变化与统计工作创新，特别是近十年来统计信息基础设施建设和统计标准化工作的深入开展是分不开的。在"统一数据采集、整合信息资源、充分信息共享"的基本原则指导下，统计数据集中系统替代全科目上报系统，标准化存贷款和理财统计等一批新型统计系统上线运行，这些基础设施建设为做好金融统计信息服务奠定了坚实基础。人民银行作为数据的生产者，按照不同需求和用途，产生出多种调查统计数据和资料，这些数据和资料公众可以通过互联网的人民银行官网主页（http：//www.pbc.gov.cn），以及《中国人民银行统计季报》《中国人民银行年报》和《中国金融年鉴》等渠道查询和了解到这些数据。2015年7月起，按照国际货币基金组织SDDS的要求，通过人民银行官网按月更新数据公布日程预告。

（二）加强统计数据发布标准化建设

统计数据发布标准化主要是指发布流程标准化、组织职责标准化和制度标准化三个方面。其中，发布流程标准化是统计数据发布标准化的核心，而组织职责和制度标准化是实现数据发布标准化的重要保证。在组织职责上明确发布主体和管理责任。在发布流程管理上，更加注重发布时间、发布程序的标准化执行，严格发布审批、核验。在制度标准化方面，已逐步形成从数据采集到最终产品的统计标准。多年来，为适应金融体系运行中的各种变化，人民银行统计工作者以实际需求为导向，致力于建立结构合理、层次分明、科学适用、重点突出、相对完善、便于扩充的金融统计标准化体系，从而实现对金融体系的全面监测、预警。建立金融统计标准体系，不仅有助于金融机构信息系统编码体系的一致性，提高金融部门统计工作的效率，还有助于金融统计信息在不同部门、不同领域、不同职能背景的相关机构间顺畅交换，是实现信息互联互通、信息共享的基础。

统计数据发布中的实施标准作为金融统计标准体系框架中一个重要组成部分，包含了对机构和公众公布统计数据格式信息等一系列标准规范。除了前文提到的国际货币基金组织的SDDS和GDDS标准外，还有一项近年来被国际组织和各国统计机构普遍采纳的数据交换标准，称为统计数据与元数据交换标准（SDMX）。2014年8月，人民银行正式发布SDMX，为实现各金融机构、金融监管部门间数据共享奠定了符合国际标准的重要技术规范。

另外，在统计发布标准化建设中，建立和完善统计发布渠道，形成多元化发布网络，也已成为当前强化统计发布的重要环节。作为官方统计，能够发挥主流传播渠道优势，体现数据权威发布，既注重传统纸媒介与电视载体宣传，同时也非常注重新型发布渠道，加快适应其发布运行模式，摸索其规律特点，设计标准化发布流程，提高发布的专业化水准。

（三）不断提高中央银行信息沟通能力

从统计工作科学发展来看，既要有统计发展战略，还要有高质量的统计数据信息，同时也要不断提高统计的客观性、透明性和中立性，建立全面、统一、协调的统计数据标准。统计数据不但要对内服务于中央银行分析判断的需要、国家统计部门核算的需要，也要对外发布，服务于社会、公众、投资者以及学者分析、研究的需要。目前，金融统计数据信息共享披露的力度已成为衡量一国中央银行与社会公众沟通的能力、引导社会公共预期、提高货币政策效应的重要方面。

从统计发布来看，要规范信息披露程序，加快数据披露频度，在数据收集加工质量控制、对外披露等方面符合国际标准，尽量理解并满足不同用户（包括国际组织、金融机构、银行家、企业）的需要。通过创新统计产品、提供优质信息服务满足对统计数据的应用要求。

近年来，人民银行通过官方网站、新媒体发布信息，建立例行金融统计数据新闻发布制度，通过接受记者采访、参加在线访谈、公开演讲、发表署名文章等多种渠道加大金融统计数据和社会融资规模统计数据发布和解读力度，通过大量翔实、严谨的统计数据，增强社会公众对中央银行政策措施的了解和理解，从而不断提高人民银行信息沟通能力，形成统计工作成果与社会公众良好的互动局面。

三、发布的主要统计数据及资料

统计信息来源于社会，也应为社会公众所利用，随着我国采纳国际货币基金组织 SDDS 以来，社会公众对金融统计信息的关注度越来越高，金融统计信息已成为社会公众经济生活中不可缺少的一部分。

目前已发布的主要统计数据和资料有以下几类。

（一）社会融资规模统计

社会融资规模统计包括社会融资规模增量和存量统计以及地区社会融资规模增量统计。社会融资规模从金融机构资产方和金融市场发行方进行统计，从全社会资金供给的角度反映了金融对实体经济的支持，直观反映了供给侧改革情况。2011 年，人民银行正式统计并按季度公布社会融资规模增量统计数据，一年间提升至按月发布，并在 2012 年 9 月公布了 2002 年以来的月度历史数据。2014 年按季度公布各省（市）的社会融资规模增量数据；2015 年 2 月，人民银行发布了 2002 年以来社会融资规模存量统计数据，并按季度公布存量数据；从 2016 年起，开始按月公布社会融资规模存量数据。

（二）货币统计概览

货币统计是宏观经济统计的重要组成部分，反映货币供应量的规模、结构及形成过程，是中央银行制定货币政策、观察政策效应的重要依据和参考。货币统计通过编制中央银行资产负债表和货币金融机构的资产负债表，合并编制货币概览甚至金融概览，发布各层次的货币供应量、国内信贷总量与结构，以反映货币金融部门与政府预算、国际收支、实体经济部门之间的联系。

21 世纪初，人民银行按照国际货币基金组织《货币与金融统计手册》，对货币概览进行调整，扩大了统计范围，纳入在华外资银行、境内金融机构的外汇业务数据等。2006年，将金融性公司划分为存款性公司和其他金融性公司，存款性公司又分为货币当局和其他存款性公司。根据新的分类，规范为其他存款性公司资产负债表和存款性公司概览。

随着资本项目可兑换进程的加快进行，为更好地反映人民币金融资产境外流向，不断完善宏观审慎管理框架，人民银行于2013年末在官方网站按季度公布境外机构和个人持有境内人民币金融资产情况月度数据。自2015年7月起，按照国际货币基金组织SDDS，公布官方储备资产和国际储备与外币流动性数据模板两项报表数据。

（三）金融机构信贷收支统计

按照最新的分类，金融机构信贷收支统计包括存款类金融机构信贷收支和金融机构信贷收支两类报表；从业务类角度看，又分别包括人民币、外汇和本外币三类报表。存款类金融机构信贷收支统计反映了存款类金融机构信贷资金的来源渠道、资金性质和分布以及资金运用的投向、分配。金融机构信贷收支表的机构范围中除了存款类金融机构外，还包括了银行业非存款类金融机构。另外，人民银行发布的信贷收支报表还包括中资全国性大型银行、中资全国性四家大型银行和全国性中小型银行人民币信贷收支统计等。

（四）金融市场统计

金融市场统计主要反映了金融市场上的交易主体在不同市场上的交易对象、交易方式、交易价格及交易规模等。市场主体主要包括中央银行、商业银行、证券公司、基金公司、保险公司等。金融市场主要分为股票市场、同业拆借市场、债券市场、外汇市场和票据市场。金融市场统计主要关注金融产品的发行和交易规模，可以反映金融市场上金融工具的结构变化情况。在交易规模方面，既要反映金融工具的流量，即成交总额，又要反映金融工具的存量。金融产品的价格是金融市场统计的重点，它是金融资产收益市场化的表现，也反映一定时期内金融工具的供求状况，其中最主要的是股票市场价格指数。债券市场的价格也可以用利率期限结构来表示。

不同类型的金融市场，其统计组织和方法也不同。提供数据的单位主要包括中国外汇交易中心、上海证券交易所、深圳证券交易所、证监会、保监会、外汇局、发展改革委等。

（五）资金流量表（金融交易账户）

资金流量表是用矩阵账户的表现形式，反映国民经济各机构部门之间，以及国内与国外之间所发生的一切金融交易。中国的资金流量核算工作始于20世纪80年代中期，1996年开始正式编制中国资金流量表（金融交易账户），1998年正式公布1995年以来资金流量数据。2006年开展金融资产存量核算。资金流量核算和资金存量核算共同组成完整的金融账户体系，以反映全社会资金总量、结构及在各个经济部门之间的分配和流动情况，描述各经济部门资金来源、运用状况，这部分数据主要在《中国人民银行年报》和《中国人民银行统计季报》中公布。

（六）企业商品价格指数和景气调查指数

企业商品价格（CGPI）指数是反映企业间商品交易价格变动趋势和程度的综合价格指数，其调查样本涵盖全社会物质产品，包括投资品和消费品。指数体系包括三种分类：一是按国家标准行业分类，二是按商品的生产过程分类，三是按商品用途分类。该指数采用固定权重加权几何平均公式计算，权重根据投入产出表和工业普查资料、农业统计资料和其他补充调查资料测算。作为最终物价的先行指标，CGPI在中央银行对物价的监测、分析和判断中发挥了重要作用。人民银行网站和

| 金融统计创新与发展 |

《中国人民银行统计季报》公布的季度景气调查指数包括城镇储户收入与物价扩散指数表、企业家信心指数与企业景气指数表、银行家信心与银行业景气指数表,以及季度相关问卷调查报告。编制并发布景气指数,反映了经济主体对当前及未来经济运行和物价的判断及预期,为制定货币政策和维护金融稳定提供了依据。

第二章
金融专项统计

人民银行在完善金融总量统计的同时，注重金融专项统计建设。近年来，我国债券市场规模快速扩大，债券市场在我国金融体系中的地位大幅提升，理财、资金信托等表外业务发展迅速，金融产品创新层出不穷，利率市场化稳步推进。国际金融危机的爆发也表明，跨市场、跨机构、跨产品风险传染持续加剧，金融风险重点领域统计亟待加强，维护金融稳定的需要更为突出。

人民银行从科学服务金融宏观调控的角度，把握金融创新，抓住重点领域，注重制度建设，强化专项统计。一是构建债券统计体系，实现与国际统计标准接轨，满足货币政策调控和市场风险评估的需要，为完善债券市场基础设施提供保障；二是紧密跟踪金融创新领域，加强对宏观审慎管理的信息支持，建立理财和资金信托统计，完善以产品为核心的统计体系；三是适应利率市场化需要，采用逐笔统计的理念，完善标准化存贷款综合抽样统计，加强利率监测，提高为货币政策服务的能力。

第一节 债券统计

一、构建债券统计体系的背景

2003年10月,中国共产党第十六届中央委员会第三次全体会议通过《中共中央关于完善社会主义市场经济体制若干问题的决定》,指出要扩大直接融资,建立多层次资本市场体系,积极拓展债券市场,大力发展机构投资者。2013年11月,中国共产党第十八届中央委员会第三次全体会议通过《关于全面深化改革若干重大问题的决定》,明确提出发展并规范债券市场。债券市场是金融业改革开放的重要领域,是健全完善市场化利率传导机制和宏观审慎管理的重要承载,对推动金融资源配置的市场化发挥着重要作用。债券统计体系是中央银行宏观管理的信息支柱,是金融业综合统计框架的组成部分,更是债券市场基础设施建设的基本内容。国际经验和我国债券市场的高速发展表明,建立为货币政策和金融稳定服务的债券统计体系是当今世界上中央银行金融统计发展的新趋势,也是我国金融宏观调控急需的。2013年,人民银行启动构建完整的符合国际标准的中国债券统计体系,以全面、准确地反映债券市场的资源配置,为健全市场化利率传导机制和宏观审慎管理提供可靠依据。

(一)债券市场高速发展对债券统计工作提出新要求

近十年来,我国债券市场规模快速扩大,债券市场在我国金融体系中的地位大幅提升。2016年末,我国债券市场余额达63.8万亿元,相当于同期人民币贷款余额的60%,比2006年末提高32.1个百分点,规模跃居世界第三位（据 BIS 统计）。2016 年，我国债券发行量达 35.6 万亿元，净融资 14.5 万亿元，其中有 3 万亿元企业债券净融资纳入社会融资规模，占社会融资规模的 16.8%，比 2006 年提高 11.4 个百分点。债券市场的发展大大拓宽了企业和实体经济的直接融资渠道，优化了社会融资结构，增强了整个金融体系的稳定性。债券市场也已成为我国宏观经济金融调控的重要平台，在促进金融机构改革方面发挥了重要作用，并成为金融机构投融资管理和流动性管理的平台。

中国人民银行于 1997 年开始开展债券统计工作，统计范围涵盖了我国境内市场发行的所有债券，基础数据主要来源于国家发展改革委、中国证监会、人民银行、外汇交易中心、中国银行间市场交易商协会、上海清算所、中央国债登记结算公司、中国证券登记结算公司、沪深证券交易所等部门和机构。人民银行调查统计司按月收集数据并汇总，形成我国债券市场总量和部分结构数据，满足人民银行和社会对债券市场统计的基本需求。债券统计数据通过中国人民银行门户网站、《中国人民银行年报》和《中国人民银行统计季报》对外发布，通过《金融市场统计月报》向行内外相关部门提供或共享。

除中国人民银行外，其他开展债券统计的机构主要有三类：中国银行间市场交易商协会、中央国债登记结算公司、中国证券登记结算公司和上海清算所等注册、托管和清算机构，统计各自注册、托管的债券数据；国家外汇管理局统计中国居民在境外发债和非居民持有境内债券的情况；外汇交易中心和沪深证券交易所统计债券二级市场交易情况。

中国债券市场托管结构如表 2-1 所示。

表 2-1　　　　　　　　中国债券市场托管结构

托管机构	托管债券品种	托管量占比（2016 年末）（%）
中央国债登记结算公司	国债、地方政府债券、中央银行票据、境内各类金融机构债券、企业债券、中期票据、资产支持证券、二级资本工具、国际机构债券等	70

续表

托管机构	托管债券品种	托管量占比（2016年末）（%）
上海清算所	短期融资券、超短期融资券、非公开定向债务融资工具、金融企业短期融资券、非金融企业资产支持票据、信贷资产支持证券、资产管理公司金融债、同业存单、项目收益票据等	23
中国证券登记结算公司	国债、公司债、企业债券、可转债、可分离债、中小企业私募债等	7

由于过去我国债券市场总量偏小、市场多元等因素，宏观管理部门和托管清算机构的债券统计均未获得足够重视，中央银行原有的统计体系逐步体现出一些不适应市场新发展的问题。

一是制度建设落后，缺乏必要的约束力。一直以来，中央银行的债券统计是建立在与相关机构数据共享基础上的统计报表汇总模式，还没有建立统一的指标体系和制度。为兼顾各机构数据口径的差异，债券统计指标设置粗略，不能进行必要的基础数据钻取分析，也无法与其他宏观数据充分衔接。这种模式在市场发展初期尚可勉力为之，但无法满足市场迅速发展后统计监测分析的需要。同时由于缺乏有力的制度保障，中央银行对债券统计数据的来源、质量、时效性上的要求难以落实，在满足宏观管理数据需要上受到制约。

二是债券统计标准建设滞后，执行力不足。由于没有统一的制度保障，统计标准建设也未纳入统一规划，各部门和机构指标分类各异、标准不一，即使对同样的指标和分类也存在不同的理解和执行。这不仅给中央银行数据统一汇总造成很大困难，数据内在质量和连续性、可比性都不高，而且也在一定程度上形成有关机构内部统计自发展的局面，各类数据口径混杂，整个债券市场统计信息资源无法得到统一、科学的有效挖掘。

三是统计信息系统建设滞后，效率低下。原有的中央银行债券统计以手工方式报送、汇总，尚未建立现代化的统计信息系统。由于处理手段落后、指标设置粗放，结构性统计数据难以生成，数据的收集、处理和存储效率低下，难以适应中央银行宏观管理需要和市场高速发展要求，亟须建设先进的债券统计信息系统。

（二）危机后国际债券统计的新理念和发展趋势

2008年国际金融危机的发生使得全球金融市场统计薄弱环节充分暴露，国际社会深刻反思了弥补数据缺口和加强金融市场统计的重要作用。加强和完善金融市场统计成为全球各国中央银行的共识。2009年11月，应G20要求，金融稳定理事会和国际货币基金组织提出弥补数据缺口的20条倡议，其中第7条明确支持编制《证券统计手册》，推动加强债券统计。全球债券统计发展呈现新趋势。

1. 国际清算银行、欧洲中央银行和国际货币基金组织联合发布《证券统计手册》。《证券统计手册》包括债券发行、债券持有和股权三个分册，分别于2009年5月、2010年9月和2012年11月陆续发布。2015年5月，上述机构将三个分册合而为一予以发布。《证券统计手册》将宏观统计与金融市场创新发展相结合，基于最新的宏观统计标准，界定债务证券和权益证券的概念特征，对资产证券化等新型产品进行清晰定义和分类，明确统计记录规则，建立了从发行者到持有者的统计监测框架，是专门阐述证券统计的第一部国际标准。

2. 欧洲中央银行建设了强大的中央证券数据库。中央证券数据库系统（CSDB）由欧洲中央银行统计处建立，旨在将所有证券类数据按照元数据逐笔统计的方式聚集在单一的数据仓库，为欧洲中央银行系统提供全面、准确、一致和及时的证券类相关统计信息，满足货币政策、金融稳定、国际收支等多元化的信息需求。经过十余年的建设和运行，CSDB包含几百万条由欧盟成员国或其他国家居民发行的债务型证券、股票和互惠基金份额信息。

CSDB 主要有以下特点：（1）具有强大的数据集中功能。表现在数据范围和报数机构方面，将欧洲常住单位债券发行、持有和交易全部纳入其中，不仅包括各国中央银行数据，还包括商业数据提供商及政府统计部门数据。（2）提供多维的金融统计信息。数据属性囊括证券工具类别、机构部门、发行人和持有人居住国、价格、收入、与证券发行相关的交易和持仓（如发行、赎回和余额等）、与证券投资相关的交易和持仓（如投资、销售和股票等）以及公司事件等内容。（3）采用逐笔数据采集模式。CSDB 的数据提供者无须了解数据汇总规则，仅需按照工具分类、部门组成等属性分类标准报送每只债券的元数据，由数据管理机构对数据信息进行检查，并根据需要加工和处理。（4）使用开放的数据统计结构。CSDB 在统计理念上是以金融工具为主线，在元数据逐笔统计的基础上通过设定国际通用的金融工具分类标准，广泛收集该工具不同的业务属性信息。同时还根据不同时期对统计需求的发展和变化，随时调整或扩充金融工具所需的特定属性信息。（5）具有科学的数据处理流程。处理流程分为收集、"清洗"和估值三个阶段。ECB 以一种通用的数据结构或形式来接收相关数据，同时还会通过与其他中央银行合作，编制金融统计标准，以确保不同来源的数据集中且获得完整和统一的记录。

3. "由谁到谁"统计理念得到认可和实践。"由谁到谁"（From Whom to Whom）即发行部门发行的债券被哪些部门持有。"由谁到谁"统计理念是国际金融危机之后，G20 国家就改进金融统计方法所倡导的理念，在《证券统计手册》和 CSDB 建设中得到落实和实践。通过"由谁到谁"的框架，可以清晰地了解哪些部门发行了债券，这些债券又分别被哪些部门持有，以及发行的利率、规模、期限等；可以反映境内的部门之间、境内境外之间的债权关系，分析各部门与债券相关的资产负债总量和结构，判断潜在的发展能力和脆弱环节。

"由谁到谁"统计框架是金融统计为适应金融市场需要而作出的重

大发展。金融市场参与者之间交易日趋复杂是当前全球金融体系的一个重要标志和发展趋势。通过不断的金融创新，交易对手的交易规模急剧放大，交易关联类型高度复杂。2008年国际金融危机的爆发表明，金融市场跨市场、跨机构和跨产品的风险传染已成为金融市场风险的重要特征。掌握金融市场交易主体和产品之间的相互关联关系对市场监管者和中央银行来说至关重要。

（三）国际债券统计新发展对我国的启示

1. 我国债券统计工作亟待快速推进。2008年国际金融危机以来，为适应宏观管理的需要，国际债券统计在国际统计标准的制定和发布、新的债券统计理念的形成和应用、数据处理模式的创新等方面，都取得了显著进展。债券统计已经成为金融统计不可或缺的组成部分，是各国制定宏观政策的重要信息支柱。随着我国债券市场的快速发展，各方对债券统计工作的重要性已经达成了共识，需要加快推进债券统计工作。

2. 我国债券统计的目标定位必须准确。从国际债券统计发展的经验来看，债券统计的核心目标应该是服务于中央银行实施货币政策和维护金融稳定的需要。我国债券市场是资本市场的重要组成部分，连接各市场、主体，并反映资金供求和价格。在我国利率市场化进程中，债券收益率的基准性和预期性信号作用也将愈发显著。我国金融体系正加快向市场主导型特征转变，关联度、复杂度大幅度提高，金融风险的积聚、传染和扩散也更加复杂。债券市场已经成为分析金融体系关联度和脆弱性的重要环节，在监测分析货币政策的传导、反馈机制方面发挥着重要作用。因此，应该明确我国债券统计体系的目标是服务于中央银行实施货币政策和维护金融稳定的需要。

3. 我国债券统计分类标准须与国际接轨。《证券统计手册》的发布，是国际债券统计发展取得的里程碑式成果，将对指导各国债券统计提供重要支持。我国债券统计分类标准须充分借鉴国际债券统计标准最新成果，力求与国际标准接轨。

4. 我国债券统计宜采用债券逐只统计模式。欧洲中央银行采用的债券逐只统计模式有诸多优势，可以极大地提高统计效率。通过在信息系统中设计强大的数据挖掘功能，在逐只统计的数据基础上生成丰富的结构性信息，可以大大扩展现有债券统计的维度信息，增强其适用性。由此，可以减少很多临时性的统计需求，报送机构只需填报单只债券的多维统计信息，不必根据临时性需求报送额外的统计资料，也能在一定程度上降低报送负担。

二、构建中国债券统计体系的目标、意义和实施路线

人民银行高度重视债券统计体系建设工作。2012 年，人民银行开始进行债券统计国际标准研究；2013 年，人民银行将构建中国债券统计体系的工作列入调查统计司未来五年重点工作规划，确定了"构建完整的、符合国际标准的债券统计体系"的总体目标。调查统计司按照行领导的指示要求，密切关注国际债券统计发展趋势，积极开展统计标准理论研究，深入调研我国债券市场基础信息条件，就构建中国债券统计体系形成了清晰的总体目标、原则和实施路线图，并且积极协调相关部门和机构夯实制度和系统两个基础，全面提升数据质量，积极有序推进债券统计体系建设。

（一）总体目标

构建完整的、符合国际标准的中国债券统计体系，全面、准确地反映债券市场的资源配置，及时地监测债券市场风险及其可能的传染路径，为健全完善市场化利率传导机制及宏观审慎管理提供可靠依据。

（二）基本原则

1. 完整性。完整地统计国内各交易场所发行的债券，以及境内居民在境外发行的债券等，在境内全部市场实行统一的统计标准；统计债券从发行、交易到兑付的完整生命周期和主要市场参与者，包括存量、流量和价格三类度量值。

2. 标准化。债券统计遵循国际统计标准和国家标准，与国民经济核算、政府财政统计、货币金融统计、国际收支统计等宏观统计相协调。以标准化提高统计效率，促进债券市场基础设施建设。

3. 产品统计。建设债券统计管理信息系统，以债券产品逐只统计为核心，提高数据采集颗粒度，加强对债券工具本身及相关的市场微观信息采集。金融统计的理念标准由货币金融机构的资产负债表统计延伸到表外理财统计，又系统性地跨越至债券市场，建立起连接机构、产品和市场的统计体系。

4. 开放包容。以采集数据为主体，以公开的市场信息以及商业采购信息为补充，有效发挥采集数据与市场信息的综合效能。

5. 统一共享。债券统计执行统一的数据标准；搭建覆盖全市场的债券统计信息共享平台，服务于金融宏观调控和管理。

（三）意义

1. 实现与国际统计标准接轨。结合我国债券市场基础信息条件，充分地吸纳应用《证券统计手册》的框架、定义和标准，不仅积极响应G20国家就金融危机和数据缺口明确推广的第7号倡议，更有利于增强与国际债券统计数据的一致性、关联性和可比性。

2. 满足货币政策调控的需要。债券市场是中央银行调控和把握金融市场主体行为、社会资金配置和利率水平的重要市场，债券收益率曲线的基准性和预期性信号作用也将愈发显著，完善债券统计对监测货币政策的传导具有重要意义。

3. 满足金融市场风险评估的需要。我国金融体系关联度、复杂度不断提高，金融风险的积聚、传染和扩散也更加复杂。债券统计通过应用国际上新发展的"由谁到谁"统计理念，了解和掌握金融市场主体之间、主体与产品之间的相互联系，测算债券偿付能力、流动性和风险敞口等，为金融稳定评估提供支持。

4. 完善债券市场基础设施的需要。统计标准是债券市场基础设施的重要组成部分，执行统一、科学的统计标准对于有效整合债券市场信息、提高债券市场配置能力具有战略意义。中央银行通过制定债券统计制度来完善债券统计标准，并以制度实施促进统计标准落地，可以有力地推动报数机构的统计标准化建设。增强债券统计信息的标准化，有助于切实提高市场托管结算机构的管理效率和服务价值，提升市场投资者决策的效率。

（四）实施路线

1. 制度标准先行，协调建立覆盖全市场的债券统计制度。2014 年 11 月，中国人民银行和中国证监会联合印发《债券统计制度》。债券统计制度的建立是加强金融统计基础设施建设、更好地支持经济金融政策决策的重要举措，也是贯彻落实部际协调机制、加强债券市场监管合作的重要步骤。

2. 统计系统对接，协调建立覆盖全市场的债券统计接口规范。2015 年 3 月，中国人民银行办公厅和中国证监会办公厅联合印发了《债券统计监测管理信息系统文件接口规范》，中央银行的统计接口规范首次实现跨行业落地。

3. 立项开展债券统计监测管理信息系统研发工作。人民银行组织有关部门和报数机构成立系统需求分析工作组，研究确定系统业务需求，组织数轮系统测试和完善工作，高标准建设债券统计系统。

4. 报送机构认真做好制度和接口规范落实工作。中国证监会市场监管部多次召集沪深交易所、中国证券登记结算公司和中证资本市场运行统计监测中心等机构认真论证实施方案；中央国债登记结算公司成立了各部门参加的联合工作组，组织开发统计系统，拟定基础信息采集实施细则，开展承销商等填报机构市场培训；外汇交易中心、中国银行间市场交易商协会、上海清算所等机构也加强了统计系统开发，努力做好按进度与人民银行系统对接的准备工作。

5. 持续开展债券统计数据质量评估。人民银行定期召集债券统计数据协调会议，协调报数机构商定债券统计中央数据库"黄金版本"生成规则和落地方案，探索确立了一套科学、可行的市场数据一致性核验机制，系统数据质量和运行效率得到有效保障。

6. 合理安排历史数据补报和数据清洗，为系统正式上线常规运行奠定基础。人民银行成立数据采集、分析查询和制度研究攻关小组，统一解决系统运行中的各类难题，组织补报历史数据，确保系统如期常规运行，按月形成债券统计报表。

三、债券统计主要内容

（一）债券统计的定义和统计范围

债券统计对象为在我国银行间市场、交易所市场、商业银行柜台及其他场所发行以及境内机构在境外发行的债务证券，包括债券、票据、存托凭证等债务性金融工具。

债务证券是指反映债权债务关系的凭证，用于证明发行人有义务通过提供现金或金融工具等进行偿付、在一定程度上可以流通的金融工具，以下简称债券。当前实施的债券统计以债券发行统计表所列品种为准；境内机构是指在我国经济领土上（除港、澳、台地区）具有经济利益中心的常住单位。

债券定义采用了国际标准口径,但对当前实施的统计范围予以限定。产品限定在狭义债券和同业存单范围之内,市场限定在我国境内银行间市场、交易所市场、商业银行柜台及其他场所。更广义的债券及我国居民在境外发行的债券暂未纳入统计,计划按"先境内后境外、先狭义后广义"的步骤,适时扩大完善债券统计制度的实施范围。

(二) 债券统计的数据来源

债券统计数据来源于中国外汇交易中心、中央国债登记结算公司、中国银行间市场交易商协会、银行间市场清算所、上海证券交易所、深圳证券交易所、中国证券登记结算公司、中证指数公司及其他有关机构。

目前的数据报送架构如图 2-1 所示,中国外汇交易中心、中央国债登记结算公司、中国银行间市场交易商协会、银行间市场清算所、中证资本市场运行统计监测中心向中国人民银行报送数据。其中,中证资本市场运行统计监测中心负责汇总上海证券交易所、深圳证券交易所、中国证券登记结算公司、中证指数公司的数据,将此数据同时报送中国人民银行和中国证监会。

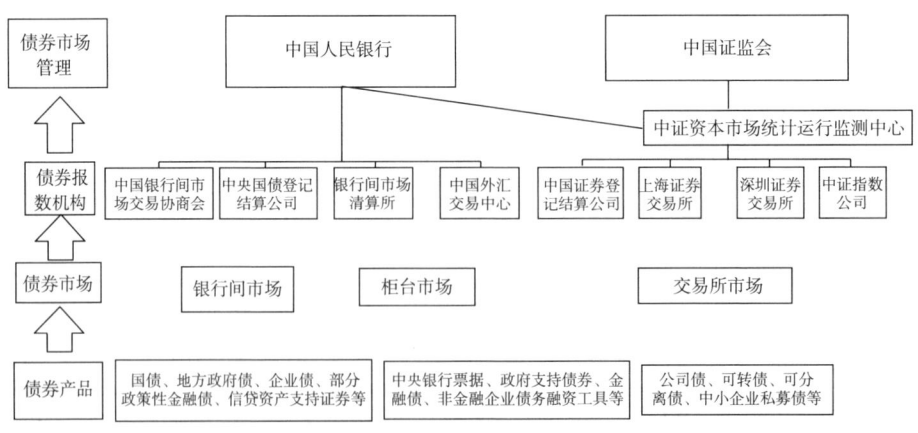

图 2-1 债券统计数据报送架构

(三) 债券统计指标体系

按照国际经验，服务于中央银行实施货币政策和维护金融稳定的债券统计监测框架如表 2-2 和表 2-3 所示。在按照经济部门对发行人、持有人分类的基础上，考察债券的期限、利率、违约风险、市场、币种等指标在不同经济部门的分布和变化情况。例如，从期限上考察各个经济部门的债务头寸敞口及流动性，使用信用评级和参考收益率评估各类债券的违约风险，通过利率类型构成分析货币政策传导机制及效应，依据债券市场的非居民持有结构分析国际资本流入等。

表 2-2　　　　　　　　债券统计的基本监测框架

	发行人/持有人（部门及子部门）			
	政府部门	金融部门	非金融企业部门	境外部门
1. 期限（原始期限、剩余期限）				
2. 利率（固定利率、浮动利率/市场收益率）	度量值： 存量（余额）/流量（发行、交易、兑付额） 票面价值/市场价值 汇总值/合并值			
3. 违约风险（债券评级、主体评级/参考收益率）				
4. 币种（人民币、外币）				
5. 市场（国内市场、国际市场/银行间市场、交易所市场）				

表 2-3　　　　债券统计监测的基本框架——"由谁到谁"账户

		持有人（部门及子部门）			
		政府部门	金融部门	非金融企业部门	境外部门
发行人 （部门及 子部门）	政府部门	度量值： 汇总值/合并值			
	金融部门				
	非金融企业部门				
	境外部门				

按照监测框架的需要，债券统计指标围绕部门、期限、利率、违约风险、币种和市场六大类核心监测重点来设置，兼顾对非金融企业的行

业、地区、规模、经济成分的分类需求。指标覆盖债券发行、交易、持有和兑付环节，包括债券产品和债券市场参与人两大类特征信息，涵盖存量、流量和价格三类度量值（见图2-2），共计87个指标维度，划分为六类报表，包括债券发行统计表、债券发行人统计表、债券存续期统计表、债券交易统计表、债券持有人统计表和债券收益率统计表。

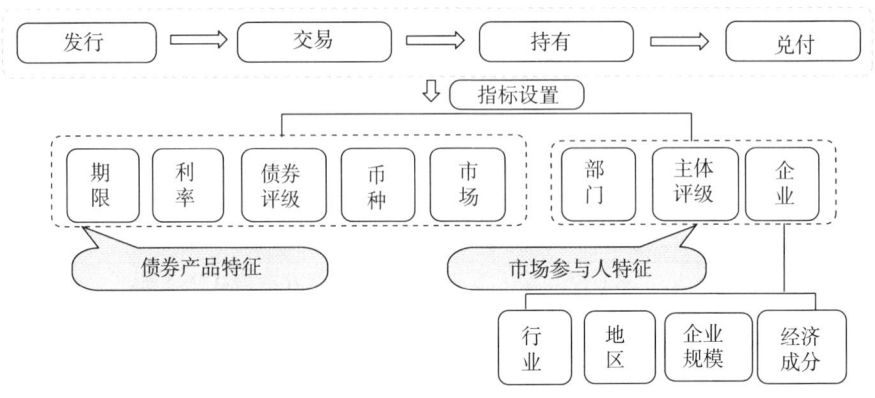

图2-2 债券统计指标体系

四、债券统计报表体系

新的债券统计以逐只统计和标准化理念采集数据，汇集了丰富的数据维度和属性，这样做的优点是可以实现应有尽有的信息组合查询和报表展示。同时，如何适应数据使用者的需要，科学有序地组织、展示丰富的统计信息也成为一项重要课题。

（一）债券统计报表体系设计的原则

1. 服务于债券统计监测框架。统计报表的价值和意义在于服务监测分析，设计科学、合理的统计报表本身就是监测框架的集中体现。这一点在货币统计报表中表现得已经十分突出。货币统计围绕机构的资产负债统计展开，以资产负债平衡原理来组织报表展示，以货币创造过程为主线进行机构资产负债表的汇总轧差，报表体系完整清晰，为货币政策监测分析提供了经典的监测框架。因此，债券统计报表体系设计必须坚持服务监测分析的原则。不同之处在于，债券统计本身是对金融工具的统计，没有资产负债的平衡约束，不能以机构为单位进行汇总轧差，因此债券统计报表体系所遵循的主线无法复制货币金融统计，必须有其独有的框架脉络。

2. 服务于中央银行职能。如前所述，从国际上看，债券统计的监测分析框架主要是在划分发行人、持有人的经济部门分类基础上，考察债券的期限、利率、违约风险、市场、币种等指标的量值、变动趋势和结构。这一框架的本质是要服务于中央银行的货币政策和金融稳定决策，主线是描述债券从发行到持有的状态，通过贯彻与各项宏观统计协调一致的分类原则，建立并打通债券统计与其他宏观统计的接口，把"资金从哪里来、到哪里去"这个宏观调控关心的问题刻画清楚。

（二）债券统计报表体系的内容

债券统计报表体系分为五大板块，包括概览表、发行统计表、交易和兑付统计表、持有统计表和专项统计表（见表2-4）。

从逻辑关系看，各个经济部门的资金流动情况和趋势以及资金价格是宏观管理关注的重点。相应地，在报表设计上，首先按照部门优先的原则，在每个板块中，分部门展示不同的期限、利率、币种和市场等结构数据。其次，考虑到我国不同债券品种具有比较高的市场熟知度和差异性，再按债券品种展示上述结构数据的报表。

从数据属性看，每一板块报表又可以划分为流量表（F）、存量表（L）和利率表（R1、R3代表发行利率，R2、R4代表到期收益率），数据使用者可以各取所需。

从特定需要看,对地方政府债、金融债、平台债和公司信用类债券等进行专题展示,系统、全面地反映其地区、期限、行业、评级等内容。

表 2-4　　　　　　　　　　债券统计报表体系

报表	表号		
一、概览			
债券市场概览	S1		
发行方分部门统计表	S2		
发行方分品种统计表	S3		
发行方分地区统计表	S4		
持有方分部门统计表	S5		
债券分部门资产负债统计表	S6		
从发行部门到持有部门矩阵表	S7		
收益率曲线图	S8		
报表	流量(F)表号	存量(L)表号	利率(R)表号
二、债券发行统计表			
按部门统计			
分期限统计表	F1	L1	R1/R2
分利率类型统计表	F2	L2	
分利率区间统计表	F3	L3	
分币种统计表	F4	L4	
分市场统计表	F5	L5	
分地区统计表	F6	L6	
按品种统计			
分期限统计表	F7	L7	R3/R4
分利率类型统计表	F8	L8	
分利率区间统计表	F9	L9	
分币种统计表	F10	L10	
分市场统计表	F11	L11	
分地区统计表	F12	L12	

第二章 金融专项统计

续表

报表	流量（F）表号	存量（L）表号	利率（R）表号
三、债券交易和兑付统计表			
按交易品种统计			
分期限统计表	F13		
分市场统计表	F14		
按部门兑付统计表	F15		
按品种兑付统计表	F16		
四、债券持有统计表			
按部门统计			
分品种统计表		L13	
分期限统计表		L14	
分利率类型统计表		L15	
分利率区间统计表		L16	

报表	表号
五、专项统计表	
地方政府债	
分地区统计表	Z1
分期限统计表	Z2/Z3
金融债	
分地区统计表	Z4
公司信用类债券	
分地区统计表	Z5
分行业统计表	Z6
分评级统计表	Z7
分企业规模统计表	Z8
分经济成分统计表	Z9
分期限利率统计表	Z10/Z11

下文将在每个板块中选取部分比较典型的报表，简要介绍债券统计报表体系。

1. 概览表，总括反映债券的发行、兑付、交易和存续情况，形成债券从发行到持有的部门分布图（见表2-5）。

表2-5　S7 债券从发行到持有部门矩阵表　　币种：人民币；单位：亿元

发行人＼持有人	合计	政府	其中：中央政府	地方政府	社会保障基金	金融部门	货币当局	银行业存款类金融机构	银行业非存款类金融机构	证券业金融机构	保险业金融机构	金融控股公司	特定目的载体	其他	非金融企业	住户	国外部门
政府																	
其中：中央政府																	
地方政府																	
社会保障基金																	
金融部门																	
货币当局																	
银行业存款类金融机构																	
银行业非存款类金融机构																	
证券业金融机构																	
保险业金融机构																	
金融控股公司																	
特定目的载体																	
其他																	
非金融企业																	
住户																	
国外部门																	
合计																	

2. 债券发行统计表,以债券发行方的部门和品种为主线反映债券的期限(见表2-6)、利率、币种、市场和地区的分布情况。

表2-6　　　　　F1债券发行规模按部门分期限统计表

币种:人民币;单位:亿元

发行人部门＼原始期限	合计	1年(含)以下	1~3年(含)	3~5年(含)	5~7年(含)	7~10年(含)	10年以上
政府							
其中:中央政府							
地方政府							
金融部门							
中央银行							
银行业存款类金融机构							
银行业非存款类金融机构							
证券业金融机构							
保险业金融机构							
金融控股公司							
特定目的载体							
其他							
非金融企业							
国外部门							
合计							

3. 债券交易和兑付统计表,以品种和部门为主线反映债券交易和兑付情况(见表2-7、表2-8)。

表 2-7　F13 债券交易按品种分原始期限统计表

币种：人民币；单位：亿元，%

原始期限 交易品种	合计		1年（含）以下		1~3年（含）		3~5年（含）		5~7年（含）		7~10年（含）		10年以上	
	成交量	换手率	成交量	换手率	成交量	换手率	成交量	换手率	成交量	换手率	成交量	换手率	成交量	换手率
国债														
地方政府债														
中央银行票据														
金融债														
其中：国家开发银行和政策性金融债														
银行普通债														
同业存单														
公司信用类债券														
其中：企业债券														
非金融企业债务融资工具														
公司债券														
国际机构债券														
合计														

第二章 金融专项统计

表2-8　　　　　　　　　F16 债券兑付分品种统计表

币种：人民币；单位：亿元

项目 兑付品种	合计		到期兑付		提前兑付		延期兑付		逾期兑付	
	本期	本年累计	本期	本年累计	本期	本年累计	本期	本年累计	本期	本年累计
国债										
地方政府债										
中央银行票据										
金融债										
其中：国家开发银行和政策性金融债										
银行普通债										
同业存单										
公司信用类债券										
其中：企业债券										
非金融企业债务融资工具										
公司债券										
国际机构债券										
合计										

4. 债券持有统计表，以持有债券的部门为主线反映债券的品种、期限、利率类型（见表2-9）和利率区间分布情况。

5. 专项统计表，以地方政府债、金融债、公司信用类债券等特有主题反映其地区、期限等分布情况，其中公司信用类债券还可以反映行业、评级、规模、所有制等分布情况（见表2-10）。

表2-9　　　　　L15 债券持有方存量按部门分利率类型统计表

币种：人民币；单位：亿元

利率类型 持有人部门	合计	固定			浮动
			其中：贴现	零息	
政府部门					
金融部门					
中央银行					

续表

利率类型 持有人部门	合计	固定	其中，贴现	零息	浮动
银行业存款类金融机构					
银行业非存款类金融机构					
证券业金融机构					
保险业金融机构					
金融控股公司					
特定目的载体					
其他					
非金融企业					
住户					
国外部门					
合计					

表2-10　　Z10公司信用类债券发行利率统计表　　单位：%

原始期限 分类	平均利率	1年（含）以下	1~3年（含）	3~5年（含）	5~7年（含）	7~10年（含）	10年以上
按行业分类							
农、林、牧、渔业							
采矿业							
制造业							
电力、热力、燃气及水生产和供应业							
建筑业							
批发和零售业							
交通运输、仓储和邮政业							
住宿和餐饮业							
信息传输、软件和信息技术服务业							
金融业							
房地产业							
租赁和商务服务业							

续表

分类＼原始期限	平均利率	1年(含)以下	1~3年(含)	3~5年(含)	5~7年(含)	7~10年(含)	10年以上
科学研究和技术服务业							
水利、环境和公共设施管理业							
居民服务、修理和其他服务业							
教育							
卫生和社会工作							
文化、体育和娱乐业							
公共管理、社会保障和社会组织							
国际组织							
按评级							
AAA							
AA－至AA＋							
A－至A＋							
B－至BBB＋							
D至CCC＋							
A－3至A－1							
其他评级							
按企业规模							
大型企业							
中型企业							
小微企业							
小型企业							
微型企业							
按经济成分							
国有控股企业							
集体控股企业							
私人控股企业							
港澳台控股企业							
外商控股企业							

▼ 专栏4

提升债券统计功能　服务宏观审慎管理

构建完整的符合国际标准的债券统计体系的目标是更好地服务于金融调控。除了满足货币政策需要，债券统计可以在宏观审慎管理方面起到提升识别、度量和协调评估功能的作用。

一、提高识别金融体系内部跨市场、跨机构、跨境活动的针对性

宏观审慎管理的核心任务在于识别风险在金融体系内部发生、积聚和传播的路径，进而度量金融体系的脆弱性，防范系统性风险。以往的债券统计主要针对债券工具本身报送汇总指标，缺乏市场参与机构的微观信息，各维度信息割裂化、碎片化，无法贯通组合形成债券市场的关联网络，不能有效地支持宏观审慎管理中的关联性分析。新的债券统计体系通过统计每只债券的完整生命周期及发行者和持有者的各维度信息，贯通了每只债券从发行到兑付、从发行者到持有者的过程信息，可以进行具有监测意义的汇总和轧差组合，从而得以贯彻"由谁到谁"的统计理念。也就是说，如果将债券发行者和持有者看做链条两端，以不同的债券品种、期限、利率、评级、行业和地区等维度为链条构件，依托新的债券统计体系可以编织出债券市场不同维度的立体关联脉络。同时，这个立体的网络可以通过链条两端的机构在货币金融的资产负债统计、表外理财统计、国际收支统计中找到接口，实现债券市场统计与上述三项统计的连接和穿透分析。

这样，一是可以清晰地刻画债券市场内部关联关系，市场透明度明显提高；二是为分析债券市场关联网络风险提供了各维度风险计量因子（如债券品种、期限、利率、评级、行业和地区维度等）；三是可以追踪货币金融机构的表内外、境内外活动在债券市场的延伸脉络。因此，可以清晰地识别和反映系统重要性机构、持牌机构和特定目的载体（SPV）等宏观审慎管理关注的重点机构在债券市场的活动及其影响。

二、提高度量债券市场体系中关联关系的精确度

金融体系的脆弱性与其内部关联关系的集中度和依存度密切相关。在债券市场关联关系中，市场参与机构间各种投融资关系、担保关系和资产证券化关系成为网格脉络交叉的关键节点。度量这些节点的集中度、依存度是分析评估债券市场体系脆弱性及发展潜力的重要内容。

新的债券统计体系中，完整地统计了债券市场投融资主体（发行者和持有者）、承销担保主体（承销和担保机构）和资产证券化主体（证券化机构和基础资产持有机构）的信息，并采用与主要宏观统计相衔接的标准化的经济部门分类方法。同时，新的债券统计体系采集了单只债券从发行到持有的流量、存量和价格信息，可以对不同的机构基于上述投融资、担保和证券化关系的网格节点进行度量，监测网格节点的密度、强度和价格敏感性，分析机构共同的风险敞口、交易对手方的同质性以及关联效应，为监测分析系统性风险引爆和传递的高概率节点及路径提供依据，从而提高系统性风险压力测试的精确度。

三、支持金融与实体经济、非居民部门的结构联动效应分析

宏观审慎管理政策的目标在于维护金融稳定，及时识别、预警并采取措施减缓由金融体系的风险传播对实体经济造成的冲击。因此，综合协调地评估金融部门整体对实体经济的信用规模、风险敞口是宏观审慎管理政策的基本要求。就此而言，新的债券统计体系可以在分析债券市场的基础上，凭借其分类标准与主要宏观统计一致可比的优势，向外延伸拓展，在分析金融体系与实体经济、非居民的联动效应方面发挥作用。

在债券市场内部以主体分析为主线，分析发行主体的债券融资规模、

利率、评级以及投资主体的杠杆率和风险敞口等。在主体分类上，除了与宏观统计相衔接的标准化分组之外，由于系统存储的机构信息可灵活检索、归并，可以根据需要筛选（如对尚未具备统计划分标识的地方融资平台企业或者房地产企业等进行名录检索），乃至追踪到某家机构的债券融资量化信息。同时，对非金融企业主体细分了行业、规模、经济成分、地区等维度，进一步健全了主体分析的多视角、多框架。

在债券市场外部，将债券市场信息作为整体，与货币金融统计、表外统计和国际收支统计等宏观统计有机结合，形成整个金融部门对实体经济、非居民部门的信用供给规模，进而分析信用供给的定价水平、金融部门杠杆率以及风险敞口。在总量方面，依据货币统计、理财统计和债券股票统计数据协调编制的社会融资规模总量，不仅已成为宏观调控的重要指标，也是各宏观统计协调编制的经典范例；在结构方面，基于债券统计提供的利率水平和利率类型、交易价格和期限结构、部门持有结构等信息，结合其他宏观统计，可以分析评估实体部门的债务头寸敞口、流动性和违约风险评估，通过利率类型构成分析货币政策传导机制及效应，以债券市场的非居民持有结构分析国际资本流动水平等，为金融部门整体与外部协调评估提供重要支持。

第二节 理财与资金信托统计

一、理财与资金信托统计背景

（一）理财与资金信托产品的定义和特点

理财产品是指由银行业金融机构发起设立、按照与客户事先约定的方式进行投资、管理并承担投资收益与风险的特定目的载体。其中，由发起机构承担风险，不单独建账管理的产品称为表内理财产品，由客户承担风险、单独建账、单独核算的产品称为表外理财产品。

表内理财产品通常具有保本或保收益承诺，由商业银行自行运营，募集资金多投资于银行间债券市场。客户与银行的关系是典型的债权债务关系，其产品也与银行的存款相类似，由银行承担投资风险，亏损直接影响银行利润，若不能按合同保本，银行则出现信用风险。银行对表内理财产品按自营业务进行风险管理，纳入银行资产负债表核算。其资金来源在结构性存款项下反映，资金运用在表内相应资产项下反映。

信托产品（又称信托计划）是指受托人（信托机构）接受委托人委托，按照委托人的意愿，以委托人的利益或者特定目的为目标，实现对受托资产进行管理、运用和处分而设立的特定目的载体。受托管理资产是资金的信托产品即为资金信托产品。

表外理财产品和资金信托产品都是我国资产管理市场的重要组成部分，具有资产管理产品的重要特征：

一是表外性。无论是表外理财产品还是资金信托产品，实际上都是"受人之托，代为理财"，风险由投资者而非发起人承担，理论上应完全独立于金融机构自身资产负债表，也因此在实体金融机构之外形成了一个庞大的体系，成为金融机构跨行业渗透及规避监管的手段，对宏观调控和金融监管的有效性形成了冲击。

二是广泛性。从资金来源看，产品资金可来源于住户、非金融企业和金融部门。其中，金融部门资金包括从金融机构表内、表外募集的资金，也包括通过拆借、回购等形式借入的资金。从资金运用看，可直接或借助通道间接投向各类投资标的，几乎涉及金融市场所有可估值或交易的产品，以及大宗商品、艺术品等非金融资产。

三是关联性。与其他资管产品之间、金融机构表内资金之间可相互交易、交叉持有，形成多层次、跨市场的产品链条，增加了金融体系的关联性及不透明度，加剧了风险由微观机构向宏观体系传染的隐患。

四是灵活性。表外理财产品与资金信托产品等资管产品的管理方式灵活多样，可面向不特定多数投资者公开募集，也可面向少数特定投资者非公开募集；可直接投资各类金融工具，也可经过层层打包和结构化设计，投资各类资产收（受）益权，作为证券化载体；既有采用封闭式管理定期募集、赎回的产品，也有使用开放式管理随时募集、赎回的产品；既有预期收益型产品，也有净值型的类基金产品。

（二）近年来理财与资金信托产品快速发展

近年来，理财与资金信托产品发展迅速，主要呈现两个特点：一是规模迅速扩大，增长快；二是对市场和政策变化高度敏感。截至2015年末，银行理财存续产品共6.6万只，资金余额为22.5万亿元，同比增长62.3%，比同期各项存款增速高50个百分点。其中，表内理财资金余额为5.9万亿元，同比增长40.7%；表外理财资金余额为16.6万亿元，同比增长71.7%。资金信托存续产品共3.4万只，资金余额为14.4万亿元，同比增长12.9%。具有资管产品性质的银行表外理财和资金信托产品合计31万亿元，相当于同期银行业表内总资产的16%。

▼ 专栏5

2016年银行表外理财产品运行情况

一、规模：表外理财资金募集增速先升后降，与各项存款增速之差收窄

自2015年以来，表外理财增速先升后降。截至2016年末，银行表外理财存续产品4.7万只，募集余额23.1万亿元，同比增长34.1%，比6月末低33.2个百分点，比上年末低37.6个百分点，比同期各项存款增速高22.8个百分点（见专栏图2-1）。从增量看，2016年表外理财募集资金新增5.9万亿元，同比少增1万亿元。

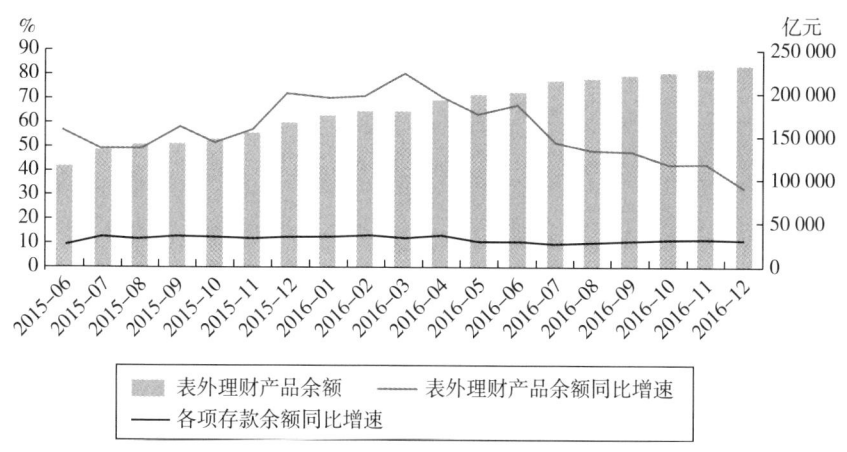

专栏图2-1　表外理财产品余额及同比增速

表外理财增长先升后降的主要原因：一是自2016年以来房地产市场投资回报率较高，居民部门增加了房地产投资，减少了理财投资需求。二是全年大部分时间理财预期收益率处于下降通道，理财产品的需求有所下降。三是下半年债市加速去杠杆，原有作为杠杆资金投资债券的模式难以为继。

二、收益率：表外理财预期收益率先降后升，短期产品收益率波动率较大

2016年12月，新发表外理财产品平均预期收益率为4.16%，比9月上升50个基点，比上年12月下降28个基点。全年新发表外理财产品预期收益率呈现出先降后升的特征，新发表外理财产品预期收益率先从年初的4.38%下降到9月的3.65%，第四季度开始逐步上升，12月上升至4.16%。分期限看，第四季度短期理财产品预期收益率上升较多。其中，1个月以下新发理财产品预期收益率从9月的2.85%上升到12月的3.75%，上升90个基点；1年以上产品收益率相对平稳,比9月上升33个基点(见专栏图2-2)。2016年第四季度,受债市流动性紧张的影响,理财产品收益率上升较多。

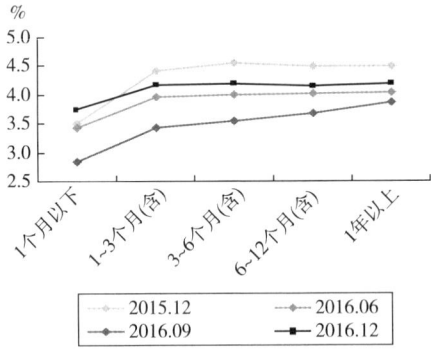

专栏图2-2 新发理财产品各期限平均预期收益率对比

2016年,表外理财收益率与同期新吸收各项存款利率之差逐渐收窄,第四季度反转扩大。12月表外理财收益率比同期银行新吸收存款利率高298个基点,两者之差较9月扩大55个基点(见专栏图2-3),表明第四季度表外理财风险溢价有所上升。

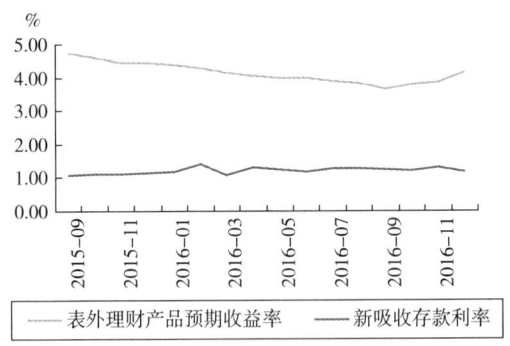

专栏图2-3 新发表外理财产品收益率

三、资金来源:表外理财来源于同业的资金余额增速较快

2016年末,表外理财产品资金来源中,个人资金余额为12.7万亿元,同比增长32.6%;占全部理财资金的55.1%,较上年同期下降3个百分点。非金融企业资金余额为5.6万亿元,同比增长24.2%;占

全部理财资金的24.1%,较上年同期下降3.1个百分点。来源于同业的资金余额为4.8万亿元,同比增长97.8%;占全部理财资金的20.8%,较上年同期上升6.1个百分点。表外理财来源于同业的资金余额增速较快(见专栏图2-4)。

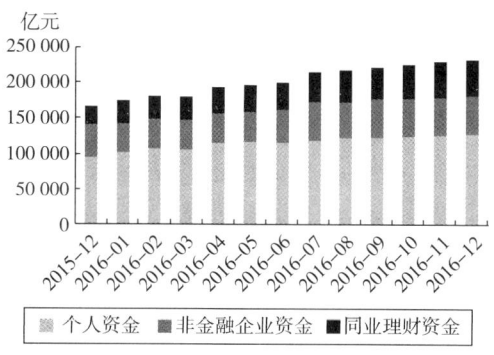

专栏图2-4　表外理财资金来源部门

四、期限结构:银行新发短期表外理财占比较上年有所下降

2016年,银行新发表外理财累计为31.6万亿元,6个月以下的理财累计发行额为22.5万亿元,占71%,比上年同期下降7个百分点;1年以上的理财累计发行额为2.2万亿元,占7%,比上年同期上升1个百分点(见专栏图2-5)。

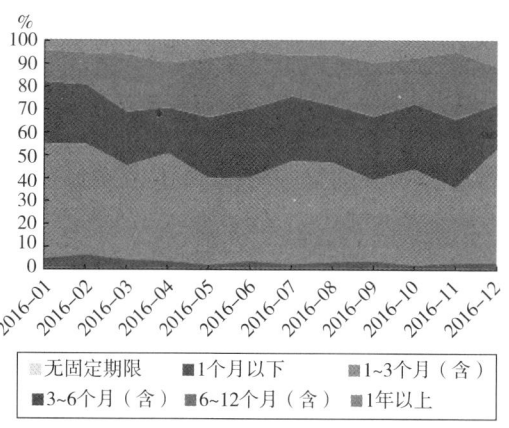

专栏图2-5　新发理财产品期限

> **五、产品类型：净值型理财产品占比上升，表外理财管理更加规范透明**
>
> 2016年末，金融机构净值型理财产品资金余额2.4万亿元，同比增长88.7%，比全部理财产品余额增速高54.7个百分点；占全部理财资金余额的10.4%，比上年末上升2.7个百分点。经调查，金融机构逐步加大理财产品净值化力度，转型效果初显。
>
> 从预期收益型向净值型发展是未来理财产品发展的趋势，一方面，净值波动披露使得产品管理运作更趋透明；另一方面，理财产品净值化管理，类似于证券投资基金，银行收取手续费，净值波动反映客户的收益和损失，有利于打破理财产品的"刚性兑付"。随着银行理财产品自身面临的收益压力和投资风险的增大，预计净值型理财产品的占比将进一步上升。

理财与资金信托产品发展的广度、深度均表明，这类产品已成为金融体系的重要组成部分。

一是居民投资和社会融资需求多元化的需要。改革开放以来，居民积累了大量财富，多元化的资产配置需求大幅增加；企业杠杆率上升较快，对除银行贷款以外的其他融资需求较强。理财、信托等资管产品能深入参与股票市场、债券市场等金融市场，以多种形式满足居民投资和社会融资的需求。

二是金融机构改善盈利的需要。随着利率市场化的推进，存贷款利差缩小，传统的依靠表内存贷款业务盈利的模式已经不能适应商业银行盈利增长的需要，发展表外理财等资产管理业务成为银行业盈利的亮点。近年来，银行业理财业务收入快速增长，远高于同期营业收入增速。

三是金融机构规避监管限制的需要。第一，通过表外资产管理将资金运用表外化，可以压缩信贷风险加权资产，减少资本消耗，改善贷款规模、贷款集中度、存贷比、资本充足率等监管指标;第二,金融机构和投资者通过跨机构、跨市场的资管产品规避不同监管政策对资金投向的限制。

(三) 理财与资金信托产品对实体经济和金融体系的影响

一是在一定程度上缓解了融资难问题,支持了实体经济发展。将理财产品、资金信托产品及其他资管产品的不同融资环节合并来看,多数资金最终运用到实体经济。例如,资管产品投资的债券、信托贷款、委托贷款、股票等均是社会融资规模的重要组成部分。

二是会影响到部分重要金融指标,在一定程度上降低了宏观调控的有效性。

从货币供应量看,理财与资金信托产品有时会明显推动货币供应量变化。2011年以前,表外理财产品、资金信托产品等资管产品存放在银行款项计入货币供应量,存量占比虽然不高,但部分时间段受市场影响余额波动比较剧烈,成为同期造成 M_2 增速明显波动的重要原因。

从社会流动性看,理财与资金信托产品成为银行业为社会提供流动性的主要渠道,作用仅次于 M_2。表外理财产品实际上仍存在刚性兑付,因此,可以将银行通过表外理财产品募集的资金视为银行体系向社会提供的一部分流动性。考虑到表外理财产品快速增长,银行体系向社会提供的流动性实际上比通过 M_2 反映得更为充裕。

从银行表内信贷看,理财与资金信托产品与一般贷款之间有明显的替代关系。投资资管产品是商业银行表内股权投资的主要组成部分。部分商业银行利用表外理财产品、与资金信托产品合作转移表内贷款等方式,调整贷款余额,造成贷款的规模及增速被高估或低估,削弱了金融宏观调控和信贷政策管理的效果。理财产品投资不受国家信贷、产业政策限制,商业银行为了追求高额利润,将相当规模的资金投入国家政策限制投资的高耗能、高污染和产能过剩行业及房地产业,不仅规避了信贷政策的要求,也会削弱金融支持产业结构调整的效果。

从企业部门债务看,理财与资金信托产品导致企业部分债务不透明。企业部门债务存量中,这类产品提供的债务融资余额占比逐年上升,其中一部分是通过债券、票据、信托贷款和委托贷款的形式提供,还有一部分是明股实债的收(受)益权等其他债务性融资。明股实债的收(受)益权实质上就是资产证券化,即将各类资产打包,用相关收益产生的现金流支持兑付收(受)益权产品的本金和利息。底层资产可以是贷款、应收账款等金融资产,也可以是收费权等非金融资产,甚至还可以是其他收(受)益权。因此,与表内融资相比,理财与资金信托产品提供的债务资金链条较长,透明度较差。

三是在金融机构及其产品间形成了复杂的关联,使金融稳定及金融监管面临挑战。理财与资金信托产品虽然由银行、信托公司等银行业金融机构发行,但是能够跨机构、跨市场相互交叉投资,资金可在SPV之间相互流动,也可接受金融机构表内资金投资,或通过同业存款、回购及拆借等形式回流银行表内(见图2-3)。此外,商业银行还为自身发行的表外理财产品提供流动性支持,增强了金融体系的关联性,放大了潜在的金融风险。例如,短期理财产品大量滚动发行,但很高比例的资金投向了流动性较低的中长期资产,总体期限错配明显。为避免持有资产难以迅速变现,或变现承受较大损失,部分商业银行在期末时点通过回购和拆放为表外理财产品兑付或赎回提供短期信用融资。理财产品持有的资产一旦出现违约或价格大幅波动等风险,就可能传染给为其提供融资的传统金融机构,引发系统性风险。

四是某些情况下成为杠杆叠加的手段,对市场整体流动性形成压力。特别是在实体经济需求不旺、优质资产较为稀缺的时期,若资产端收益不能覆盖资金成本,则理财与资金信托产品可能采取加大杠杆、拉长久期、投资高风险券种等措施,牺牲流动性获取较高收益(见图2-4)。如果采用产品多层嵌套的复杂结构,参与股票市场配资或为债券

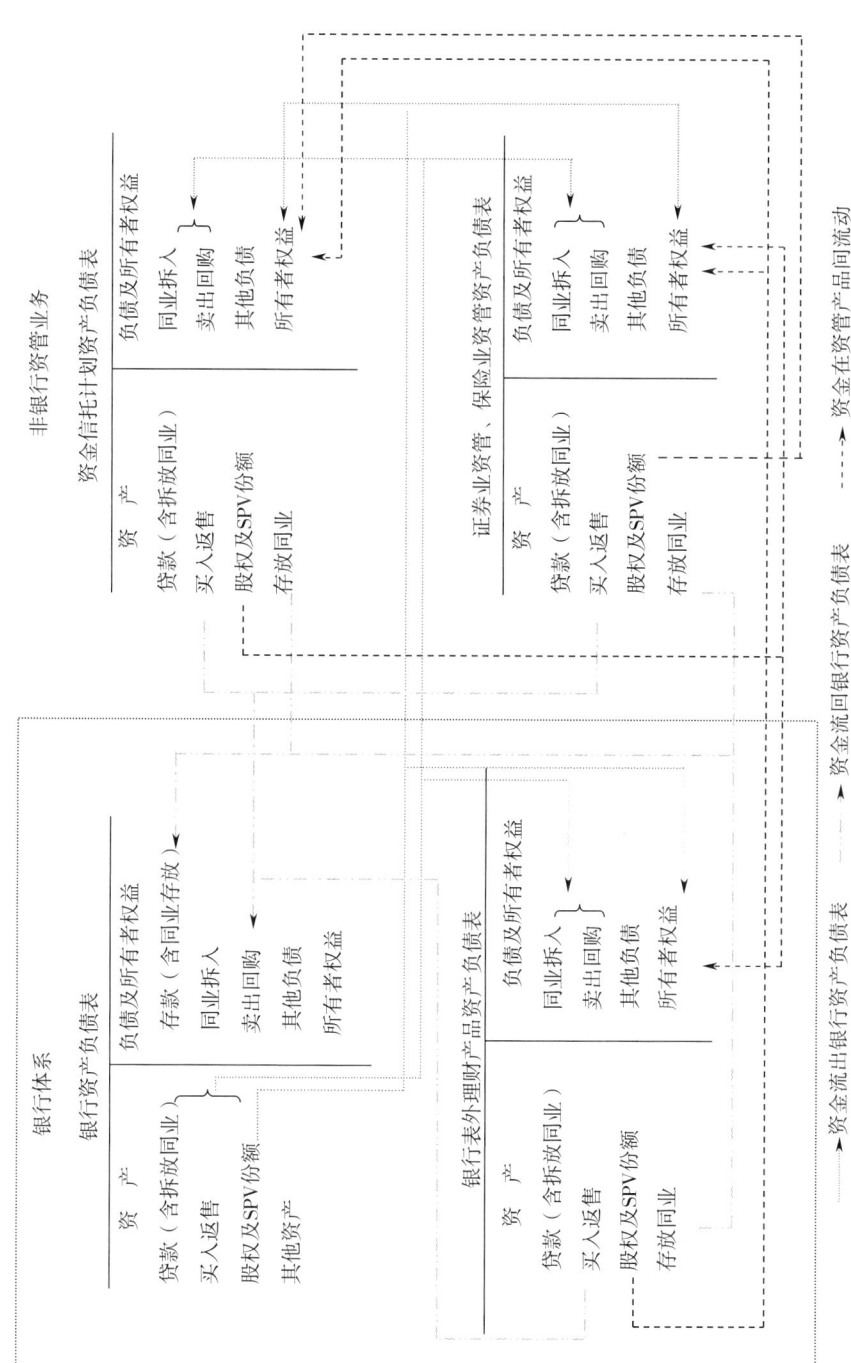

图2-3 理财、资金信托与金融体系的资金循环关系

投资提供杠杆资金，则更是增加了风险的隐蔽性和传染性。在市场发生突发事件时，会引发价格大幅波动和大面积流动性紧张。如果控制不好，这部分产品很可能成为系统性风险的爆发点。

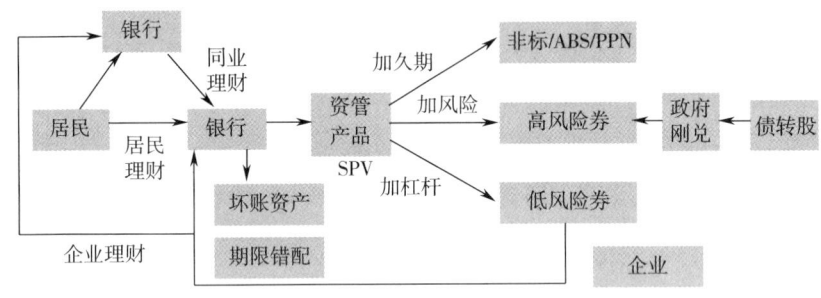

图 2-4 资管产品及其流动性循环图

（四）金融统计标准化的推进为建立以产品为核心的理财与资金信托统计提供了基础和契机

理财与资金信托产品快速发展，对实体经济和金融市场的影响日益显著，迫切需要对其进行有效的统计监测。2006年，人民银行建立了针对代客理财产品和资金信托产品资金来源和运用的专门表单，要求发行产品的金融机构向人民银行报送按机构汇总的数据。这一阶段持续了大约五年，虽然对理财与资金信托产品进行了一定程度的统计，但无法跟上理财与资金信托产品发展与创新的步伐：一是资金来源和资金运用的统计分类不能适应快速发展的金融创新；二是以机构为中心的统计不能刻画产品的资金链条，难以用来判断产品对货币政策主要变量的影响，也无法监测风险的实际情况及传递途径；三是未充分考虑各类资管产品相互交叉持有的重复统计和关联性问题；四是偏重于数量统计与整体的衡量，欠缺产品明细信息的统计，对理财与资金信托产品具体形式、挂钩产品、赎回条款、投资运用等情况不能进行动态的跟踪和观察。

理财与资金信托产品是我国金融体系从机构主导型向市场主导型转变过程中的代表性产品，独立于金融机构自有资金，突破了机构限制，对其进行有效统计监测，需要建立以产品为核心的统计体系，全面刻画与之相关的资金链条。而人民银行金融统计标准化的推进为建立以产品为核心的理财与资金信托统计提供了基础和契机。

2009年开始，人民银行开始推进金融统计标准化工作，初步建立了较为完整的金融统计标准体系。标准发布后，需要在人民银行和金融机构落实。为此，人民银行决定基于标准化逐产品理念建立理财与资金信托专项统计制度，并开发理财与资金信托统计监测信息系统，以此作为金融统计标准化落地的试验田。

二、理财与资金信托统计基本原则和做法

（一）理财与资金信托业务统计的国际实践

对照国际上有关金融业务的规定，我国的银行理财业务性质与西方国家的集合信托业务较为相似，而西方国家所称的理财业务一般也称为私人银行业务，只针对高端客户且仅以客户的名义进行金融投资，不计入金融机构资产负债表。

由于各个国家法律规定不同，国际上对集合信托业务的统计存在较大差异，但一般作为投资总库（基金）进行统计，并根据投资总库份额的流动性高低进一步细分。大致可分为三类：一是将可以开列支票或仅投资于货币市场的投资总库份额视为可转让存款；二是将不可以开列支票进行第三方支付，但可在市场上流通的投资总库份额视为非股票证券；三是将同时不具备前述两项条件的投资总库份额视为股票与其他股权。国际货币基金组织在《货币与金融统计手册》中建议，在机构分类上，将投资总库作为一个金融机构进行统计。其中，货币市

场基金可列为其他存款性公司，其他各类投资总库可列为其他金融性公司。在金融工具分类上，将货币市场基金份额视为可转让存款或其他存款，其他投资总库份额视为股票与其他股权，而不必考虑该投资总库持有的资产类别和流动性（开放式还是封闭式）。

欧洲中央银行在这类业务的统计中，在机构分类上将集合投资信托与基金划分为货币信贷机构；在金融工具分类上，将集合投资信托与基金的份额单独视为一类金融工具，与存款、贷款等并列。

英国基本遵照国际货币基金组织的建议，在机构分类上将集合信托视为基金进行管理，将主要的货币市场基金划为货币金融机构（其他存款性公司），并明确要求将银行作为管理人、执行人或信托人管理的基金资产作为表外业务处理，不得包含在银行自身资产负债表中。在金融工具分类上，将货币市场基金份额视为存款，其他未列入货币金融机构的集合信托份额则视为投资。

日本对这类业务的统计分类较为详细，在机构分类上将集合管理信托（包括集合管理资金信托与集合管理贷款信托）视为存款性公司，证券投资信托、债券投资信托、股票投资信托、非集合管理信托则视为其他金融中介。在金融工具分类上，将投资受益证（权）归属为非股票证券。其中，集合管理信托的投资受益证（权）计入货币供应量统计。

对于银行理财法律关系的界定，存在委托代理论和信托论两种争论。委托代理论认为，代客理财是一种委托业务，委托人授予银行一定的决策权，由银行代为投资并付给银行相应的报酬，委托人自负投资风险。信托论认为，银行理财是银行受人之托代为理财，理财资金单独建账、单独管理，与银行自营业务风险隔离，银行仅收取管理费用，委托人自负投资风险，具备典型的信托特征，其法律关系与证券投资基金、信托投资计划一样是信托关系。但国际上对投资总库的统计监测大多数还是基于信托论进行的，将其与发起机构的自有资产和负债独立开来，视为一个准机构。

（二）我国理财与资金信托统计的基本原则

在充分借鉴国际经验并考虑我国金融市场发展实际的基础上建立的理财与资金信托统计，遵循标准化、以产品为中心、直接交易对手方以及多维结构化数据四大原则。

1.标准化原则。这是理财与资金信托统计的基础。过去，由于标准不统一，不同部门或机构的统计数据缺乏兼容性、可比性，很难汇总或整合，造成监管部门缺乏可靠的数据，难以评估金融体系的整体规模和风险。金融机构表外资管产品具有典型的跨机构、跨市场特征，其非规范运行是引发金融危机的主要原因之一。因此，各国和国际组织建立相关统计体系时，非常重视建立通用数据标准体系，提高整个金融业统计体系兼容性。数据缺口倡议（DGI）提出的20条建议就是国际金融危机后宏观审慎统计监测领域的国际标准框架，在每个具体的领域都形成了统一的数据模板、报数指南及数据元标准。成员国在向国际货币基金组织、国际清算银行等国际组织报送数据时均需要遵循这些标准。各国国内的金融统计也进一步强调了标准化的重要性，增强监管机构间的数据协调共享机制。例如，在美国，虽然金融监管仍由多个部门分别开展，但美联储、证券交易委员会和联邦保险办公室等机构，必须按金融稳定监督委员会（FSOC）统一设定的标准采集、共享数据。

统一的统计标准，一方面保证数据属性的定义和分类一致，提高统计体系兼容性，有利于理财与资金信托统计与货币信贷统计、机构监管统计信息互联互通；另一方面确定标准唯一的产品代码，能够逐层识别、追踪资金的来源和投向，实现对相互持有的产品穿透到底层投资结构，满足微观、宏观等多方面需求。

在设计制度时，依据《金融机构编码规范》《金融工具统计分类》《特定目的载体（SPV）编码标准（试行）》《理财与资金信托数据元

（试行）》《贷款数据元》《国民经济行业分类》等多项行业和国家标准。在完善相关统计制度的过程中，也依据经济形势和市场变化，适时修订统计标准。

2. 以产品为中心原则。这一原则定义了理财与资金信托统计的覆盖范围。金融危机中的很多问题机构并不是银行，而是保险、投资银行等非银行金融机构以及涉及金融业各个子行业的影子银行。国际金融危机后，相关改进金融统计体系的国际倡议中，欧洲中央银行等机构编写的《证券统计手册》以及 DGI 关于影子银行的统计模板充分体现了以产品为中心的统计理念。美国等国家也全面强化了对以往缺乏监管的金融产品的统计监测，涉及场外衍生品市场、对冲基金、私募基金、资产证券化产品等。这些产品既是金融机构表内资金的交易工具，又是其交易对手，仅通过对金融机构资产负债表进行统计，无法获取全面信息。

以产品为中心理念，是指按功能监管原则，以每一只产品为基本统计单位，统计要素覆盖产品资金来源和运用的整个链条。理财与资金信托产品与其他资管产品一样，每只产品都可以视为独立的 SPV，与发起机构相互独立，不属于某一特定机构。理财与资金信托统计建立了"以产品为中心"的全资金链统计框架，实现从各层次资金来源方到资金最终使用方的监测统计，为识别风险、评估风险、预警风险、控制风险提供了必要条件。囿于当前金融监管体制的限制，现有制度仅在理财与资金信托产品（银行业金融机构资管产品）之间实现了较为清晰的关联，并可支持逐产品穿透识别。这一统计框架具有较强的扩展性，具备扩展到全部具有 SPV 特点的金融产品的基础。

3. 直接交易对手方原则。这项原则是理财与资金信托统计的方法性原则。危机后国际社会的基本共识之一是，金融机构的脆弱性往往通过系统内的相互关联被放大，发展成金融体系的脆弱性。因此，国际上在建立相关统计体系时，非常重视产品和机构之间的关联性，以识别风险的传染渠道。关联性监测的关键是对资产负债或交易采用直接交易对手统计原则,并细化交易对手国别、部门、金融工具、期限等分类,掌握双边风险暴露信息,评估国家之间、部门之间、机构之间的相互关联程度。例如,在全球系统重要性金融机构(G-SIFIs)模板中,按直接交易对手分类统计被提到了前所未有的重要地位,支持按照交易对手特点分析风险敞口,并可通过交易对手信息监测风险的传递渠道和外溢程度。

如果不统计直接交易对手方,而是报送底层资产信息,对识别微观机构或产品的信用风险、价格风险有一定作用,但无法判断系统性风险的源头和传染渠道。理财与资金信托统计框架要求各统计对象按照直接交易对手方原则报送上游直接资金来源及下游直接资产投向数据,保证资金链层层连接。最终在汇总数据时,实现对资金链条的全面描述,既能反映机构和产品间的关联性,又能在此基础上实现真正意义上的穿透。

4. 多维结构化数据原则。这条原则明确了理财与资金信托统计的数据来源。传统金融风险监测局限于资本充足率等少量汇总指标,但国际金融危机的教训显示,这样的指标大多存在效用递减的现象,例如,2007年北岩银行遭遇挤兑之前,其资产质量等关键风险指标均优于同业平均水平。因此,在构建宏观审慎统计监测体系时,各国中央银行和国际组织推行的统计数据采集方式发生了转变,趋向逐笔报送多维结构化数据,大大提高了数据颗粒的细化程度。全球系统重要性银行统计模板就是采集多维结构化数据的突出实例。

多维结构化数据的重要优点是可以对基础数据灵活加工,满足多层次、多角度的分析监测需求,此外还有利于发现交易或敞口中的极端值,弥补汇总指标无法反映的薄弱环节。理财与资金信托统计开创性地建立了多维结构化数据采集和分析框架。在采集数据源层面,突破了传统指标和报表形式,从产品发行注册、募集、投资到终止,分成多个统计模块,每个模块采集多维度属性,既有字符型的描述性信息,又有数值型的量化信息;在分析应用上,开发了灵活查询和系统多维分析功能,在属性丰富的数据源基础上,可以根据不同的使用需求,灵活组合生成多维报表,大大提高了数据挖掘应用的效率和广泛性。

(三)理财与资金信托统计的建立与完善

基于上述原则和理念,为全面、准确监测货币供应量与金融机构信贷规模,综合评估金融机构理财业务、资金信托业务的发展对货币政策传导机制和金融稳定的影响,2010年人民银行制定了《理财与资金信托统计制度》,建立了理财与资金信托统计监测信息系统,2011年正式报送数据。制度运行至今,为适应经济金融形势和政策需求的变化,历经2013年、2015年、2016年三次制度修订和系统升级。

理财与资金信托统计是标准化逐笔、逐产品统计理念的第一次应用,开拓性地实现了金融统计标准化在人民银行和银行业金融机构的落地。在机构上,将商业银行表外理财产品和信托公司资金信托产品视为特定目的载体,即为持有特定资产而创立的金融实体,它只拥有名义上的资产和权益,没有雇员和固定资产,实际的管理工作委托他人进行。资产一般委托给发起人进行管理,权益委托给受托管理机构。在金融工具上,理财产品份额、资金信托份额视为股票和其他股权。

除了充分应用标准化思路外,这项统计还做到了以下七个兼顾:

一是兼顾产品统计和机构统计。既有产品登记注册信息,主要描述产品分类和性质,如产品类型、运行方式、客户类型等;又将产品视为准机构,对其完整的资产负债表进行统计,全面反映资金来源及运用。

二是兼顾表内和表外。统计范围既包括表内理财产品,又包括表外理财产品,全面覆盖理财产品信息。同时,又对表内、表外产品进行实质性区分,各个维度的信息都能分表内、表外展示。由于未独立核算,表内产品不需要报送资产负债信息。

三是兼顾数量统计和价格统计。在采集指标和生成报表层面，均既能反映产品募集和资产负债的数量，如募集金额、资产负债余额等；又能反映产品价格，如预期收益率、产品净值等。

四是兼顾存量统计和流量统计。既统计资金来源和运用的余额，又统计报告期产品募集和兑付的发生额。

五是兼顾标准化和适应性。既以统一的分类、统一的数据接口规范统计的各个环节，又尊重各金融机构对理财产品和资金信托产品性质的认定和核算方式，各类金融工具计值也以金融机构自身的会计核算为基础。

六是兼顾全国和地区统计需求。由于理财与资金信托产品市场化程度较高，往往是分地区募集，总部集中运用，因此统计的地区层级上以全国为主；但考虑到支持区域金融分析的需要，对募集数据细分到地区。

七是兼顾本币和外币统计。按具体的币种分别统计募集信息和资产负债信息，统计结果能够分币种灵活展现，全面反映产品资金来源、运用及收益的币种结构。

理财与资金信托统计从产品和资产池的注册，到资金募集、运用，再到产品和资产池的终止，反映了银行理财产品和资金信托产品全生命周期的多维度信息。在基本信息模块统计产品类别、业务模式、起始日期、预期收益率、对应资产池等信息；在募集信息模块统计每只产品募集资金的当期发生额和期末余额，包含客户类型、地区、币种等维度，反映产品的资金来源；在资产负债模块采集每个资产池的资产负债表，重点反映资金的运用；在终止信息模块统计兑付客户收益和机构实现收益，反映产品的实际运营结果。

其中，资产负债表中金融工具和交易对手的分类原则与表内资产负债统计一致，对于通道类投资均按直接投资标的分类。同时，对于信托贷款，统计其各个维度的明细信息，而对于通道类投资（理财和资金信托通道），统计其通道的明细信息，如产品代码、发起机构等。这样，银行、信托公司的表内资产负债与表外理财产品、资金信托产品的资产负债能实现合并，理财产品与资金信托产品之间也能实现合并，理财与资金信托交叉持有、互为通道的底层资产也能较为清晰地识别。经过几年的实施，理财与资金信托统计已经成为监测金融机构创新业务的有效手段，为评估表外资产管理业务对货币政策的冲击提供了重要参考。

三、理财与资金信托统计主要内容

（一）统计目标与整体框架

统计对象是"银行业金融机构资产管理产品"，即银行理财产品和资金信托产品。总体目标是对理财与资金信托产品进行及时、全面、准确的统计，为货币政策和金融稳定提供有力的信息支持。具体来看，一是准确监测产品规模及变化，评估其对 M_2、贷款、社会融资规模等重要总量指标的影响，提高货币政策有效性；二是全面监测产品的收益率、资产质量及期限等，评估和防范微观主体产品面临的信用风险、市场风险等；三是明确资金来源与投向，梳理交易对手及产品间的关联关系，评估和防范系统性风险；四是获取分行业、分地区、分企业规模等结构性数据，更好地为区域政策及结构性政策服务。

遵循上述统计目标，设计了理财与资金信托统计框架：理财与资金信托统计体系以元数据为基础，以总量和比率等分析指标为载体，满足各类政策需求。在采集的元数据层面，采用逐产品、逐资产池全生命周期统计模式，多维度统计产品资金来源和资金运用信息（见图 2-5）。

重点体现在以下四个方面：

一是建立代客理财产品注册制。为金融机构发行的每只理财产品编发唯一代码作为理财统计的基础。

主要采集指标		指标类别	总量/比率指标	政策需求
资金来源	交易对手 币种 资金类别 收益率 期限	规模及投向	M_2、社会融资规模、加权平均收益率等	宏观调控、货币政策
		风险指标	杠杆率、不良率、风险溢价等	信用风险、市场风险
资金运用	金融工具 交易对手 资产质量 区域 投资行业 企业规模 所有制	关联指标	反映机构、产品关联性的指标	防范系统性金融风险
		结构指标	集中度、分布情况、行业占比及增速等	信贷政策、产业政策

图 2-5　理财与资金信托统计框架与政策需求

二是全面统计理财与资金信托产品特征及规模信息，支持多角度考察和评价产品的设计能力、盈利水平和风险状况，并考虑可扩展性，在各行业管理和核算规则存在较大差异的现实状况下，力争全面反映金融业资管业务发展状况。

三是明确表内和表外理财产品、金融机构表内和表外统计体系的关系（见图 2-6）。表内、表外理财产品特性，核算方式及风险承担主体不同，统计反映也有所差异。

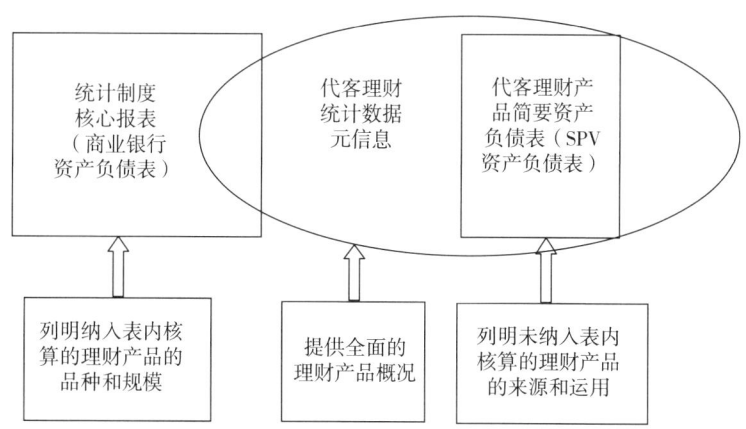

图 2-6　商业银行统计报表关系示意

表内理财产品在金融机构资产负债表内反映。表内理财产品募集资金属于商业银行从公众吸收的负债,在金融机构资产负债表中单位或个人"结构性存款"项下反映;表内理财产品投资反映在金融机构自营投资中。

表外理财产品在金融机构资产负债表外单独反映。其募集的资金视为准实体机构的股本金,理财资金投资根据金融工具分类统计资金运用,监测理财产品对传统金融机构、金融市场及宏观监测指标的影响。

金融机构与表外理财产品、资金信托产品之间的业务往来视为金融机构间往来。在金融机构资产负债表中,表外理财产品和资金信托产品募集资金存放商业银行,在特定目的载体存放金融机构款项下反映;金融机构运用自有资金购买表外理财产品和资金信托产品,在股权及特定目的载体份额中反映;金融机构为理财产品和资金信托产品提供资金支持,分别在与特定目的载体拆借、与特定目的载体回购交易项下反映,从而清晰描述、及时监测金融机构与表外理财产品、资金信托产品的关联关系。

四是贷款、股权类资产逐笔统计。支持信贷结构分析和全资金链条关联分析。

(二) 理财与资金信托统计具体内容

1. 基本颗粒度——逐产品明细。理财与资金信托统计根据理财产品、资金信托产品专户记账、独立管理、独立核算的特征,将其作为特定目的载体,建立登记机制,逐产品报送统计信息。针对多只理财产品、资金信托产品资金组成一个资产池集中管理使用的现象,逐资产池报送资产负债信息。统计内容为理财与资金信托产品的基本信息、募集信息、终止信息及资产池基本信息、资产负债信息、终止信息。

2. 统计流程——全生命周期统计。数据报送覆盖理财产品、资金信托产品从成立到终止的整个生命周期,分为资产池登记、产品登记、报送资金募集信息、报送资产池资产负债信息、报送产品终止信息五个步骤（见图 2-7）：

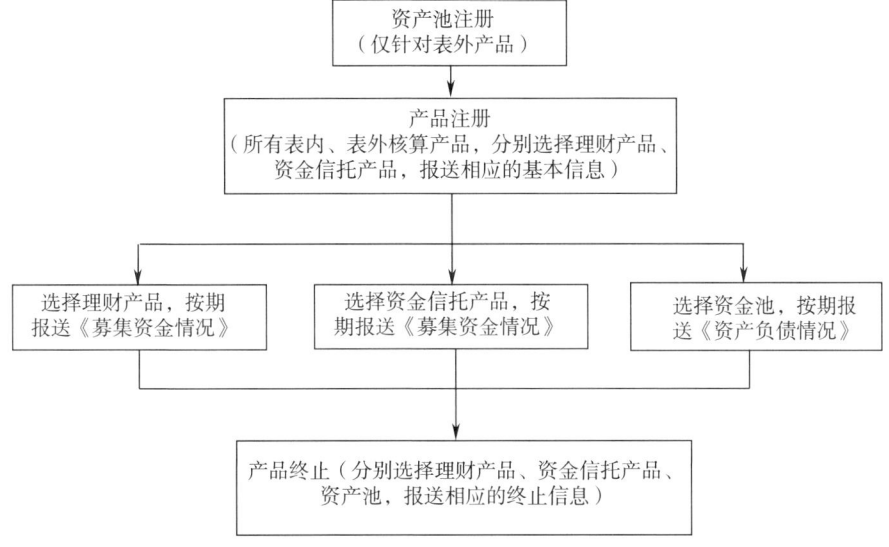

图 2-7 理财与资金信托统计流程

（1）资产池登记。一只独立管理的理财产品（表外核算）或资金信托产品对应一个资产池，多只集中管理（表外核算）的理财产品对应同一个资产池。报送机构按资产池代码编码规则对所有资产池进行编码，于资产池成立后 3 个工作日内填报资产池基本信息并在系统中进行登记。

（2）产品登记。理财产品、资金信托产品在募集期结束、正式成立后 3 个工作日内，填报注册基本信息并在系统中进行登记。产品代码由系统自行生成反馈各金融机构，也可由金融机构按《特定目的载体（SPV）编码标准（试行）》要求编制代码后在系统中验证登记。表内理财产品由于纳入表内核算，比照《特定目的载体（SPV）编码标准（试行）》编码。基本信息中，主要业务内容（产品种类、业务模式、募集起始日期）发生变动导致产品归类发生变化的，视为旧产品终止，金融机构填报产品终止信息后，登记成立的新产品；更改其他信息，可申请对基本信息进行修改。

（3）资金募集信息的报送。反映产品从企业、个人或金融机构获取募集资金的过程。产品募集资金信息分为产品起始募集信息和存续期募集信息。产品起始募集信息在产品登记时一次性报送，存续期募集信息于月后 10 日内按月报送。

（4）资产池资产负债情况的报送。表外理财产品和资金信托产品按月报送各资产池月末资产负债情况。同时，还要报送以下两方面信息：一是除回购和拆借外贷款资产逐笔统计明细信息；二是股票和其他股权资产中理财产品、资金信托产品投资逐产品统计明细信息。资产负债情况与募集信息一样，均在月后 10 日内按月报送。

（5）产品终止信息的报送。理财产品、资金信托产品、资产池终止时，报送相应终止信息。金融机构于理财产品、资金信托产品、资产池终止后 3 个工作日内完成其终止信息的报送。

3. 主要统计模块——资金来源和运用的全方位统计。依据上述统计流程，采用模块化采集的方式，统计产品和资产池两大方面六个主要模块的信息。各模块互联互通，涵盖产品和资产池的基本要素以及从资金来源到资金运用的链条，构成完整的统计框架。

（1）在产品方面，主要包括产品基本信息、产品募集信息和产品终止信息三个模块，具体如下：

①产品基本信息。这是其他模块的基础，包括产品品种、客户类型、募集方式、预期收益率、期限信息等 35 项注册信息。一是实现产品的登记注册，从多个维度定义了产品的特性；二是赋予唯一产品代码，成为关联和穿透的基础；三是可支持计算产品收益率、合同期限等指标。

②产品募集信息。产品募集信息分为起始募集信息（与基本信息合并报送）和存续期募集信息（按月报送）。分地区、分币种、分客户类型统计产品募集、兑付的发生额以及期末余额。对于开放式产品，还

按期统计当期净值或当期预期收益率。根据募集信息，可多维度计算产品募集规模和结构，包括分地区募集信息。

③产品终止信息。产品终止信息统计发起机构实现收入、兑付客户收益、收益率等。

（2）在资产池方面，主要包括资产池基本信息、资产负债信息及资产池终止信息三个模块，仅表外理财产品和资金信托产品需要报送。其中，资产负债信息又包括资产负债表、除回购和拆借外贷款逐笔明细、投资理财和资金信托份额的逐产品明细三个子模块。之所以将资产池作为统计资产负债信息的基本单位，是考虑到目前有的金融机构仍然存在多只产品资金集中管理、运用的情况。具体如下：

①资产池基本信息，包括资产池注册、报送资产池编码、实现产品与资产池的关联。

②资产负债信息。一是逐资产池报送资产负债表。依据《金融工具统计分类及编码》标准，结合近几年的产品创新，对资金来源（负债）和资金运用（资产）进行统一分类，统计完整的资产负债表；并明确按照直接交易对手的原则进行统计，各资产池报送上游直接资金来源及下游直接资产投向。资产方金融工具包括现金、存款、贷款、债务证券、股权及特定目的载体份额、金融衍生品、应收款项、黄金及非金融资产九大类。负债方分类相对简单，包括贷款、金融衍生品、应付款项、其他负债及所有者权益等。目前的资产负债信息可支持评估银行业资管产品之间、银行业资管产品与金融机构表内资金之间交叉持有的方式和规模（关联程度），在一定范围内识别风险传染路径；实现银行业资管产品资产和负债的汇总和合并。此外，还可反映银行业资管资金持有证券、保险业资管产品的规模。

二是资产负债表中除回购和拆借外贷款项下，需按《贷款数据元》标准统计逐笔贷款的明细信息，包括借款企业名称、注册地、所属行业、贷款合同金额及余额等。反映理财与资金信托资金通过贷款进入实体的结构和风险,为分析表外资金对信贷变动的影响提供信息支持。

三是资产负债表中股权及特定目的载体份额项下,理财和资金信托份额投资需逐产品统计投资标的产品明细信息。既支持理财产品、资金信托产品及传统金融机构间相互关联性及风险传染途径分析,又能够为资管产品与传统金融机构表内资产负债做合并处理提供基础信息。未来,如果证券业、保险业资管产品份额投资也能实现逐产品明细统计,则能达到全面反映风险及传染渠道的目标。

③资产池终止信息,即结束资产池标记。

4. 主要产出——生成各类报表,满足微宏观需求。在上述采集的数据元素的基础上,综合各模块信息能够生成各类统计报表,计算重要的统计指标,适应微宏观政策需求。

目前,理财与资金信托报表体系分为固定报表和灵活报表两类。其中固定报表定期由系统生成,灵活报表由使用者应用统计系统中的多维分析功能,根据不同需求适时生成,满足个性化需求。

定期生成的固定报表包括三大类:一是募集情况表,可以反映分产品类型、分运行方式、分期限、分机构、分地区等多个维度的产品募集、兑付的发生额和资金存续情况。二是资产负债表,包括表外理财和资金信托各个维度的资产负债信息,还包括对资产变动因素进行分解的资产变动情况流量统计报表等。此外,为适应对资金运用结构的深入分析,还制定了展现信托贷款行业投向和产品品种的结构性报表。三是收益率情况表,分类型、分期限、分机构等多维度展示理财和资金信托产品的平均预期收益率,反映产品的平均成本。

灵活报表则可展现更多维度的信息组合,产品的金额、收益率等信息都可以通过报表的形式从不同分类维度展现。

基于各类报表信息,可以生成以下指标体系,用于支持分析和政策决策:

一是产品规模。统计理财与资金信托产品资金募集和资产负债的总量，用于评估金融机构表外金融创新对货币供应量、贷款、社会融资规模等重要总量指标的影响，提高宏观调控政策的有效性。

二是产品关联性。关联性是理财与资金信托等交叉性金融产品统计监测的关键指标。通过构建基于直接交易对手方的资产负债统计框架，逐层统计资金来源方和运用方交易对手，反映理财与资金信托产品与金融机构表内资金之间以及与其他资管产品之间的相互交易，支持识别风险传染路径，反映资管资金在金融体系内部循环的程度。

三是产品资金来源结构，包括杠杆资金。通过对理财与资金信托产品债务和权益资金的统计，计算产品的负债杠杆率（总资产/全部募集资金）。在一定程度上反映产品负债水平，监测资管产品风险放大的程度。

四是理财与资金信托统计对实体经济和金融市场的影响。通过产品资金运用结构的统计，评估理财与资金信托产品募集的资金进入实体经济和金融市场的情况；通过信托贷款行业投向、企业类型、地区分布等结构性信息，反映对实体经济的结构性影响。

五是产品收益率。统计产品预期收益或净值，计算产品负债端收益率，反映资金成本，成为金融市场价格体系的重要组成部分；并结合资管产品投向的贷款、债券等资产端的收益率，评估收益错配情况。

六是产品期限结构。通过产品起始日期、预计终止日期、实际终止日期及数据报送日期等多项日期元素，统计产品合同期限和剩余期限，评估产品风险状况。

（三）理财与资金信托统计监测信息系统

为了有效落实《理财与资金信托统计制度》，人民银行开发了理财与资金信托统计监测信息系统。这是人民银行第一个采用标准化思路构建的统计系统，是推动改进和完善金融统计体系、实现金融统计标准化的有力尝试，也是新形势下金融统计服务于货币政策和金融稳定的新方法、新手段的有力探索。

这一统计系统与统计标准、统计制度相辅相成,一是构建了产品、机构双核心的数据结构,在产品层面实现了逐产品统计功能;在机构层面,对重要金融工具实现了逐笔统计功能;此外,还保留了传统金融机构资产负债统计的树状指标统计功能。二是实现了全面采集数值型和字符型信息、存量信息和流量信息、数量信息与价格信息。三是首次开发了多维灵活报表功能,使用者能够通过拖拽数据属性的方法依据自身的具体需求生成灵活报表。该系统获得人民银行"2013年度银行科技发展奖二等奖"。

理财与资金信托统计监测系统包含七个功能模块:报文管理、数据维护、多维分析、综合查询、报表查询、参照信息维护、系统管理。基本架构如图2-8所示。

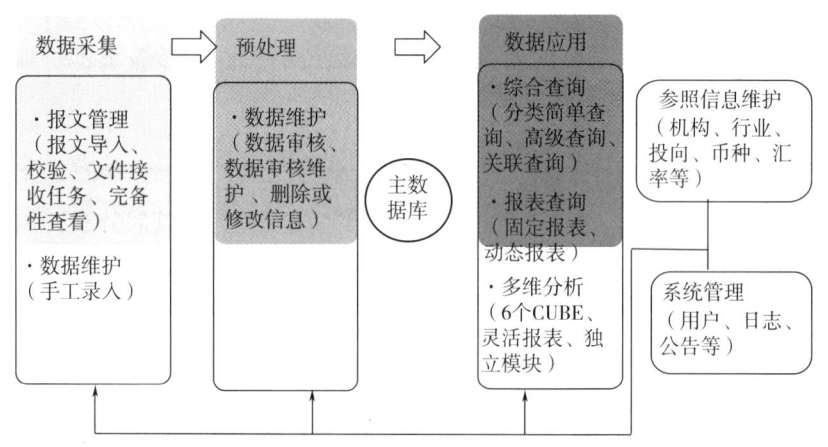

图2-8 理财与资金信托统计监测信息系统架构

可见,理财与资金信托统计监测信息系统具有综合的统计架构和平台,各个功能模块都具有较强的扩展性,既能实现传统的以金融机构资产负债表为核心的指标和报表形式的统计,又为资管产品等创新型、交叉型金融产品的登记注册和统计信息报送提供了手段。

经过六年的实践,人民银行理财与资金信托统计体系的原则、理念、方法及统计系统已被证明能适应银行理财、资金信托等资管产品，以及其他类似的交叉型、创新型金融产品的统计监测需求，对落实金融统计标准化、改进统计体系和统计手段、更好地支持宏观调控和金融稳定具有重要意义。

第三节 标准化存贷款综合抽样统计

近年来，人民银行积极推进利率市场化，逐步放开存贷款利率限制，利率监测对中央银行货币政策决策和金融风险防范尤为重要。为此，人民银行积极推动存贷款统计标准的制定和落实，同时探索开展标准化存贷款综合抽样统计（以下简称存贷款利率统计）工作。存贷款利率统计采用产品统计的理念，实现了统计工作从指标到元数据，从一维到多维，从存量到流量的转变，逐笔采集样本单位每笔存贷款的产品类型、客户类型、期限、额度、利率、资产质量等信息，解决了困扰统计多年的存贷款流量统计难题，初步实现了建立"总量与结构、数量与价格、存量与流量兼备"的存贷款统计体系的目标。

一、存贷款利率统计工作的背景

（一）利率市场化改革不断深入

近年来，我国利率市场化改革成效显著。20世纪90年代先后实现了银行间同业市场和债券市场的利率市场化，2004年完全放开贷款利率上限，2012年后逐步放宽存款利率上限，直至2015年10月完全放开存款利率上限，利率市场化改革成效显著。

随着利率市场化改革的推进，建立健全我国存贷款利率统计体系的重要性日益凸显。一方面，利率统计有利于更好地监测货币政策传导过程和效果。利率统计为研究政策利率到货币市场利率进而到债券市场和信贷市场利率的传导提供了更加丰富、全面的信息。另一方面，利率统计有助于防范系统性金融风险，维护金融稳定。利率市场化赋予金融机构更大的自主定价权，在进一步优化金融资源配置的同时，也加剧了金融机构间的竞争，会影响金融稳定。利率统计可以及时发现不稳定因素，防止机构间无序价格竞争引发的系统性风险。

（二）货币政策调控方式转变

从全球范围看，货币政策调控方式大体分为数量型货币政策和价格型货币政策两类。前者以数量型调控工具为中间目标，如广义货币供应量；后者则以价格型调控工具为中间目标，如利率。长期以来，我国采用的是数量型调控和价格型调控相结合，以数量型调控为主的货币政策框架。近年来，随着我国金融电子化和网络化程度不断加深，信用卡、储值卡、电子钱包等在经济中运用越来越广泛，对传统存款形成了一定程度的替代，货币越来越具有内生性，中央银行调控货币供给量的难度加大。同时，金融市场深化和金融创新发展使得金融脱媒现象愈加显著。2002年，以债券和股票融资为代表的直接融资在社会融资规模中仅占5%左右，到2016年这一比例已经上升到23.8%。在这种情况下，货币供应量作为数量型中介指标，其可测性、可控性都出现不同程度的下降，同时中介指标和货币政策最终目标之间的相关性也变得更加复杂且不确定，货币政策调控的效果面临越来越大的挑战，强化价格型调控也就更加必要。

转变货币政策调控方式，需要一整套适应经济金融形势变化、符合金融宏观调控市场化方向的中间目标体系。在继续完善货币供应量和社会融资规模等数量指标统计监测的同时，还要探索构建与价格型货币政策调控相适应的中介指标，逐步建立包括货币市场利率、债券市场利率、信贷市场利率以及汇率等在内的综合利率统计体系，更好地为货币政策调控方式转变服务。

（三）企业融资成本监测的需要

党中央、国务院一直高度关注企业融资状况，近年来先后出台一系列措施，旨在缓解企业融资难、融资贵的问题。人民银行一直积极运用抵押补充贷款、中期借贷便利、信贷政策支持再贷款等货币政策工具，支持金融机构扩大国民经济重点领域和薄弱环节的信贷投放，引导降低社会融资成本，促进经济结构的调整和转型升级。

目前，关于企业融资成本的统计监测还比较薄弱。由于缺少相关数据，社会各界在分析研究企业融资成本时往往是主观感受多、客观数据少，定性判断多、定量分析少。在现阶段，信贷资金仍是多数企业特别是小微企业的主要资金来源，贷款利率仍是决定企业融资成本高低的主要因素，对企业融资成本状况的监测亟待加强。依托存贷款利率统计，可以及时、准确地反映企业贷款利率的绝对水平和变动情况，同时可以结合其他企业融资工具利率，探索构建企业融资成本综合监测体系，全面、准确地反映企业融资成本及难易程度变化，为政策决策提供更加坚实的数据支持。

二、存贷款利率统计的基本原则和做法

（一）存贷款利率统计的基本原则

1. 标准化逐笔统计原则。意大利银行的标准化统计工作给我国提供了很好的启示和借鉴。相对而言，我国传统的金融统计还主要是以统计指标和报表为主，一旦数据需求发生变动，只能通过增加临时调查甚至以手工收集汇总的方式完成，费时、费力且数据质量缺乏保障。鉴于

此，人民银行调查统计司确定了标准化逐笔统计的原则，从以统计指标和报表为主的统计模式向以标准化明细数据采集为主的模式转变，整合各部门业务需求，提高中央银行信息采集的广度、深度和效率，统一采集金融机构的明细数据（主要金融工具可以逐笔采集），然后根据业务需求对数据进行灵活的加工处理和深度挖掘，真正做到"一次报送、多次应用、重复挖掘"。

2. 存量统计和流量统计并重原则。按照国际货币基金组织《货币与金融统计手册》的要求，货币与金融统计应包括存量统计和流量统计两部分内容。存量统计是对某一时点金融资产和负债的价值进行统计；流量统计是对一定时期内金融资产和负债的价值变动进行统计。流量统计包括金融交易、重新定价和资产数量的其他变化三个独立部分。准确、详细的流量统计数据有助于更加深入、细致地分析货币政策，改善货币金融统计数据与国民账户统计、国际收支统计以及政府财政统计等宏观数据之间的一致性。

流量统计操作复杂、统计成本较高，我国金融统计一直存在重存量、轻流量的传统。经过多年发展，我国金融存量统计已经比较完备，如信贷收支统计、货币统计、市场统计以及各类专项统计。相对而言，我国的流量统计还比较薄弱，主要是对中间业务和资金流量的统计。从国际经验看，流量指标更加灵敏，能够更加直接地反映货币政策的效果。例如，新发生存贷款利率变化最能体现特定时期内金融市场的价格波动，所以欧元区的利率统计中，新发生业务指标占到三分之二，美国的利率统计也是以新发生存贷款为主。因此，存贷款统计采取存量统计和流量统计并重的原则，在制度设计和系统建设中着力弥补流量统计的短板，为构建存量、流量并重的金融统计体系积累了成功经验。

3. 价格统计和数量统计并重原则。之前人民银行金融统计体系以数量统计为主体，不仅有货币供应量、金融机构资产负债统计，还有政府融资平台贷款、房地产贷款等各类专项金融统计，内容丰富、体系完备。相对而言，价格统计还相对薄弱，覆盖面较窄且较为分散。

随着我国利率市场化改革深入推进，价格型工具在货币政策调控中的作用越来越大，价格统计日益重要。在存贷款统计中，人民银行调查统计司采取了价格统计和数量统计并重的原则，将数量（金额）和价格（利率）作为最核心的两个度量指标，可以灵活查看单一维度或多个维度组合的统计指标的金额或者利率，在统计报表中也是价量并举，实现了有金额处必有利率，大大丰富完善了我国的价格统计，也为票据、金融衍生品等其他金融工具的价格统计奠定了基础。

4. 采用抽样统计原则。从国际实践看，目前开展逐笔统计的国家和地区中，采用全量统计的主要是中小经济体，如意大利和斯洛文尼亚；大型经济体基本都是采用抽样统计方法，甚至仍然采用传统的统计指标报送模式，如美国、欧洲和日本。具体到中国的情况，我国已经是世界第二大经济体，金融机构数量众多，资产规模巨大，每个月的存贷款存量和当月新发生的存贷款业务以 10 亿笔计，单家大型银行每个月的数据量基本超过 5T（1T = 1 024G）。如果对金融机构所有存贷款信息进行全量统计，在现有的系统架构和系统处理能力下难度很大。同时，在统计工作实践中，在统计对象数量庞大、统计成本高昂时，在抽样方法科学的前提下，抽样统计一样可以保证样本具有良好的代表性。因此，人民银行最终决定采用抽样统计的方法开展存贷款统计。

▼ 专栏6

存贷款利率统计的国际经验

目前国际上主要有两种存贷款利率统计模式：一种是传统的报表式统计体系，以欧洲中央银行和美国为代表；另一种是标准化的逐笔采集模式，以意大利和斯洛文尼亚等为代表。

一、欧洲中央银行存贷款利率统计体系

欧洲中央银行自1999年起就开始采用一种过渡性方法在其成员国开展存贷款利率统计工作,直接采用了各成员国原有的利率统计体系。由于各成员国利率统计标准不一致,导致数据可比性差,数据误差大,不能有效满足货币政策的需要。2001年12月20日,欧洲中央银行决定正式对欧元区货币金融机构开展统一的存贷款利率统计,并于2003年1月正式采用新的利率统计制度在欧元区采集货币金融机构存贷款利率数据。新的利率统计制度通过以下步骤采集数据:首先,各成员国中央银行(NCBs)用抽样方法选取样本报告机构,按照欧洲中央银行统一要求,向所在地成员国中央银行报送业务数据;其次,成员国中央银行按欧洲中央银行的统一要求,计算本国各类业务数据的加权平均利率,并上报欧洲中央银行;最后,欧洲中央银行完成各类别最终加权利率的计算汇总。

欧洲中央银行的存贷款利率统计体系有几个突出特点:一是统一的数据标准和报送要求。欧洲中央银行不但制定了统一的数据标准,而且编制了存贷款利率统计手册,对数据采集、处理、发布等各个环节进行规范,保证了数据的可比性和准确性。二是普查和抽样相结合。在统一数据标准和报送要求的基础上,各成员国可以自行确定采用普查或者抽样的方法确定报送机构。三是统计内容以新发生业务为主,兼顾存量业务。目前报送机构需按月向各成员国报送45张存贷款利率统计报表,其中新发生业务报表约占三分之二,存量业务约占三分之一,能够较为全面地展示欧元区存贷款利率的结构分布与变化情况。

二、意大利存贷款利率统计体系

意大利银行是世界上最早探索统计标准化并将其应用于统计实践的国家之一。在几十年的发展历程中,意大利银行制定了统一的

> 数据标准，设计了统一的数据模型，编撰了统一的数据字典，还开发了功能强大的综合信息平台，通过标准化实现了数据集约管理，处于国际领先水平。意大利银行的实践证明，采集明细数据可行且有效，不仅能更好地保证各种常规的和临时的业务需要，还可以对收集到的海量数据进行更为深入的挖掘和分析。

（二）存贷款利率统计的建立和完善

1. 制定存贷款统计标准，奠定存贷款报送的基础。统一的数据标准是进行标准化统计的前提和基础。逐笔采集金融机构存贷款的明细信息，首先要建立统一的数据标准。如果直接从金融机构抽取原始存贷款数据，因各家机构的分类、口径、计值等都不尽一致，经常出现同一名称对应不同内容的情况。只有制定统一的存贷款统计标准，才能推动金融机构统计系统标准化、规范化，为各部门数据交换、信息共享创造条件，促进整合并深度挖掘存贷款统计信息，适应各方日益丰富、复杂多变的存贷款统计信息需求。为此，人民银行先后制定并发布了《存款统计分类及编码标准》《贷款统计分类及编码标准》《存款数据元标准》《贷款数据元标准》等一系列统计标准，为开展存贷款统计奠定了基础。

2. 发布统计制度，为存贷款统计提供制度保障。人民银行于2012年发布了《标准化存贷款综合抽样统计监测制度》，正式开展标准化存贷款综合抽样统计工作。《标准化存贷款综合抽样统计监测制度》明确了存贷款统计的报送机构、业务范围、统计内容以及报送要求等，为存贷款统计工作顺利开展提供了制度保障。同时发布《标准化存贷款综合抽样统计监测系统数据接口规范》《标准化存贷款综合抽样统计常见问题解答》等配套文件，保证了存贷款统计制度的顺利落实。

3. 制订抽样方案，保证统计数据的代表性。在抽样对象上，鉴于每个月金融机构存贷款笔数以 10 亿笔计，直接对单笔存贷款抽样难度很大。经研究论证，人民银行选取金融机构的顶层支行，即金融机构最高层级支行作为抽样对象。此后，依托人民银行金融机构信息管理系统，整理出顶层支行清单，确定样本机构的抽样框。

在抽样方法上，经过对比分析，确定采用分层等距随机抽样的方法确定样本。在抽样之前，首先根据某些特征将抽样框分成若干层；其次根据各层单位数与总体单位数的比例，确定从各层中抽取样本的数量；最后按照随机原则从各层抽取样本。

4. 分批推进，逐步实现存贷款统计全覆盖。人民银行积极推动金融机构将存贷款统计标准落实到其业务系统和信息管理系统，从源头做到数据的统一、规范，实现真正的统计标准化。2012 年末，考虑不同地区统计标准化进展的差异，人民银行决定采取分批推进的方式落实存贷款统计工作。2013 年，选取北京、山东、广东、浙江、江苏、河南、湖北、湖南、广西、重庆、青海 11 个条件比较成熟的省市作为第一批试点，正式报送标准化存贷款统计数据。2015 年，选取四川、陕西、河北、吉林、福建、黑龙江、上海、江西、贵州、云南、甘肃、宁夏 12 个省市作为第二批试点，进一步扩大存贷款统计的覆盖范围。2016 年，将辽宁、山西、安徽、天津、内蒙古、西藏、海南、新疆 8 个省区纳入试点，实现了存贷款统计在省级区域的全覆盖。

三、标准化存贷款综合抽样统计的主要内容

（一）标准化存贷款综合抽样统计体系框架

目前，存贷款统计的统计对象包括全国 500 余家法人金融机构的 5 000 多家顶层支行，每月采集近 1 亿笔存贷款的明细数据，形成了一

个庞大、高效的统计体系。其体系框架可以用"一个核心、两根支柱、三大量度、四类信息"来概括。

1. 一个核心——标准化逐笔明细数据。存贷款统计的核心在于按照统计标准逐笔采集明细数据。这种做法有两大优势：一是数据采集完全标准化，数据质量明显提升；二是后期数据处理的灵活性很强，大大拓展了数据应用的广度和深度。

传统金融统计体系以指标为核心，一般是按工具、期限、产品、部门等顺序将指标层层细化。随着指标层次增加，统计指标数量会以几何级数上升，因而限制了指标体系的广度和深度。目前，金融机构资产负债统计是金融统计中最核心、覆盖面最广的单项统计指标体系，采用四级分类，共有近800个统计指标。一般来说，专项统计通常都是二级或三级分类，涉及的统计指标在几十个到上百个，统计指标覆盖的范围相对有限。除此之外，统计指标一经确定，其涉及的维度和属性固化，不易通过分拆、组合得到更多的信息。

对标准化逐笔明细数据而言，数据的广度和深度都得到了极大拓展。一方面，存贷款统计逐笔采集存款和贷款的明细数据，将采集直接延伸到数据源头。另一方面，存贷款统计将最重要的20余个维度的统计标准落实到金融机构的业务系统和信息管理系统，金融机构报送的每一笔存贷款数据都是采用统一标准的规范数据。存贷款统计中的每一个数据维度就相当于传统指标统计体系中的一个分层，20余个维度也就是覆盖了20余层分类能组合的所有指标，这些分层的种类和顺序还可以任意调整。从这个意义上，与传统指标体系相比，存贷款统计的数据在广度和深度上得到大幅提高。

2. 两根支柱——存量统计和流量统计。流量统计一直是我国金融统计的薄弱环节，主要是因为流量统计操作复杂、统计难度大，对金融机构和人民银行都是一个巨大的挑战。而存贷款统计则以逐笔存贷款明细数据为基础，进行流量统计具有天然优势。人民银行在存贷款统计工作中，很好地解决了流量统计的难题，在基本不增加报送机构成本和工作量的情况下，实现了存量统计和流量统计并重。

具体来讲，人民银行在采集存贷款明细数据时，将存量数据和流量数据分成两类报文，分别进行报送。以贷款为例，报送机构每月需报送两个贷款数据报文：一是贷款余额报文，包含所有当月末尚有余额的贷款逐笔明细数据；二是贷款发生额报文，也就是流量报文，包含所有当月新发生贷款的逐笔明细数据，其中新发生贷款既包括当月新发放的贷款，也包括当月收回的贷款。两份报文的维度基本一致，能够灵活地获取新发生贷款的各类信息。同时，贷款发生额报文中还设置了贷款发放和收回标识，可以区分哪些贷款是当月发放的、哪些贷款是当月收回的。结合贷款状态维度（新发生贷款的状态包括正常、剥离、核销、转让、重组和转抵债资产六类，来反映贷款的变化情况），可以将贷款发放、收回、其他变动因素和余额有机结合起来，更加全面、深入地观察贷款的结构、变动与流转情况。

3. 三大量度——金额、利率和笔数。传统金融统计的重点是数量统计，价格统计少且分散。在存贷款利率统计中，金额和利率作为并列的两个量度，具有同等重要的地位，在所有能够获得存贷款金额的指标和报表中，都可以同时获得相应的利率数据，真正实现了存贷款数量统计和价格统计并重。需要特别说明的是，除数量和价格外，存贷款统计还提供了一个标准化逐笔采集模式独有的传统金融统计之外的量度维度——笔数。基于逐笔明细数据，人民银行不仅可以获得任意一类存贷款的金额和利率，还可以知道每一类贷款有多少笔，这为后续的统计和分析提供了非常有价值的信息。例如，人民银行在观察小微企业贷款金额时，可以同时监测小微企业贷款的笔数和分布（1家小微企业获得1亿元贷款和100家小微企业每家获得100万元贷款显然是不同的）；可以计算单笔小微企业贷款平均金额，也可以获得小微企业贷款的中位数和众数，以便从不同角度对小微企业贷款进行全面、深入的分析，这些都是在传统统计模式下难以做到的。

4. 四类信息——机构、客户、产品和风险。存贷款统计能够获得多少信息，很大程度上取决于每一笔存贷款数据包含了多少个数据维度，如期限、部门、产品类型、客户类型等。在实务中，金融机构的存贷款业务属性有上百个甚至数百个之多，将这些数据属性全部纳入存贷款统计报文中，既不现实也没有必要。为此，人民银行选取了与货币政策决策和金融风险防范联系最紧密、最重要的存贷款数据属性，纳入存贷款统计范围。这些数据属性大体分为四大类，即机构信息、客户信息、产品信息和风险信息。

机构信息，主要是金融机构的机构编码。存贷款统计系统可以和金融机构信息管理系统共享数据，通过金融机构编码可以获得报送机构的名称、机构类型、所在地等一系列机构信息。

客户信息，主要包括借款人代码、借款人所属行业、注册地区、企业出资人经济成分、企业规模，这些信息能够从各个方面反映借款人的主要情况。

产品信息，主要包括贷款借据编码、贷款产品类别、贷款实际投向、贷款发放日期、贷款到期日期、贷款展期到期日期、贷款币种、利率是否固定、贷款利率水平、贷款借据余额等。

风险信息，主要包括贷款担保方式、贷款质量、贷款状态等，能够综合反映每一笔贷款的资产质量及其变动情况。

从存贷款统计工作实践来看，以上四类信息基本涵盖了贷款常用的、重要的数据维度，能够全面、准确地反映贷款的总量、价格、结构和变动情况。存款的情况和贷款类似，不再赘述。

（二）标准化存贷款综合抽样统计数据展现

存贷款统计数据表现形式比较丰富，既可以生成关于存贷款存量、流量数据的固定报表，也可以根据需要，查看产品类型、客户类型、期限、额度、行业、企业规模等多个维度上灵活组合的存贷款数据,还可以通过图表形式对统计数据进行更加生动、直观的展现。

1. 固定报表。基于标准化逐笔明细数据,存贷款统计可以获取任意维度组合的数据。从理论上讲,基于这样的数据生成的报表在数量上几乎没有上限。为方便使用,人民银行将最常用、最重要的部分报表筛选出来,设置为固定报表。固定报表一般是二维报表,从两个不同维度反映存款或贷款的金额、利率等情况。以贷款余额分企业规模、分期限结构表为例,报表的行按照企业规模分类(包括大型企业、中型企业、小型企业、微型企业、中小企业、小微企业六类),报表的列按照期限分类(包括6个月以内、6个月至1年、1~3年、3~5年、5~10年、10年以上六类),整张报表能够全面反映不同规模企业的贷款在各个期限区间上的金额和利率情况。每个月数据报送完成后,系统会自动生成固定报表,统计人员和其他数据使用者可以直接查询,而无须进行额外操作。

固定报表最大的优点是内容明确、使用方便。固定报表仅仅是存贷款统计报表中很小的一部分,其格式、内容也并非一成不变。人民银行会适时对固定报表进行优化调整,适时增设一些更具价值的报表,或者在现有报表的行、列上进行修改,根据需要添加或删除字段,调整报表表式,从而更好地反映金融体系和金融机构的发展变化。

2. 多维分析。多维分析是存贷款统计的核心功能,可以根据使用者的需要,将各个维度灵活组合生成报表。以贷款为例,系统收集、储存了贷款的机构、客户、产品和风险四大类信息,共包含20余个重要的数据维度,如产品类型、额度、期限、经济成分、行业、企业规模等。使用者可以通过拖拽的方式,在行上或者列上任意放置一个或多个维度,生成相应的多维分析报表(见图2-9)。例如,如果在行上选择企业规模和时间序列(2016年)两个维度,在列上选择机构类型一个维度,就可以得到2016年不同金融机构分企业规模贷款的金额/利率的月度时间序列数据。简而言之，多维分析中数据维度的组合多种多样，灵活便捷，可以很方便地生成多维分析报表。此外，数据使用者可以将自己常用的多维分析报表设置成个性化模板保存，以后使用时直接调用相应模板更新数据即可。这样，数据使用者可以很方便地从多种角度观察和比较存贷款的结构、变动等情况，大大提高了存贷款统计分析的效率和质量。

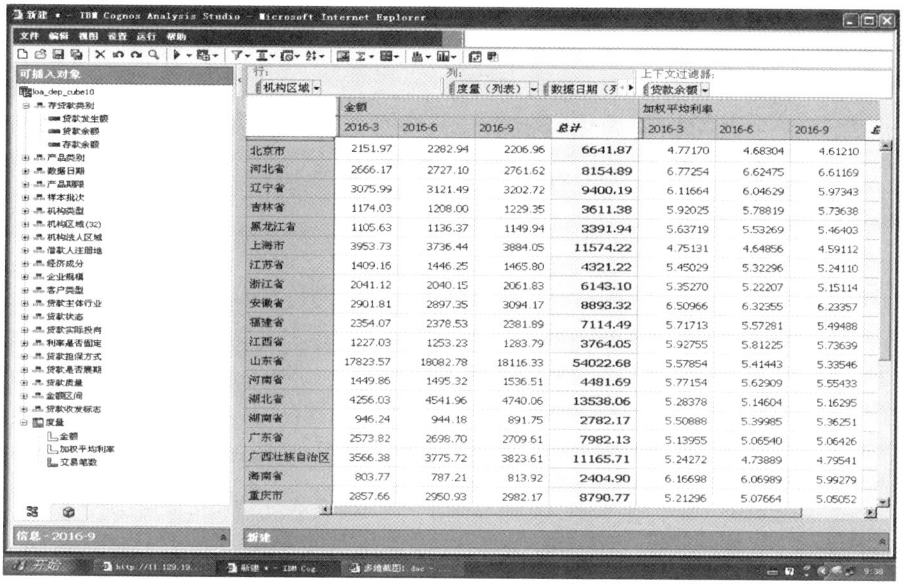

图 2-9 多维分析操作界面概览

同时，多维分析在数据分析和数据质量评估上也有明显优势。在多维报表中如果发现存贷款的金额、利率变动较大或者数据异常，可以逐层深入，直到数据源头进行分析评估。例如，当某一类大型企业在某个月的抵押贷款金额或者利率变动较大时，第一步可以查看不同类型金融机构的贷款数据。如果确定是大型银行数据波动较大，第二步可以逐家查看各家大型银行的具体情况，缩小观察范围。如果确定是某家银行数据异常，第三步可以查看该行分省直至样本支行的数据。如果仍然不能获得满意的结果,第四步可以追溯逐笔业务的明细数据。确定问题所在后,可联系报送机构了解出现数据异常的具体成因:如果是由真实业务变化造成的,则进一步分析其原因及影响;如果是数据报送错误,则指导报送机构改正后重新报送。

▼ 专栏7

2016 年金融机构存贷款利率监测

一、金融机构差异化定价格局初步形成,存款利率降中趋稳

自 2015 年 10 月我国存款利率浮动上限完全放开后,金融机构自主定价能力显著提升,已经逐步形成一个相对理性的差异化定价格局。从市场运行情况看,2016 年存款利率总体呈下降趋势,降幅趋缓,其中存量存款利率持续下行,新吸收存款利率相对平稳。

(一)活期存款利率平稳运行,定期存款利率降中趋稳

2016 年活期存款利率平稳运行,全年基本保持在 0.35% 上下。不同机构定价差异较大,五家大型商业银行及招商银行等在存款利率完全放开后,首次对活期存款执行下浮利率至 0.30%,股份制银行和部分城市商业银行执行基准利率(0.35%),其他中小型金融机构普遍执行上浮利率。

2016 年定期存款利率继续下降,降幅收窄。12 月末,存量定期存款利率为 2.75%,分别比 6 月末和上年末下降 8 个和 35 个基点。新吸收定期存款利率呈上升趋势,12 月利率较上年同期上升 25 个基点,拉动存量定期存款利率降幅趋缓。

活期存款和定期存款利率变动趋势如专栏图 2-6 所示。

(二)机构存款利率定价形成两大阵营,二者差距有所扩大

2016 年 12 月末,大型银行、中型银行、城市商业银行、农村信

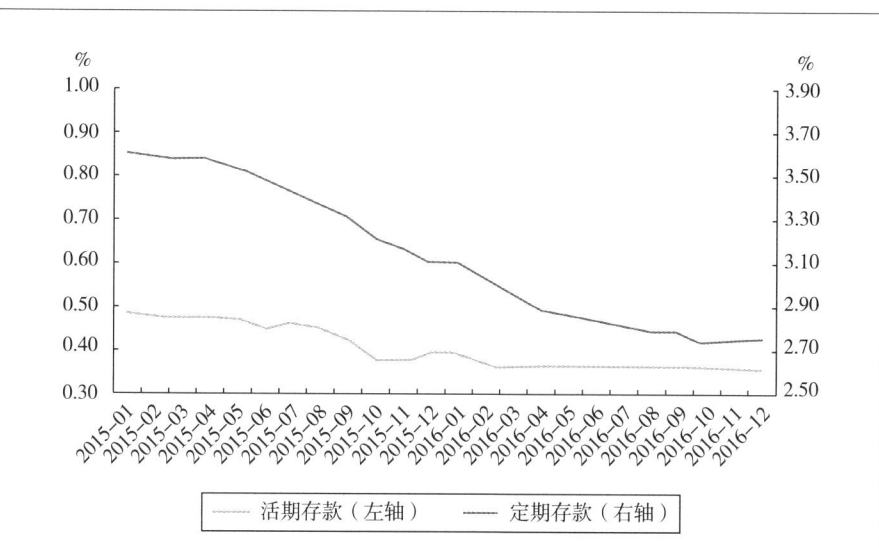

专栏图2-6 活期存款和定期存款利率变动趋势

用社和外资银行存量存款利率分别为1.20%、1.33%、1.57%、1.61%和1.27%，分别比上年末下降27个、21个、16个、37个和12个基点。

存款利率上限放开后，金融机构存款定价逐步分化为两大阵营，且二者差距有所扩大。第一阵营主要是中资大中型银行及外资银行，凭借良好的规模优势与管理优势，利率一般维持在1.3%~1.4%；第二阵营是以城市商业银行及农村信用社为代表的地方中小金融机构，规模小且定价能力较弱，在市场竞争中处于劣势，存款利率相对较高，基本维持在1.6%~2%。

不同类型金融机构存量存款利率变动趋势如专栏图2-7所示。

二、贷款利率继续下降，金融有力支持实体经济

2016年存量贷款利率降中趋缓，新发放贷款利率波动下行。12月末，存量贷款利率分别比6月末和上年末下降10个和57个基点。贷款利率下降且幅度趋缓的主要原因：一是降息效应。前期降息的

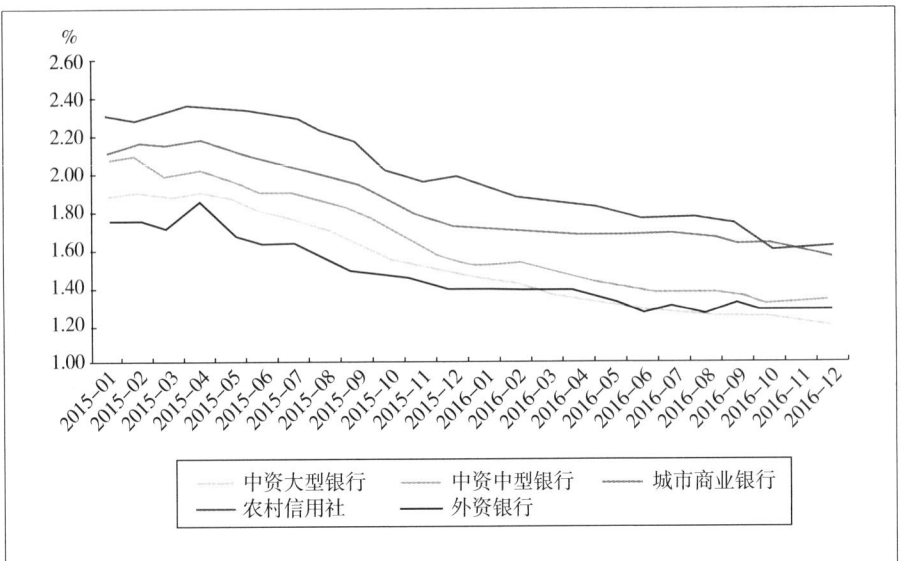

专栏图2-7 不同类型金融机构存量存款利率变动趋势

政策效应继续释放,带动贷款利率下行①,但降幅趋缓。二是债务置换。2016年地方政府置换债券额度为4.87万亿元,置换的银行贷款大多利率高、金额大,直接推动存量贷款利率下降。

(一)不同规模企业贷款利率均稳中有降,小微企业下降幅度明显高于大中型企业

2016年企业存量贷款利率呈持续下行走势。12月末,企业存量贷款利率为5.12%,比上年末下降52个基点。其中,小微企业贷款利率下降60个基点,分别比大型和中型企业多下降13个和7个基点。

2016年信用风险上升带来的银行"惜贷"与有效信贷需求不足导致的企业"惜借"并存,新发放企业贷款利率波动下行。12月新发放企业贷款利率为4.85%,比6月下降6个基点,比上年末下降13个基点。

不同规模企业新发放贷款利率变动趋势如专栏图2-8所示。

---

① 自2015年以来先后5次降息,通过两种途径影响存量贷款利率:一是新发放贷款利率在降息后即执行新的基准利率,间接推动存量利率下行;二是存量贷款在合同约定日期重新定价,直接导致利率下行。

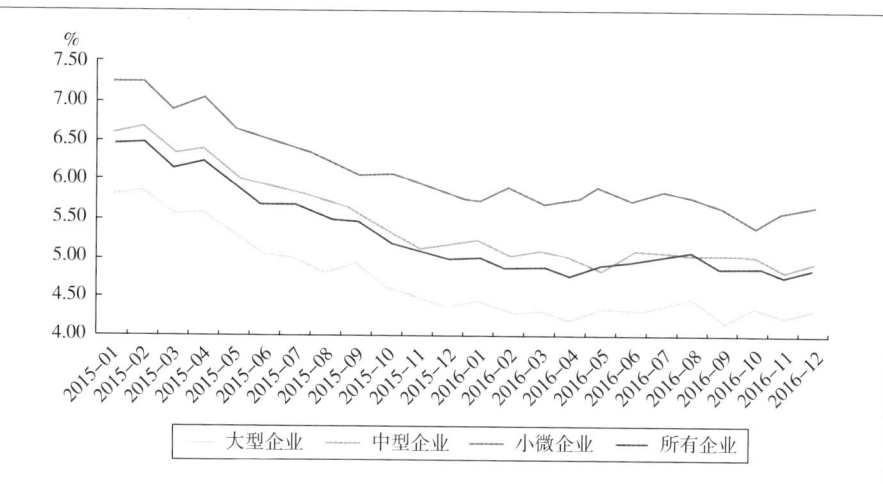

专栏图2-8 不同规模企业新发放贷款利率变动趋势

(二) 各期限贷款利率差异明显，呈"倒V形"走势

2016年不同期限新发放贷款利率呈"倒V形"走势，长期和短期贷款利率低，变动小；中期贷款利率高，变动大。其中，12月新发放1~3年期贷款利率为5.87%，比上年同期上升11个基点；比6月、9月分别回落30个、35个基点。

不同期限新发放贷款利率变动趋势如专栏图2-9所示。

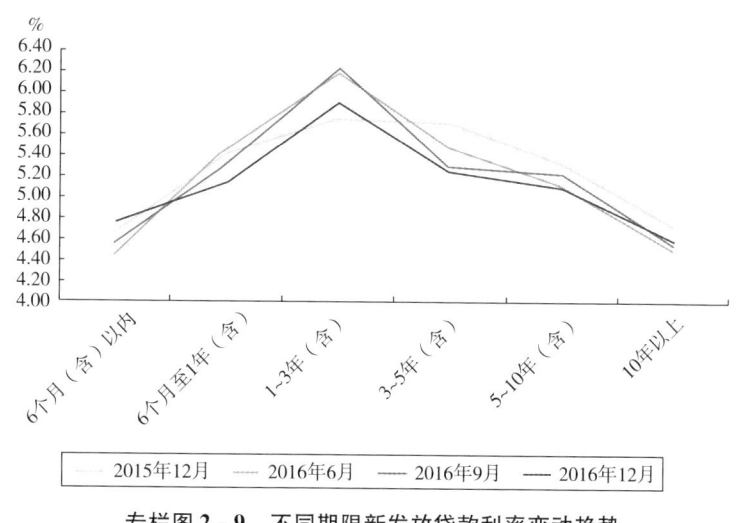

专栏图2-9 不同期限新发放贷款利率变动趋势

(三)个人住房贷款总体呈"量升价平"走势

2016年受房地产市场升温影响,贷款规模增长较快,全年新增4.9万亿元,同比多增2.3万亿元;同时,金融机构利率优惠幅度普遍减少,个人住房贷款总体呈"量升价平"走势。

新发放个人住房贷款利率变动趋势如专栏图2-10所示。

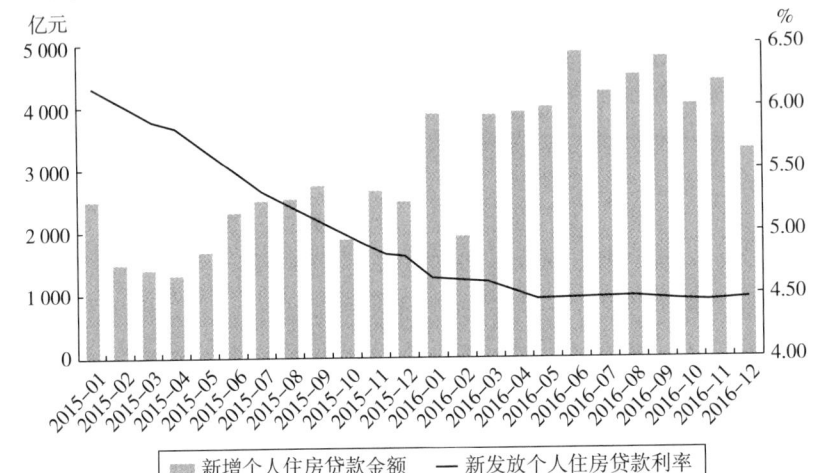

专栏图2-10 新发放个人住房贷款利率变动趋势

第三章
信贷政策统计

　　金融统计一方面要服务好货币政策和金融宏观调控,另一方面也要服务于信贷政策的需要。多年来,我国坚持转变经济发展方式,推进产业结构优化升级,提高经济增长质量。相应地,金融领域也要优化信贷投放结构,加大金融对实体经济和薄弱环节的资金支持,助力供给侧结构性改革,防范金融风险。

　　人民银行顺应经济金融形势变化,科学研究,合理分类,按贷款投向和领域创新相关专项统计,提高信贷政策的针对性和有效性。首先是加强贷款的行业分类统计,建立中长期贷款按实际投向分类的统计制度,反映国民经济各行业使用中长期资金的真实状况,加强信贷政策与产业政策协调配合。其次是强化贷款按企业规模分类统计,建立大中小微企业贷款专项统计,加强小微企业金融服务。最后是根据经济形势发展和政策需要,突出重点领域的贷款统计。特别是为反映房地产行业资金获得情况,建立房地产贷款及相关统计制度;建立涉农贷款专项统计体系,反映金融支持"三农"的情况;建立精准扶贫贷款专项统计,增强扶贫金融服务的精准性和有效性。

第一节　中长期贷款投向统计

一、建立中长期贷款投向统计的背景和意义

2003年,党的十六届三中全会和中央经济工作会议提出,要转变经济增长方式,推进产业结构优化升级,提高经济增长质量。2004年,中国人民银行与国家发展改革委、中国银监会联合发布《关于进一步加强产业政策和信贷政策协调配合控制信贷风险有关问题的通知》(发改产业〔2004〕746号),要求优化信贷投放结构,防范金融风险。同时,建立《当前部分行业制止低水平重复建设目录》,要求停止对产业政策明确淘汰项目的信贷支持,控制对采用落后工艺、技术装备项目的信贷投放。政策落实离不开数据支持,这对金融统计工作及时、准确提供信贷实际投向数据提出了明确要求。

人民银行于2001年建立了贷款分行业专项统计制度。贷款分行业专项统计是关于贷款行业投向的统计,当时的分类标准是借款主体主营业务所属行业。随着经济多元化发展,企业跨行业经营状况日益普遍,贷款可能不用于主营业务,而用于其他生产经营活动。例如,首都钢铁集团的贷款可能用于铁矿石采选,也可能用于钢铁冶炼,还可能用于写字楼开发。因此,同一家企业获得的贷款,实际投向多个行业时,在统计分类上却只显示在主营业务所在的行业中。仍以首都钢铁集团为例,按照借款主体主营业务所属行业统计时,其所有贷款均属于黑色金属冶炼及压延加工业。按贷款实际投向统计时,用于铁矿石采选的贷款,属于黑色金属矿采选业;用于钢铁冶炼的贷款,属于黑色金属冶炼及压延加工业;用于写字楼开发的贷款,属于房地产业。因此,按照借

款主体主营业务所属行业分类的贷款分行业专项统计制度,难以准确反映信贷资金的实际投向,不能满足政策需求,需要建立新的专项统计制度,监测信贷资金的实际投向。

经过广泛调研与深入探讨,2005年人民银行正式建立中长期贷款投向专项统计制度,专门统计银行业金融机构的中长期信贷资金实际投向,以反映国民经济各行业使用中长期信贷资金的真实状况。这一专项统计制度的建立具有重要的现实意义。一方面,中长期贷款投向统计能反映银行中长期信贷资金的实际流向,为衡量金融支持国民经济行业发展提供数据支持。另一方面,中长期贷款投向统计反映国民经济各行业使用中长期信贷资金的真实状况,能为宏观政策决策提供信息支持,有助于提高政策决策的针对性和有效性。

二、中长期贷款投向统计的原则和做法

中长期贷款投向统计遵循三项原则:真实性原则、科学性原则和可操作性原则。真实性原则是指统计数据要真实可靠;科学性原则是指统计制度要科学,指标设置要合理;可操作性原则是指统计制度要有现实基础,需具备可执行性。三个原则相互关联,彼此促进,共同保障统计数据支持政策决策的有效性。人民银行在制定中长期贷款投向统计制度时,始终贯彻这三项原则,具体表现在以下三个方面。

(一)科学界定统计口径

中长期贷款投向统计的关注点是统计中长期限的贷款,中长期贷款投向统计基础好,且具有代表性。个人业务方面,金融机构个人中长期贷款以住房按揭贷款为主,资金流向清晰。对公业务方面,企业中长期贷款以项目贷款为主,资金用途在贷款合同上有明确约定。同时,中长期贷款是重要的贷款期限品种,是各项贷款的主体。截至2016年末,

我国人民币中长期贷款余额占各项贷款余额的 58.6%。其中，非金融企业及机关团体贷款中，中长期贷款占比为 53.7%；住户贷款中，中长期贷款占比为 71.4%。

（二）科学选取行业分类标准

中长期贷款投向统计制度选取《国民经济行业分类》作为中长期贷款投向的行业分类依据，行业门类设置完全遵循《国民经济行业分类》标准。2011 年，《国民经济行业分类》标准进行了修订，人民银行也相应及时修订了中长期贷款投向统计制度，调整统计指标体系，以保证行业分类方式与新版《国民经济行业分类》标准的一致性。选取《国民经济行业分类》这一通用标准作为行业划分依据，便于不同领域统计数据间的比较与使用，有利于提高统计数据的可用性，强化对政策决策的支持作用。

（三）关注数据采集难度

数据采集难度是影响统计数据质量的重要因素。数据采集难度大，统计数据的真实性就可能受影响。因此，在制定中长期贷款投向统计制度的过程中，数据采集难度始终是关注的重点。在研究建立中长期贷款投向统计制度时，商业银行普遍反映的工作难点在于：商业银行信贷管理系统中已有的贷款行业分类，大多未按资金实际投向划分，而是按照借款人（承贷主体）主营业务所属行业分类。尽管中长期贷款合同中，有关投向的信息要素齐全，但未在信贷管理系统中作为基础信息进行管理，导致商业银行统计中长期贷款投向时缺少及时、可靠的数据源信息。这要求商业银行在信贷管理系统中必须增设反映中长期贷款实际投向的基础信息字段，以满足统计数据填报需求，但部分商业银行反映很难在短期内完成增补字段的工作。

针对这种情况，人民银行多次组织相关部门进行专题讨论，对制度内容逐一推敲、论证，力求以最小的统计成本获取必需的统计信息。各商业银行也从全局出发，积极配合人民银行推动中长期贷款投向统计工作。部分商业银行及时升级优化信贷业务管理系统，并克服困难按时完成基础数据源信息补录，为中长期贷款投向统计工作的顺利开展扫清了障碍。

三、中长期贷款投向统计的主要内容

中长期贷款投向统计制度自2005年正式设立以来，先后经过两次修订，目前已形成相对完善的指标与报表体系，部分数据通过《金融机构贷款投向统计报告》按季度对外公布。

（一）中长期贷款投向统计指标体系

中长期贷款投向统计的对象主要为银行业存款类金融机构发放的中长期贷款。这里的中长期贷款是指期限在一年以上的贷款，具体包括一年期以上的个人贷款、单位贷款、对境外贷款及拆放给非存款类金融机构的款项。

单位贷款的行业投向指标设置丰富，共设立20个行业门类，如农、林、牧、渔业，采矿业等。其中有18个门类设置了子门类指标，如农、林、牧、渔业下设农业、林业、畜牧业、渔业以及农、林、牧、渔服务业5个大类；采矿业下设煤炭开采和洗选业、石油和天然气开采业、黑色金属矿采选业、有色金属矿采选业、非金属矿采选业、开采辅助活动、其他采矿业7个大类（见表3-1）。

表3-1　　　　　　　　中长期贷款分行业表

中长期贷款合计
A. 农、林、牧、渔业
01. 农业

续表

02. 林业
03. 畜牧业
04. 渔业
05. 农、林、牧、渔服务业
B. 采矿业
06. 煤炭开采和洗选业
07. 石油和天然气开采业
08. 黑色金属矿采选业
09. 有色金属矿采选业
10. 非金属矿采选业
11. 开采辅助活动
12. 其他采矿业
C. 制造业
13. 农副食品加工业
14. 食品制造业
15. 酒、饮料和精制茶制造业
16. 烟草制品业
17. 纺织业
18. 纺织服装、服饰业
19. 皮革、毛皮、羽毛及其制品和制鞋业
20. 木材加工和木、竹、藤、棕、草制品业
21. 家具制造业
22. 造纸和纸制品业
23. 印刷和记录媒介复制业
24. 文教、工美、体育和娱乐用品制造业
25. 石油加工、炼焦和核燃料加工业
26. 化学原料和化学制品制造业
27. 医药制造业
28. 化学纤维制造业
29. 橡胶和塑料制品业
30. 非金属矿物制品业
31. 黑色金属冶炼和压延加工业

续表

32. 有色金属冶炼和压延加工业
33. 金属制品业
34. 通用设备制造业
35. 专用设备制造业
36. 汽车制造业
37. 铁路、船舶、航空航天和其他运输设备制造业
38. 电气机械和器材制造业
39. 计算机、通信和其他电子设备制造业
40. 仪器仪表制造业
41. 其他制造业
42. 废弃资源综合利用业
43. 金属制品、机械和设备修理业
D. 电力、热力、燃气及水生产和供应业
44. 电力、热力生产和供应业
45. 燃气生产和供应业
46. 水的生产和供应业
E. 建筑业
47. 房屋建筑业
48. 土木工程建筑业
49. 建筑安装业
50. 建筑装饰和其他建筑业
F. 批发和零售业
51. 批发业
52. 零售业
G. 交通运输、仓储和邮政业
53. 铁路运输业
54. 道路运输业
55. 水上运输业
56. 航空运输业
57. 管道运输业
58. 装卸搬运和运输代理业
59. 仓储业

续表

60. 邮政业
H. 住宿和餐饮业
61. 住宿业
62. 餐饮业
I. 信息传输、软件和信息技术服务业
63. 电信、广播电视和卫星传输服务
64. 互联网和相关服务
65. 软件和信息技术服务业
J. 金融业
66. 货币金融服务
67. 资本市场服务
68. 保险业
69. 其他金融业
K. 房地产业
70. 房地产业
L. 租赁和商务服务业
71. 租赁业
72. 商务服务业
M. 科学研究和技术服务业
73. 研究和试验发展
74. 专业技术服务业
75. 科技推广和应用服务业
N. 水利、环境和公共设施管理业
76. 水利管理业
77. 生态保护和环境治理业
78. 公共设施管理业
O. 居民服务、修理和其他服务业
79. 居民服务业
80. 机动车、电子产品和日用产品修理业
81. 其他服务业
P. 教育
82. 教育

续表

Q. 卫生和社会工作
83. 卫生
84. 社会工作
R. 文化、体育和娱乐业
85. 新闻和出版业
86. 广播、电视、电影和影视录音制作业
87. 文化艺术业
88. 体育
89. 娱乐业
S. 公共管理、社会保障和社会组织
T. 国际组织
对境外贷款
个人贷款

（二）中长期贷款投向报表体系

基于上述指标体系，可以根据使用需要编制各类统计报表。目前，人民银行主要编制两类报表：一类是分地区、分机构中长期贷款投向余额及增长情况表，另一类是主要产业、重点行业中长期贷款余额及增长情况表。

分地区、分机构中长期贷款投向余额及增长情况表是将各项基础指标，通过时间、地区和机构三维组合而形成的统计报表，反映某地区某机构在某一时间点的中长期贷款实际投向情况，包括各行业中长期贷款的余额、当期增量、累计增量、环比增速、同比增速及余额和增量的行业占比结构。

主要产业、重点行业中长期贷款余额及增长情况表，是由各项基础指标加工计算出主要产业或重点行业中长期贷款余额后，再通过时间、地区和机构三维组合而形成的统计报表，主要用于反映三次产业中长期贷款的余额、增量及增速情况（见表3-2），工业、基础设施业、服务业、产能过剩行业、出口相关行业等重点行业中长期贷款的余额、增量及增速统计分析情况（见表3-3）。

表3-2　　　　　　中长期贷款行业分类情况

2015年中长期贷款结构：按国家统计局标准分类统计

行业名称	年末		新增额（亿元）		同比增长（%）
	余额（亿元）	比重（%）	12月	全年	
中长期贷款合计	500 180	100.0	6 688	63 142	15.4
三次产业贷款总计	326 639	65.3	2 938	32 874	12.5
第一产业（农、林、牧、渔业）	3 124	0.6	158	488	18.3
第二产业	89 636	17.9	259	5 994	7.4
采矿业	11 375	2.3	65	470	4.5
制造业	29 363	5.9	-488	1 126	4.0
水电气的生产和供应业	34 116	6.8	430	1 940	6.0
建筑业	14 782	3.0	252	2 458	21.8
第三产业	233 879	46.8	2 521	26 391	14.4
交通运输、仓储和邮政业	78 511	15.7	793	7 382	10.3
信息传输、计算机服务和软件业	1 159	0.2	43	216	22.7
批发和零售业	8 299	1.7	114	2 077	34.2
住宿和餐饮业	3 627	0.7	-31	115	3.3
房地产业	64 935	13.0	461	9 995	18.5
租赁和商务服务业	25 738	5.1	469	3 818	16.8
科研、技术服务和地质勘查	573	0.1	-2	84	17.3
水利、环境和公共设施管理业	36 109	7.2	297	305	0.5
居民服务和其他服务业	807	0.2	-5	4	-0.9
教育	2 538	0.5	5	-19	-1.0
卫生、社会保障和社会福利业	2 158	0.4	42	188	9.5
文化、体育和娱乐业	2 458	0.5	11	499	25.7
公共管理和社会组织	1 435	0.3	42	-55	-8.0
对境外贷款	20 008	4.0	1 181	3 426	21.7
个人贷款	153 533	30.7	2 570	26 841	21.2

注：本表统计范围为中资银行（不含农村商业银行、农村合作银行和村镇银行）。

第三章 信贷政策统计

表 3-3　全部产业中长期贷款结构情况

2015 年全部产业中长期贷款结构：按主要产业、重点行业分类统计

行业名称	年末余额（亿元）	余额占比（%）		新增额（亿元）		同比增长（%）	
		年末	比上年同期增（+）/减（-）	12月	全年	年末	比上年同期多（+）/少（-）
全部产业贷款总计	326 639	100.0	0.0	2 938	32 874	12.5	-1.5
按三次产业							
第一产业（农、林、牧、渔业）	3 124	1.0	0.0	158	488	18.3	-1.1
第二产业	89 636	27.4	-1.3	259	5 994	7.4	-2.2
第三产业	233 879	71.6	1.2	2 521	26 391	14.4	-1.3
按主要产业							
采矿业	11 375	3.5	-0.3	65	470	4.5	-3.9
制造业	29 363	9.0	-0.7	-488	1 126	4.0	-3.6
房地产及建筑业	79 717	24.4	1.4	713	12 453	19.1	-4.1
基础设施业	148 736	45.5	-2.4	1 519	9 627	6.8	-3.2
服务业	48 792	14.9	0.3	688	6 927	14.9	-4.7
按重点关注行业							
工业	74 855	22.9	-1.6	7	3 536	5.0	-3.0
轻工业	8 638	2.6	-0.2	-13	530	5.6	-6.6
重工业	66 217	20.3	-1.5	20	3 006	4.9	-2.6
原材料工业	14 201	4.3	-0.5	-360	98	0.9	-2.1
黑色金属（主要为钢铁）	2 614	0.8	-0.2	-19	-308	-10.0	-3.1
建材	1 267	0.4	-0.1	-35	-218	-14.7	-3.2
有色金属	2 277	0.7	0.0	1	239	12.0	6.1
化工	8 043	2.5	-0.2	-307	385	5.1	-5.0
能源工业	38 992	11.9	-0.9	400	1 803	4.9	-2.6
煤炭	8 180	2.5	-0.2	38	357	4.7	-4.0
电力、热力	29 956	9.2	-0.6	368	1 598	5.6	-1.7
石油	856	0.3	-0.1	-5	-152	-15.1	-16.0
装备工业	5 923	1.8	0.0	1	531	10.1	-6.1
汽车	1 161	0.4	0.0	-40	90	8.5	-2.8

续表

行业名称	年末余额（亿元）	余额占比（%）		新增额（亿元）		同比增长（%）	
		年末	比上年同期增（+）/减（-）	12月	全年	年末	比上年同期多（+）/少（-）
其他	4 762	1.5	0.0	41	441	10.5	-6.9
产能过剩行业	21 455	6.6	-0.7	-95	279	1.5	-2.4
出口相关行业	4 638	1.4	-0.1	-37	231	5.2	-4.2
纺织	781	0.2	0.0	-6	58	8.1	-3.6
电子制造业	1 993	0.6	0.0	1	97	7.1	-7.7

注：1. 本表统计范围为中资银行（不含农村商业银行、农村合作银行和村镇银行）。

2. 本表中的重点关注行业部分存在交叉。

第二节 大中小微企业贷款专项统计

一、大中小微企业贷款专项统计制度的建立与完善

（一）建立的背景

小微企业是国民经济发展的重要基础，对于稳定增长、扩大就业、促进创新、繁荣市场和满足人民群众需求具有十分重要的意义。近年来，党中央、国务院高度重视小微企业融资问题，出台了一系列政策措施，扶持小微企业融资和发展。人民银行认真贯彻落实党中央和国务院决策部署，加强小微企业金融服务，全力支持小微企业健康发展。

为支持小微企业发展，全面、准确、连续监测金融机构对境内小微企业贷款支持情况，2009年1月，人民银行和银监会制定了《境内大

中小型企业贷款专项统计制度》（银发〔2009〕35号），统计监测金融机构对境内大、中、小微型企业贷款情况。

大中小微企业贷款专项统计制度不仅为日常监测金融机构小微企业贷款情况提供了数据支持，也有助于相关货币信贷政策的制定实施。在差别准备金动态调整、定向降准以及信贷政策导向评估等政策中，大中小微企业贷款专项统计为评估金融机构对小微企业信贷支持情况提供了准确、翔实的依据，这些政策又进一步激励和引导金融机构加大对小微企业等国民经济重点领域的信贷支持力度。

▼ 专栏8

2009年以来小微企业贷款占比持续提升

统计数据显示，近年来小微企业贷款快速增长，自2009年末以来，年均增长21.3%。截至2016年末，人民币小微企业贷款余额20.8万亿元，其中小型、微型企业贷款余额分别为18.46万亿元和2.38万亿元。2016年末，小微企业贷款同比增长16%，比同期大型、中型企业贷款增速分别高7.2个和9.1个百分点，比全部企业贷款增速高5.7个百分点，比同期各项贷款增速高2.5个百分点。2016年末，小微企业贷款余额占企业贷款的32.1%，比2009年末占比水平高9.9个百分点。2016年全年小微企业贷款增加3万亿元，比2009年全年多增1.57万亿元，占企业贷款增加额的49.1%，比2009年的占比水平高24.1个百分点。

小微企业贷款保持快速增长主要有以下几个方面的原因。一是政策引导力度不断加大，小微企业信贷融资的外部环境逐步改善。中央加大对小微企业政策扶持力度，落实各项税收优惠政策，完善财政资金支持，落实各项金融政策，促进小型金融机构发展，拓宽小微企业融资渠道，缓解小微企业融资困难。二是利率市场化进程加快，商业银行在资金收益较高、风险可控的情况下，更愿意向小微企业放贷。三是在大中型企业融资渠道多元化和互联网金融发展的冲击下，商业银行加快业务转型，更加重视培育小微企业客户。大中型企业债券净筹资占全部融资份额的比重不断加大，企业对银行贷款依赖明显弱化，促使银行更加注意发掘培育小微企业客户。四是银行体系不断完善壮大，主要为小微企业服务的村镇银行、农村商业银行等小型银行发展迅速，农村信用社自我发展能力显著提升，为小微企业提供金融支持的能力也不断提高。2016年小微企业贷款增加额中，近半数来自中资小型银行。

(二) 制度的修订完善

大中小微企业贷款专项统计制度建立后，根据统计标准变化及宏观管理需要，2009年之后人民银行又多次对制度进行了修订，主要有两个方面的内容。

一是根据新的企业划型标准修订制度。2011年工业和信息化部、国家统计局、国家发展改革委、财政部联合发布了新的《中小企业划型标准规定》（工信部联企业〔2011〕300号）。人民银行依据新的国家标准，全面修订了大中小企业贷款统计指标及校验关系，新增境内微型企业贷款统计指标。修改后，境内企业分为大型、中型、小型和微型四类。

二是扩展统计内容。在企业分类方面，增设不同控股类型企业贷款的分布情况。在行业分类方面，在交通运输、仓储和邮政业，房地产业，租赁和商务服务业，水利、环境和公共设施管理业四类行业项下设立"其中项"，统计政府投融资平台贷款。在贷款主体方面，增设"个体工商户经营性贷款"和"小微企业主经营性贷款"作为附报内容。

在报送机构方面,将数据报送机构由银行业存款类金融机构扩展至除货币经纪公司以外的全部金融机构,提高了数据的完整性。

二、大中小微企业贷款专项统计的原则和方法

(一) 统计的原则

1. 统计"境内企业"贷款。经济活动主体的法律属性是金融统计分类的根本基础。大中小微企业贷款专项统计制度明确了统计的贷款主体为"境内企业"。一方面是指统计中贷款企业的地域范围是大陆地区境内,不含港、澳、台地区;另一方面界定了企业的内涵,明确统计范围不包括行政机关、事业单位、社会团体、个体工商户等。

大中小微企业贷款专项统计中的"企业"是指在中华人民共和国境内,依据《公司法》《合伙企业法》《私营企业暂行条例》《中外合资经营企业法》《中外合作经营企业法》《外资企业法》等法律法规依法设立,并按《企业法人登记管理条例》《公司登记管理条例》《合伙企业登记管理办法》等规定在工商部门登记注册,实行自主经营、自负盈亏的各种经济组织,包括有限责任公司、股份有限公司、非公司企业法人、合伙企业、个人独资企业,以及其他经营单位。

个体工商户和小微企业主的法律特征是自然人,其组织特点和市场监管都与企业法人有根本性区别。人民银行统计大中小微企业贷款时严格从其法律属性出发,有助于宏观调控、信贷政策和风险管理。

考虑到小微企业经营中确实存在某些情况下法人与自然人债务边界不清晰的情况,2014年人民银行修订大中小微企业贷款专项统计制度,增设"个体工商户经营性贷款"和"小微企业主经营性贷款",将其作为附报指标,同时明确个体工商户和小微企业主经营性贷款在统计分类中属于个人贷款,不包括在大中小微企业贷款口径中,但在评估

金融机构对企业的直接和间接支持时，在列明贷款对象的情况下，可列入对企业信贷支持总额。

2. 遵循国家标准。

一是企业规模的划分依据四部委联合印发的《中小企业划型标准规定》执行。大中小微企业贷款专项统计的基本要求是金融机构严格执行《中小企业划型标准规定》，金融机构对划型标准执行的准确程度直接影响了各类企业贷款数据的准确性。

二是企业行业的划分依据我国的国家标准"国民经济行业分类"执行。其中，金融业贷款是指对金融机构发放的贷款，不包括对同业的拆放、贴现和转贴现业务。

三是企业控股类型的划分依据国家统计局《关于统计上对公有和非公有控股经济分类的办法》执行。

3. 多层次监测小微企业贷款。大中小微企业贷款专项统计制度在遵循国家标准的基础上，灵活设置细项指标，从多个维度全面监测小微企业贷款情况。其中，对平台企业贷款的统计突出体现了这项制度依据国家标准灵活设计指标、多层次监测小微企业贷款的原则。

随着政府融资平台企业快速发展，平台企业贷款的统计也越来越受到关注。平台企业资产规模大，但往往因其从业人员少而被划入中小型，甚至微型企业。这样的划型符合国家标准，但与传统概念上的、需要政策扶持的小微企业存在较大反差。平台企业的规模划型问题反映到贷款领域，就是当前的小微企业贷款中包含了一部分平台企业贷款。为了既遵循国家标准，又能反映小微平台企业的贷款规模，2012年人民银行修订大中小微企业贷款专项统计制度，分别在交通运输、仓储和邮政业，房地产业，租赁和商务服务业，水利、环境和公共设施管理业四类行业项下设立"其中项"，统计政府投融资平台贷款。这样，既可以监测全部小微企业的贷款情况，又可以对贷款主体进一步细分为平台小微企业和非平台小微企业，分别监测这两类主体各自的贷款变化。

政策制定者可以根据分析需要，从多层次评估金融机构对小微企业贷款融资的支持情况。

平台企业贷款统计的完善还需依赖平台企业统计标准的完善。明确设定平台企业或单位的统计标识，完善平台企业划型标准是国家统计基础设施建设的重要议题。在国家标准未明确平台企业的统计标识和单独的划型标准之前，大中小微企业贷款专项统计仍严格执行国家统一标准，以维护标准的严肃性，避免造成数据混淆和不可比。

（二）统计的方法

1. 人民银行及其分支机构负责大中小微企业贷款数据采集和整体汇总，并负责数据质量管理和统计检查。

2. 金融机构负责其贷款企业的行业、规模、经济成分等分类的划分、标识和数据汇总报送。

金融机构对每一家贷款企业进行准确的行业、规模、经济成分的划分和标识是准确统计大中小微企业贷款数据的基础，直接关系到统计数据的准确性。在实践中，金融机构采集贷款企业的相关基础信息，然后依据基础信息、按照国家标准进行分类判断。

金融机构判断企业规模主要分三个步骤。第一，在贷款客户台账相关系统中录入划型标准所需的资产总额、营业收入、从业人员等基础信息字段，并确保信息录入及时、准确、完整。第二，判定企业所在行业。现行的企业划型标准充分考虑了不同行业间的差异。例如，对于零售业，从业人员小于 50 人、大于等于 10 人，且营业收入小于 500 万元、大于等于 100 万元即为小型企业；而对于建筑业，从业人员小于 6 000 人、大于等于 300 人，且营业收入小于 5 000 亿元、大于等于 300 亿元，才判定为小型企业。可见确定所属行业对企业规模的判定至关重要，不仅影响按行业分类数据的准确性，还会影响企业规模划型的准确性。金融机构依据企业所从事的经济活动确定其行业。若企业从事一种经济活动，则按照该活动确定企业的行业；若企业从事两种或两种以上的经济活动，则按主要活动确定企业的行业。主要活动是指占企业增加值份额最大的一种活动。如果按增加值份额较难确定，则可依据销售收入、营业收入或从业人员确定企业的主要活动。铁路运输业、卫生和社会工作等暂未制定新划型标准的行业的企业，参照"其他未列明行业"划型标准执行。第三，判定企业规模。金融机构的相关统计系统在确定企业行业的基础上，依据企业规模划型的国家标准，利用台账系统采集的基础信息自动或人工判定企业规模。此外，金融机构密切跟踪贷款企业的财务指标，适时更新，并据此调整企业规模。

三、大中小微企业贷款专项统计的内容

大中小微企业贷款专项统计包括以下内容：一是金融机构对境内大中小微型企业贷款情况；二是大中小微企业贷款的行业分布、资产质量及担保方式；三是不同控股类型企业贷款的分布情况；四是企业贷款的辅助信息，主要有贷款逾期情况、表外授信额、关停企业贷款、票据贴现情况和境内小型、微型企业授信户数。

（一）统计指标

首先，按企业规模进行划分，制度设置了大型企业贷款、中型企业贷款、小型企业贷款、微型企业贷款四类指标，并在小型和微型企业贷款指标项下设置了单户授信小于500万元的境内小型企业贷款、单户授信小于500万元的境内微型企业贷款两类指标。

其次，在对企业规模进行分类的基础上，制度对上述六类指标按照行业、贷款质量、担保方式和控股类型四个维度进行分类。

行业分类为国民经济行业分类中的20个行业。其中，在交通运输、仓储和邮政业，房地产业，租赁和商务服务业，水利、环境和公共设施管理业

四类行业项下设立"其中项"指标，统计该行业内平台企业的贷款。

贷款质量分类主要依据中国银监会《贷款风险分类指引原则》《关于推进和完善贷款风险分类工作的通知》的要求，分为正常类贷款、关注类贷款、次级类贷款、可疑类贷款和损失类贷款五类。

担保方式分为信用贷款、保证贷款和抵（质）押贷款三类。若贷款存在多种担保方式，则遵循抵（质）押担保方式优先的原则。

控股类型分为国有控股企业、集体控股企业、私人控股企业、港澳台商控股企业和外资控股企业五类。

另外，辅助统计大中小微型企业的逾期贷款、表外授信额及其中的票据承兑、关停企业贷款、票据贴现，以及小型企业、微型企业的授信户数。

(二) 部分指标解释

大中小微型企业划分标准按照《中小企业划型标准规定》执行。企业法人按上述标准执行，企业非法人按授权法人执行。金融业企业划型采用《金融业企业划型标准规定》。

表外授信额指不列入资产负债表的授信业务，包括票据承兑、开出信用证、保函、备用信用证、信用证保兑、债券发行担保、借款担保、有追索权的资产销售、不可撤销的贷款承诺等对客户在有关经济活动中可能产生的赔偿、支付责任作出的保证。

境内企业票据贴现只包括境内企业持票据到金融机构的直接贴现，不包括转贴现。

授信户数指报告期末金融机构对境内企业授信的总户数。在同一金融机构内不同分支机构取得授信的同一企业，其授信企业户数按一户计算。

单户授信小于500万元的境内企业指单户本外币合计授信小于或等于500万元人民币的境内企业。

个体工商户经营性贷款是指个体工商户从金融机构申请获得的经

营性贷款。个体工商户是指有经营能力并依据《个体工商户条例》规定经工商行政管理部门登记，从事工商业经营的公民。

小微企业主经营性贷款是小微企业主以个人名义申请用于小微企业生产的经营性贷款。小微企业主指小微企业的法人代表。小微企业的认定标准按照《中小企业划型标准规定》执行。

第三节　房地产贷款统计

一、建立房地产贷款统计的背景

（一）房地产市场不断发展完善，需要建立完备的房地产贷款统计制度

自 1998 年国务院发布《关于进一步深化城镇住房制度改革加快住房建设的通知》（国发〔1998〕23 号）以来，随着一系列金融、财税配套政策措施的出台，我国房地产市场发展十分迅速，当前已经形成了以市场化的商品房为主、满足民生需求的政策保障房为辅的房地产市场体系。

房地产业是典型的资金密集型行业，在我国，通过银行获取的间接融资，在房地产发展过程中发挥了关键性作用。2016 年末，我国商业银行发放的房地产贷款余额为 27 万亿元，其中，个人住房贷款余额为 19 万亿元。为此，有必要建立完备的房地产贷款统计制度，准确反映房地产金融的总量和结构特征，衡量金融机构对房地产业的支持力度。

（二）房地产信贷政策需要全面准确的房地产贷款统计数据

自 1998 年以来，我国房地产信贷政策经历了多次收紧、放松的调控周期，呈现明显的阶段性特点。早期，房地产业被确定为拉动经济增

长的重要支柱，房地产信贷政策以支持和鼓励房地产开发和交易为主；随着房地产金融属性逐步显现，房地产信贷政策转为抑制投机性需求为主；2008年国际金融危机爆发后，为实现保增长目标，房地产信贷政策再次转向，推出刺激政策；不久后随着房价持续快速上涨，以限购、限贷为特征的调控政策出台；甚至在不同调控周期中，还存在收紧、放松的小周期。

统计数据是房地产调控政策的重要基石，房地产信贷政策的研究、讨论和效果评估，都需要准确全面的房地产贷款统计数据，需要建立完备的房地产贷款统计制度。

二、房地产贷款统计的建立和完善

（一）1998—2003年的第一阶段

房地产贷款统计制度伴随着房地产市场发展而逐步建立和完善。我国房地产市场是从福利分房体制发展变化而来的，早期发展思路是积极推动房地产市场化发展，促进房地产开发投资和房屋市场化交易，房地产业逐渐发展成为国民经济支柱产业。与此相应，在商业银行统计报表中设立房地产开发贷款、住房按揭贷款等总量指标，反映商业银行对房地产发展的支持力度。之后，随着房地产市场发展，又增设了单位购房贷款、政府土地储备机构贷款和经济适用房贷款等指标。

（二）2003—2008年的第二阶段

当房地产市场发展到一定阶段后，投资性和投机性需求日益增加，房地产金融属性逐步显现。为防止信贷过度集中于房地产业，避免房地产过热，防范不良房贷抬头，2003年人民银行印发《关于进一步加强房地产信贷业务管理的通知》（银发〔2003〕121号），是自1998年以来第一次出台抑制房地产过热的政策措施。之后，尽管各监管机构态度不断反复，但逐步都认识到房地产泡沫的危害。在这种情况下，为了全面反映金融机构介入房地产业的情况，统一金融机构对房地产信贷的统计，为货币政策尤其是房地产信贷政策及金融稳定提供决策支持，人民银行于2006年制定和印发了《房地产贷款统计制度》，全面加强房地产贷款的监测与统计。

（三）2008—2012年的第三阶段

房地产贷款统计继续根据形势发展而不断变化。2008年国际金融危机爆发后，金融政策采取"降低法定存款准备金率和利率、暂缓利息税"等政策措施，为此，房地产贷款统计在浮动利率中相继增加[0.85，1]、[0.7，0.85]统计区间，并加强对贷款质量的监测力度。

（四）2012年以来的第四阶段

房地产业在多年持续高增长之后，逐步进入总量放缓、结构分化的阶段，发展思路也转变为规范交易和健康发展，住房保障职能逐步得到重视。自2008年以来，我国大力推进保障性住房建设，建立住房分类供应体制，在坚持市场化发展的同时，更加重视履行政府的住房保障职能。为此，在房地产贷款统计中，不断增设保障房有关指标，并在2012年出台保障性安居工程贷款统计制度，作为房地产贷款统计制度的补充。

三、房地产贷款统计的主要内容

为了向房地产信贷政策及金融稳定提供决策支持，反映金融机构对房地产业支持情况，人民银行于2006年推出了《房地产贷款统计制度》，主要包括房地产贷款的总量、投向、期限、资产质量等内容，涵盖开发贷款和购房贷款、总量和结构、商用和住宅、新房和二手房、个人和企事业单位,以及证券化资产等多重维度。

(一) 房地产贷款总量统计

房地产贷款总量数据反映信贷资金投向房地产业的规模,是衡量房地产市场发展程度的重要指标,也是制定和评估房地产信贷政策的重要指标。商业银行报送的房地产贷款,既包括开发商以进入交易市场为目的而进行的地产开发贷款和房产开发贷款,也包括新房和二手房销售环节的按揭贷款。

房地产贷款统计的第一个分类维度是开发贷款和购房贷款,分别代表了金融机构投放到开发商(机构)用于开发建设的资金和投放到消费者(住户)用于购房的资金。房地产开发贷款是商业银行向房地产开发企业发放的用于住房、商用房、土地及配套设施开发的贷款,通过对房地产开发贷款有关条件的立废和调整、申请企业资质的审查,可以在一定程度上调控房地产开发贷款的发放规模。当前,我国明确规定了申请房地产贷款的企业资质、自有资金不低于项目资金的30%、期限不宜过长等审查条件,确保信贷调控政策传导至实体经济,促进房地产业健康发展,防范潜在的金融风险。

1. 房地产开发贷款统计。房地产开发贷款统计包括地产开发贷款和房产开发贷款两个部分。地产开发贷款是指对土地及其附着物等权益的开发,包括土地储备贷款和土地一级开发贷款。其中,土地储备贷款指商业银行投向土地储备机构的,主要用于商业、旅游、娱乐和商品住宅、综合用地等经营性用地的土地储存和前期开发的贷款;土地一级开发贷款指发放给企业用于土地征收、拆迁、三通一平、地上地下市政基础设施和公共配套设施建设的贷款。在人民银行统计制度中,单列出的政府土地储备机构贷款,指各级城投公司、政府平台企业的贷款。截至2013年末,政府土地储备机构贷款余额约占政府债务的两成,占比

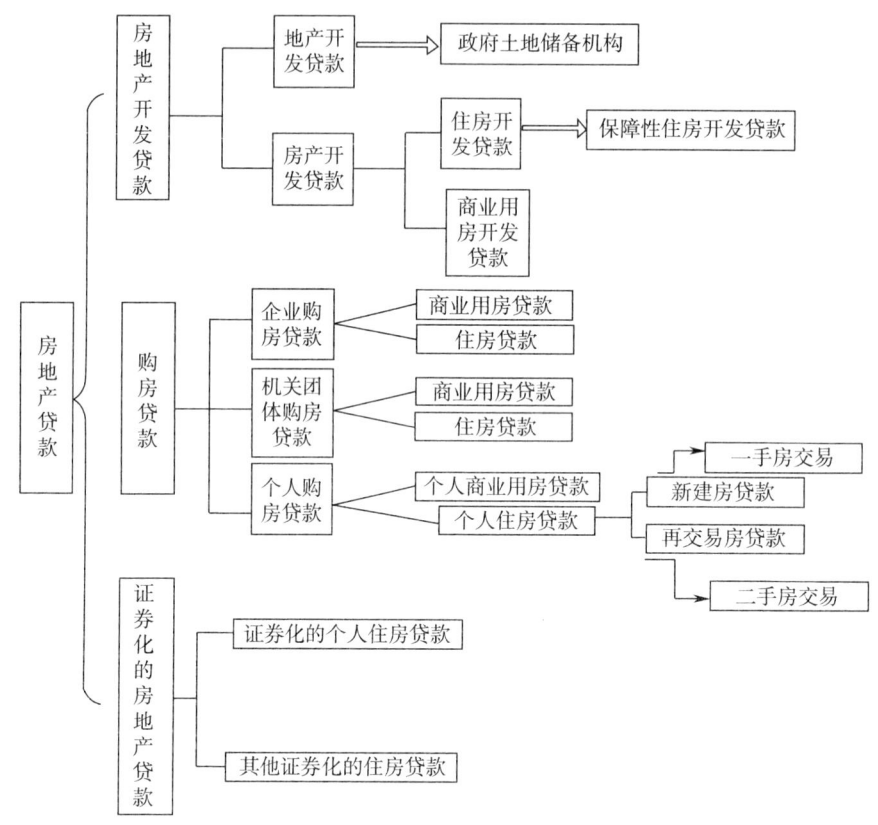

图 3-1 我国房地产贷款统计概况

较高,为此,财政部等四部委于 2016 年发文,规定政府土地储备机构不得向银行贷款,政府土地储备机构重新回归公益的定位。

2. 购房贷款统计。购房贷款统计的是商业银行发放的用于购买房屋的贷款,反映金融机构对居民住房消费的支持力度。

从发放对象上看,购房贷款包括企业、机关团体和个人购房贷款;从房屋用途上看,分为商业用房贷款和个人购房贷款;从房屋交易市场看,分为一手房交易贷款(新建房贷款)和二手房交易贷款(再交易房贷款)。

个人购房贷款统计的是商业银行向住户部门提供的房屋消费资金

支持,一直是购房贷款统计中的重要内容,统计颗粒度较细。按所购房屋性质,个人购房贷款分为购买商业用房贷款和购买住房贷款。其中,个人购买住房贷款又分为新建房贷款和再交易房贷款,分别刻画一级市场和二级市场的资金规模。通常意义上说的按揭贷款,是个人购房贷款的一个子项,指个人通过抵押房屋所有权、从商业银行获得资金、按照约定期限和利率按期还款的一种模式。

与个人购房贷款对应的是企业购房贷款和机关团体购房贷款,均可以细分为商用房贷款和住房贷款,由于房屋产权登记在企业或机关团体名下,交易政策、税收等与个人住房有所不同。其中,机关团体是我国的政府部门、学校、工会、妇联或科协等由财政拨付全部或部分经费的机构。

需要指出的是,在人民银行的房地产贷款统计不包括住房公积金贷款,这是因为人民银行房地产贷款统计对象是商业银行,而住房公积金贷款的发放主体是各级住房公积金管理部门。住房公积金管理部门通过商业银行归集资金和发放贷款,其在商业银行的存款账户变动,可以在一定程度上间接地反映住房公积金中心的业务状况。

3. 证券化的房地产贷款。随着我国房地产金融的发展,部分商业银行将存量的房地产开发贷款或个人住房贷款证券化,通过银行间市场公开转让,将优质的存量资产盘活。自 2005 年启动房地产贷款资产证券化试点以来,房地产贷款证券化发展较快,截至 2016 年末,证券化的房地产贷款余额为 1 490 亿元,是 2006 年末的 70 倍,其中近九成是个人住房贷款证券化。为准确描述房地产贷款证券化的情况,人民银行于 2008 年开始统计其余额、增量等信息,并将其基础资产从房地产开发贷款或个人住房贷款的余额中剔除。

(二) 房地产贷款资产质量与风险统计

人民银行对房地产贷款资产质量的关注,主要是关注个人住房贷款的逾期情况，通过对以房地产所有权为抵押品的个人住房贷款的逾期情况统计，反映商业银行当前个人住房贷款的资产质量，并反映商业银行对房地产部门的贷款风险总量。其中，以房地产为抵押品的贷款又细分为以个人住房为抵押品的贷款和以非个人住房为抵押品的贷款。

为准确统计个人住房贷款的流量变化，此项统计内容中加入了对当月贷款偿还情况的统计，包括当月正常还款、部分提前还款和全额提前还款。从统计数据来看，我国个人住房贷款多选择提前偿还，偿还时间多集中在年末至年初的时间段内。2016年12月末，当月个人住房贷款偿付总额中，部分提前还款和全额提前还款的资金占比为49%。

在上述统计数据基础上，可以计算当月新增贷款抵借比和平均贷款合同期限等指标，作为描述资产风险的辅助指标（见表3-4）。

表3-4　　　　　　　　　个人住房贷款发放情况统计表

项目			行数
批准情况	当月批准	笔数	1
		金额	2
		其中：当月批准的抵押贷款金额	3
当月批准的抵押品价值			4
平均抵借比（5=3/4×100）			5
当月批准的个人住房贷款金额与期限积的和			6
平均贷款合同期限（7=6/2）			7

（三）按剩余期限分类的个人住房贷款统计

为反映商业银行可能面临的期限错配情况，人民银行统计不同剩余期限的贷款总量。剩余期限指统计时点与贷款到期日之间的时间段，按照制度，剩余期限分为1年以下（含1年）、1年以上5年以下（含5年）、5年以上10年以下（含10年）、10年以上20年以下（含20年）

和 20 年以上。

四、保障性安居工程贷款统计的主要内容

保障性安居工程是我国房地产市场的重要组成部分，尤其在"十二五"时期，国家明确提出对于城镇低收入住房困难家庭、中等偏下收入家庭，纳入保障性安居工程覆盖范畴。国务院多次召开推进保障性住房安居工程的会议。

为落实"十二五"规划纲要要求，全面、准确地统计金融对保障性安居工程的支持，2011 年国家统计局与国家发展改革委、财政部、国土资源部、住建部、人民银行六部委联合建立保障性住房统计制度，人民银行负责建立保障性住房贷款统计制度。2012 年，人民银行新增保障性安居工程贷款统计表，并修订房地产贷款按投向统计表中保障性住房贷款相关指标。

（一）保障性安居工程贷款统计内容

保障性安居工程是对城乡居民应由政府扶助解决基本居住问题的各类住房建设及改造工程的统称，由安居工程和保障性住房建设演变而来。保障性安居工程贷款指金融机构为支持保障性安居工程建设、收购或长期租赁而发放的贷款，包括城镇和农村两大部分。其中，城镇保障性安居工程贷款包括用于廉租住房、公共租赁住房、经济适用住房、限价商品房和各类棚户区改造（城市棚户区、国有工矿棚户区、林区棚户区、垦区棚户区、煤矿棚户区）的贷款；农村保障性安居工程贷款包括农村危房改造贷款和游牧民定居工程贷款。

廉租住房贷款指金融机构发放的用于支持廉租住房开发建设、收购、长期租赁的贷款。廉租住房指政府提供财政投入和政策支持，限定套型建筑面积标准，按照合理标准组织建设，或通过购买、改建和租赁

等方式筹集，按照规定的供应标准，面向城镇低收入住房困难家庭出租的保障性住房。

公共租赁住房贷款指金融机构发放的用于支持公共租赁住房开发建设、收购、长期租赁的贷款。公共租赁住房指政府提供财政投入和政策支持，限定套型建筑面积标准，按照合理标准组织建设，或通过购买、改建和租赁等方式筹集，按照规定的供应标准，面向城镇中等偏下收入住房困难家庭、新就业职工和有稳定职业并在城镇居住一定年限的外来务工人员出租的保障性住房，包括在工业园区内建设的职工公寓。

经济适用住房开发贷款指金融机构发放的用于经济适用住房开发建设的贷款。经济适用住房指政府提供政策优惠，限定建设标准和销售价格，面向城镇低收入住房困难家庭供应的具有保障性质的政策性住房，包括享受经济适用住房政策的集资、合作建房。

限价商品住房开发贷款指金融机构发放的用于支持限价商品住房开发建设的贷款。限价商品住房指政府控制土地出让价格、限定销售价格和套型面积，向城镇中等收入家庭供应的普通商品住房。

棚户区改造贷款指金融机构发放的用于支持各类棚户区改造的贷款，包括支持棚户区土地收购、拆迁、货币补贴、安置住房以及配套设施建设等的贷款，不包括原棚户区土地上的商品房开发贷款。棚户区改造指城市棚户区、国有工矿棚户区、国有林区棚户区和国有林场危旧房、国有垦区危房、中央下放地方煤矿棚户区等改造，以及旧住宅小区整治、城中村改造等。

农村危房改造贷款指金融机构发放的用于支持农村危房改造的贷款。农村危房改造指由政府提供补助资金，支持居住危房的分散供养五保户、低保户等农村贫困户改造建设最基本的安全住房的活动。农村危房指依据《农村危险房屋鉴定技术导则（试行）》鉴定属于整栋危房（D级）或局部危险（C级）的住房。

游牧民定居工程贷款指金融机构发放的用于支持游牧民定居工程

的贷款。游牧民定居工程指政府针对地处偏远或高寒地区居住在黑白帐篷、土围子、草皮地窖、塑料棚、畜棚中的游牧居民建设的永久性住房。建设形式包括在游牧民现居住地就地安置、在其他村落插花安置以及集中安置三种。

（二）原有房地产指标中增设保障性住房贷款相关内容

在房地产贷款按投向统计表中，调整"住房开发贷款"项下"保障性住房开发贷款"统计内容，将棚户区改造项目中的房地产开发贷款纳入统计范围。保障性住房开发贷款包括在土地开发阶段发放的、计划在房屋建设阶段继续使用的贷款，但不包括农村危房改造、游牧民定居工程项目中涉及的农村房屋建设贷款。

在附加指标中调整"个人购买保障性住房贷款"统计内容，将个人购买棚户区改造项目中的保障性住房贷款纳入统计范围；增设"企业收购、租赁保障性住房贷款""机关团体收购、租赁保障性住房贷款"指标，反映企业、机关团体通过收购或长期租赁的方式提供保障性住房的贷款。

第四节 "三农"贷款专项统计

一、"三农"贷款专项统计背景

"三农"关乎国家经济社会发展全局，始终是党中央、国务院高度重视的一项工作。金融是支持"三农"发展的重要力量，对促进农业发展、繁荣农村经济、增加农民收入发挥着关键作用。为适应我国经济社会发展的深刻变革和金融体制的不断变革，我国"三农"金融统计体系经历了不断创新完善的过程。

2007年之前,"三农"相关的金融统计内容主要体现在三个方面:一是农业贷款,统计各商业银行发放的农、林、牧、渔业贷款和农村信用社发放的农户贷款、农业经济组织贷款、农户小额信用贷款、农户联保贷款等;二是农副产品贷款,统计农业发展银行的粮油贷款、棉花贷款和其他储备贷款等;三是乡镇企业贷款,统计银行业金融机构发放给乡镇企业的贷款。

上述内容是在改革开放以来不同时点上设计的,适应了我国不同时期"三农"发展对金融统计数据的要求,为不同阶段相关政策的制定发挥了重要的数据支持作用。随着"三农"改革的深入和国家"三农"金融服务体系的不断丰富完善,上述统计的局限也日益显现,主要是统计指标因时、因机构而设,存在一些未能完整反映的领域,如在传统的政策性收购之外的支持农产品、农业生产资料流通的贷款,同时也存在一些指标内涵上的交叉重叠,未形成完整的反映信贷支持"三农"的指标体系。

为贯彻落实党中央建设社会主义新农村精神,更好地反映金融支持"三农"情况,2007年,中国人民银行会同中国银监会联合建立了涉农贷款专项统计制度,确定了在全口径涉农贷款概念下按照地域、主体和用途三个维度分别反映"三农"贷款的统计框架,健全了我国农村金融基础建设体系,为各部门制定落实有关激励和扶持政策提供了重要的参考指标体系。

二、涉农贷款专项统计制度设计的难点和思路

(一)设计的难点

建立涉农贷款专项统计制度的工作是从2006年开始的。由于农

村、农业和农民分别属于不同分类标准下的概念，农村属于区域概念，农业属于产业概念，农民属于职业概念，加之当时国家"三农"统计标准尚未颁布，这给制度设计带来一定的困难。比如，城市和农村的界限在哪里？城市中的农村是否应列入？农村中的企业是否应统计在农村中？又比如，农业是统计"小农业"，还是统计"大农业"？如果统计"小农业"，即国民经济产业分类中的"农、林、牧、渔业"，就难以反映中央政策对农产品加工业的支持；对于农产品加工业来说，其产业链条很长，从棉花到成衣，中间经粗加工、深加工、织布、成衣等环节，真正与农业相关或与中央涉农政策相关的界限又在哪里？再比如，农民应按传统户籍来划分还是按职业来划分？农民企业家、农民工属不属于农民？等等。

（二）设计的思路

涉农贷款专项统计制度设计首先必须实事求是地反映"三农"情况，既要与中央"三农"政策的口径相匹配，又要反映社会各类主体对"三农"的参与程度，还要具备统计的可行性。为此，人民银行调查统计司会同行内有关司局和分支机构，邀请中央农村工作领导小组办公室（简称中农办）、国务院研究室、国家发展改革委、财政部、国家统计局、中国银监会等多个部门进行了充分论证，最终将涉农贷款统计制度定位于全面反映金融对"三农"的支持，确定了以县域反映"农村"，以"农、林、牧、渔业"及其服务业定位"农业"，以户籍和职业认定"农民"，构成了多维度、多层次的统计口径，方便不同的使用者选取分析。

1. 明确界定了"三农"贷款的统计口径。涉农贷款统计制度明确界定了"三农"——农村、农业和农户的统计口径，从三个维度分别反映贷款的规模及结构。

农村是除地级及以上城市的行政区及其市辖建制镇之外的区域，

即县及县以下的区域概念。自 2013 年以来，为便于外界更好地理解和使用农村贷款口径，在统计口径内涵不变的基础上，将农村贷款的指标名称明确为"农村（县及县以下）贷款"。

农业是指从事种植业、林业、畜牧业、渔业等产业以及针对这些产业的服务活动。

农户根据户籍和职业共同认定，具体包括长期（一年以上）居住在农村地区的住户等；农村个体工商户属于农户；有本地户口，但举家外出谋生一年以上的住户不属于农户。

2. 从地域、行业、主体三个维度对"三农"贷款进行细分，从不同侧面全方位地反映金融业对"三农"的支持情况。在统计思路的具体设计上，鉴于农村、农业、农民属于不同的分类标准，制度将涉农贷款分别按照城乡地域、用途、受贷主体进行分类统计，从不同侧面反映金融业对农村、农业、农民的贷款支持力度。在对农村贷款的统计上，分别统计了农户贷款、农村企业贷款和农村各类组织贷款。在对农业贷款的统计上，不仅统计了传统的农业、林业、畜牧业和渔业贷款，还统计了农、林、牧、渔服务业贷款。在对农户贷款的统计上，不仅统计了农户生产经营贷款，还统计了农户消费贷款。从地域上考虑，除了统计农村贷款，考虑到城市里也有用于农业和农村发展的贷款，因此增加了城市涉农贷款的统计。

3. 首次确立了全口径涉农贷款的统计口径。"三农"贷款的三个统计维度确立之后，还面临一个现实需求，即如何将三者纳入一个监测指标以简明扼要地反映涉农贷款总量。为适应这个要求，涉农贷款统计制度首次设计了全口径涉农贷款的统计概念，即剔除"三农"贷款中互相交叉重复的内容之后进行加总，同时考虑非农户个人的农、林、牧、渔业贷款以及城市企业及各类组织涉农贷款，形成全口径涉农贷款总量。这样为数据使用者提供一个总量指标，来准确衡量社会各类主体通过贷款对"三农"领域的总体投入。

▼ 专栏9

加强县域金融机构统计建设

县域金融机构是我国金融体系的重要组成部分①，对县域金融机构的统计是人民银行金融统计的一项重要基础工作。一直以来，县域金融机构统计在支持我国农村金融体系改革、促进"三农"和区域经济发展等方面发挥了重要作用。但受历史沿革、体制因素及分散管理等客观条件影响，县域金融机构自身的统计管理水平相对落后，统计数据质量整体低于国有及股份制银行，是金融统计工作相对薄弱的环节。

近年来，人民银行在改善和提升县域金融机构统计能力方面开展了大量务实的工作，一是通过加强业务培训提高县域金融机构统计人员业务能力；二是严格进行日常统计数据审核，把好县域金融机构统计数据质量关；三是充分利用金融统计执法检查工作平台，深入了解县域金融机构统计工作现状，查找问题并及时校正。同时，为帮助和促进县域金融机构落实标准化工作，切实提高基层金融统计管理信息系统建设水平，人民银行经过广泛调研和深入论证，为县域金融机构构建和开发了一套通用的金融统计数据管理模板工具。

金融统计数据管理模板的设计理念是：遵循现代银行业数据管理体系的运行流程和工作思路进行设计，目的是将统计数据管理的工作内容逐一映射到模板中，结合县域金融机构的实际情况，通过模

---

① 中国银监会统计，2016年末，全国农村信用社、农村商业银行、农村合作银行、村镇银行、农村资金互助社和贷款公司数量分别为1 125家、1 114家、40家、1 443家、48家和13家。2016年末，农村商业银行、农村合作银行、农村信用社等农村金融机构资产规模达29.9万亿元。

板的填报和应用，实现对统计管理工作的科学管控。银行业金融机构统计数据管理的工作内容主要包括五部分：需求管理、认责管理、标准管理、质量管理和评价管理。其中，需求管理是统计数据管理工作的起点，任务是形成数据需求清单。认责管理的任务是明确需求清单相关责任方的职责分工。标准管理的任务是统一确定与数据定义和标识有关的信息或规则，这是金融机构数据管理的核心内容。质量管理的任务是保障标准管理要求被切实执行。评价管理的任务是针对质量管理环节发现的数据质量问题，协调相关责任部门进行整改。需求管理、认责管理、标准管理、质量管理和评价管理相互关联、不可分割，共同保障数据管理工作顺利开展。

金融统计数据管理模板包括金融工具数据标准模板和金融机构统计维度模板。其中，金融工具数据标准模板依据人民银行《金融工具统计分类及编码标准》及《存贷款统计分类及编码标准》而建立，是金融统计数据管理模板的核心内容。金融机构统计维度模板是金融工具数据标准模板业务属性部分的扩展，由报表清单、金融统计报表口径、维度清单和维度树四部分构成。金融统计数据管理模板与统计数据管理工作内容完美映射，是开展统计数据管理工作的有效工具和手段，可灵活应用于县域金融机构统计数据管理工作实践。

经过广泛的试点填报，金融统计数据管理模板的可用性及科学性均得到了验证和肯定。目前，人民银行已向全国县域金融机构推广，并获得了各地区的普遍认可。未来，金融统计数据管理模板的进一步推广应用，将持续夯实县域金融机构统计基础建设，促进金融机构实施金融统计标准落地，有效加强县域金融统计能力和统计数据质量，促进金融统计工作水平不断提高。

第三章 信贷政策统计

三、涉农贷款专项统计体系的基本框架

（一）统计报表主要内容

涉农贷款专项统计涉及三类统计报表：采集类报表、辅助类报表和汇总类报表。采集类报表由银行业金融机构填报，辅助类报表由人民银行分支机构填报，汇总类报表由人民银行总行根据采集类报表和辅助类报表汇总生成。涉农贷款统计分为人民币、外币两类币种，最终汇总表为本外币报表。

1. 采集类报表包括农、林、牧、渔业贷款情况，农户贷款情况，农村企业及各类组织贷款情况，城市企业及各类组织涉农贷款情况等采集类指标，分别反映各类涉农贷款的规模、产业类型、期限、信用形式、风险状况等。自 2011 年起，为进一步提高统计数据报送的科学性，对涉农贷款采集类报表进行合并优化，采集类报表按业务类和币种主要划分为人民币涉农贷款统计表和外币涉农贷款统计表两张表。

2. 辅助类报表为各省（自治区、直辖市）农业产业化龙头企业信息统计表，由人民银行分支机构填报。人民银行总行可根据该表提供的信息从征信系统中查询各类农业产业化龙头企业贷款数据，并以此生成涉农贷款汇总情况表的相关数据。自 2013 年起，根据涉农贷款统计实践和需求调整，终止辅助类报表相关表单。

3. 汇总类报表为涉农贷款汇总情况表。该表在采集类报表、辅助类报表的基础上汇总，查询得到涉农贷款总体数据，反映涉农贷款的各层次构成情况，如农村贷款统计表，农、林、牧、渔业贷款统计表，农户贷款统计表，农村企业及各类组织贷款统计表，城市企业及各类组织涉农贷款统计表等。针对分析需要，还可以从机构维度和地区维度查询

或生成涉农贷款汇总情况。

(二) 主要统计项目的结构和相互关系

各维度涉农贷款主要项目关系如图3-2所示。

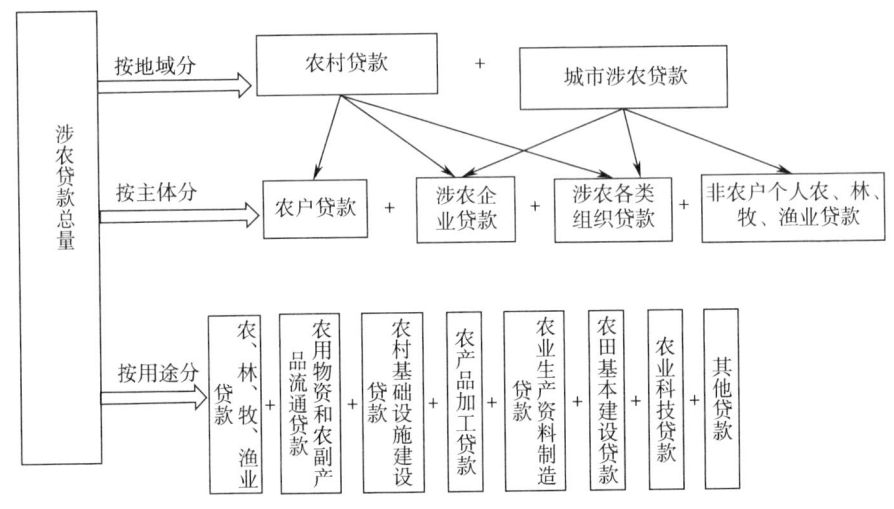

图3-2 涉农贷款主要统计项目结构

从地域维度看：涉农贷款＝农村贷款＋城市涉农贷款。

从主体维度看：涉农贷款＝农户贷款＋涉农企业贷款＋涉农各类组织贷款＋非农户个人农、林、牧、渔业贷款。

从用途维度看：涉农贷款＝农业贷款＋其他用途涉农贷款。

从各统计项目的相互关系上看，涉农不完全等同于"三农"。

从地域维度看，涉农贷款口径大于农村贷款的口径，大出的部分是非农户个人农、林、牧、渔业贷款以及城市企业及各类组织涉农贷款，后者专指发放给城市区域的企业及各类组织从事农、林、牧、渔业活动以及支持农业和农村发展的贷款。

从主体维度看，涉农贷款口径大于农户贷款的口径，大出的部分包括涉农企业及各类组织贷款和非农户个人农林牧渔业贷款。

从用途维度看，涉农贷款口径大于农业贷款口径，大出的部分包括农用物资和农副产品流通贷款、农村基础设施建设贷款、农产品加工贷款、农业生产资料制造贷款、农田基本建设贷款、农业科技贷款及其他贷款。

（三）数据来源与频度

1. 数据来源。涉农贷款专项统计报送机构为中资大型银行、中资中型银行、恒丰银行、浙商银行、渤海银行、小型城市商业银行、农村商业银行、农村合作银行、城市信用社、农村信用社、村镇银行、中资财务公司等。

2. 频度和报送时间。涉农贷款统计频度为季度，每季度后20日内各金融机构报送涉农贷款各采集类报表和辅助类报表，报表日遇法定节假日顺延。为了满足相关涉农政策管理部门涉农贷款统计数据需求，2011年正式增加了针对"三农"贷款主要指标的涉农贷款月报简报统计，指标更加精练、内涵保持一致；2014年，在月报中增设支农贷款相关统计指标，同时终止季报中相应统计指标，形成目前以月报为主体、季报为补充的涉农贷款统计，进一步提高了涉农贷款统计指标的适用性。涉农贷款月报采集类报表于月后10日内报送。

> 专栏10
>
> **涉农贷款快速增长　大力支持"三农"发展**
>
> 在党中央、国务院的正确领导下，人民银行坚定不移地推进农村金融体系改革、改善"三农"金融服务。同时，为了有效促进金融机构加大"三农"信贷投放，认真研究建立衡量标准和考核办法。2007年，人民银行会同银监会建立了《涉农贷款专项统计制度》，确

定了在全口径涉农贷款概念下按照地域、主体和用途三个维度分别反映"三农"贷款的统计框架，健全了我国农村金融基础建设体系，为各方面制定落实激励扶持政策提供了重要的参考指标体系。2010年，在党的十七届三中全会通过的《中共中央关于推进农村改革发展若干重大问题的决定》指引下，人民银行会同银监会制定《关于鼓励县域法人金融机构将新增存款一定比例用于当地贷款的考核办法（试行）》，对考核达标的县域法人金融机构实施正向激励政策，为切实促进县域信贷资金投入建立评价体系和激励抓手。

近年来，人民银行对主要涉农金融机构执行差别化存款准备金政策，扩大支农再贷款规模，引导涉农信贷投放。目前农村商业银行、农村合作银行、农村信用社存款准备金率分别比大型商业银行低2个、5.5个和6个百分点；对农业银行涉农贷款投放较多的县域"三农金融事业部"实行比农业银行低2个百分点的存款准备金率；对经新增存款一定比例用于当地贷款考核达标的县域法人金融机构执行低于同类金融机构正常标准1个百分点的存款准备金率，对经新增存款一定比例用于当地贷款考核和农村信用社专项票据兑付后续监测同时达标的县域法人金融机构安排增加支农再贷款。对贫困地区县内一定比例存款用于当地贷款考核达标的、贷款投向主要用于"三农"等符合一定条件的金融机构，其新增支农再贷款额度，可在现行优惠支农再贷款利率上再降1个百分点。此外，财税部门陆续颁布实施了涉农贷款增量奖励、定向费用补贴以及涉农不良贷款呆账核销、重组减免等政策，加大农村金融税收优惠力度，减免监管费用。各级地方政府也积极研究制定各类配套奖励措施，鼓励小型农村金融机构支持"三农"。

在逐步完善的正向激励扶持政策体系支持下，我国涉农贷款保持快速增长，金融支持"三农"发展的力度持续加大。2016年末，本

> 外币全口径涉农贷款、农村（县及县以下）贷款、农户贷款和农、林、牧、渔业贷款余额分别为 28.23 万亿元、23 万亿元、7.08 万亿元和 3.66 万亿元，占同期各项贷款的比重分别为 26.5%、21.6%、6.6% 和 3.4%。自 2008 年以来，全口径涉农贷款、农村（县及县以下）贷款、农户贷款和农、林、牧、渔业贷款分别保持了 16.2%、19.3%、20.6% 和 11.9% 的年均增速，其中农村（县及县以下）贷款和农户贷款分别高于同期各项贷款年均增速 2.4 个和 3.7 个百分点。

第五节　金融精准扶贫贷款专项统计

一、统计制度设计的背景

党中央、国务院高度重视扶贫工作。按照党的十八届五中全会精神，《中共中央关于制定国民经济和社会发展第十三个五年规划的建议》从实现全面建成小康社会奋斗目标出发，确定了新时期脱贫攻坚目标，即到 2020 年我国现行标准下农村贫困人口实现脱贫，贫困县全都摘帽，解决区域性整体贫困。2015 年中央扶贫开发工作会议召开后，中共中央、国务院印发《关于打赢脱贫攻坚战的决定》，对"十三五"脱贫攻坚作出全面部署。2016 年 3 月，人民银行等七部委联合印发《关于金融助推脱贫攻坚的实施意见》，紧紧围绕"精准扶贫、精准脱贫"基本方略，全面改进和提升扶贫金融服务，增强扶贫金融服务的精准性和有效性。

人民银行认真贯彻落实党中央、国务院关于扶贫攻坚的决策部署，深入谋划、积极牵头，协同推进金融精准扶贫工作。按照人民银行党委的统一部署，调查统计司及时启动专项统计制度设计，紧密围绕金融精准扶贫的核心需求，依据信贷政策部门确定的政策标识，深入调研论证统计框架，广泛听取有关方面意见，努力探索新的统计方法，从制度层面夯实金融精准扶贫信息基础。2016年7月初，人民银行正式建立金融精准扶贫贷款专项统计制度。

二、统计制度设计的原则

金融精准扶贫贷款专项统计制度从设计理念上突出了"精准""穿透""动态"功能，构建了金融精准扶贫信贷政策核心指标体系，为相关的政策效果评估工作提供重要参考。

（一）贯彻"四个精准"，实现对金融精准扶贫贷款的准确界定

1. 以习近平总书记提出的"五个一批"工程为"精准核心"，紧密围绕党中央和国务院提出的精准扶贫着力点设计制度框架，体现金融精准扶贫的政策路径。

2. 以建档立卡贫困人口为"精准目标"，以国务院扶贫办核定的国家级和省级贫困县及贫困村划定聚焦范围，体现金融精准扶贫贷款的投放特点。

3. 以政策标识和需求为"精准依据"，划定金融精准扶贫贷款识别标准，落实金融精准扶贫政策要求。

4. 以大数据理念打通并关联金融机构的台账、信贷和客户信息，从海量信贷数据中提取扶贫信息，实现"精准识别"。

（二）实现"三个穿透"，展示从金融精准扶贫贷款到建档立卡贫困人口的传导效果

金融机构按照政策标识完善台账、信贷和客户信息系统，打通和关

联三个系统，确保每一笔贷款按照政策标识和统计标识可识别、可追溯，专项统计不仅实现贷款主体统计，同时也实现对贷款带动和服务对象的识别统计。

第一个穿透表现为不仅统计贫困人口所获得的贷款，同时也统计获得金融机构信贷支持的贫困人口数。

第二个穿透表现为不仅统计扶贫主体为发展产业所获得的贷款，同时也统计获得贷款后发挥扶贫带动作用所对应的贫困人口数。

第三个穿透表现为不仅统计扶贫项目所获得的贷款，同时也统计扶贫项目获得贷款后所服务的贫困人口数。

（三）实现"动态跟踪"，持续动态反映扶贫对象所获得的信贷支持情况

鉴于贫困人口和贫困地区将处于动态缩减过程，金融机构要根据国务院扶贫办核定的贫困人口和贫困地区名单进行动态调整，确定金融精准扶贫贷款的范围，满足国家精准扶贫台账有进有出的管理要求。制度规定，"建档立卡贫困人口贷款""其他个人精准扶贫贷款""产业精准扶贫贷款""项目精准扶贫贷款""已脱贫人口贷款"等以国务院扶贫办提供的最新的识别信息（包括人口和地区信息）为依据进行统计。每年更新识别信息时，对信息更新前发放的贷款不再做追溯调整。

此外，为适应国家扶贫相关政策延续性的要求，金融机构须以国务院扶贫办核定的已脱贫人口为依据，将已脱贫人口贷款作为重要参考指标进行统计。

三、主要内容

金融精准扶贫贷款是指银行业金融机构向建档立卡贫困人口发放的贷款，以及向建档立卡贫困人口之外的境内个人、企（事）业法人

或国家规定可以作为借款人的其他组织发放的，对建档立卡贫困人口具有扶贫带动和服务作用的贷款。其中，对建档立卡贫困人口发放的贷款可以根据扶贫部门核定的贫困人口信息予以识别；对建档立卡贫困人口具有扶贫带动和服务作用的贷款则需要满足相关政策标识要求，将对建档立卡贫困人口具有扶贫带动和服务作用的贷款识别出来。

金融精准扶贫贷款统计分为核心指标和参考指标，在实践中通过主报和附报两部分加以区分（见图3-3）。核心指标反映的是金融精准扶贫贷款的规模、用途、期限、担保方式等；参考指标反映的是金融精准扶贫贷款的笔数、贷款带动服务情况、已脱贫人口贷款、易地扶贫搬迁同步搬迁贷款等辅助信息，是对核心指标的补充。

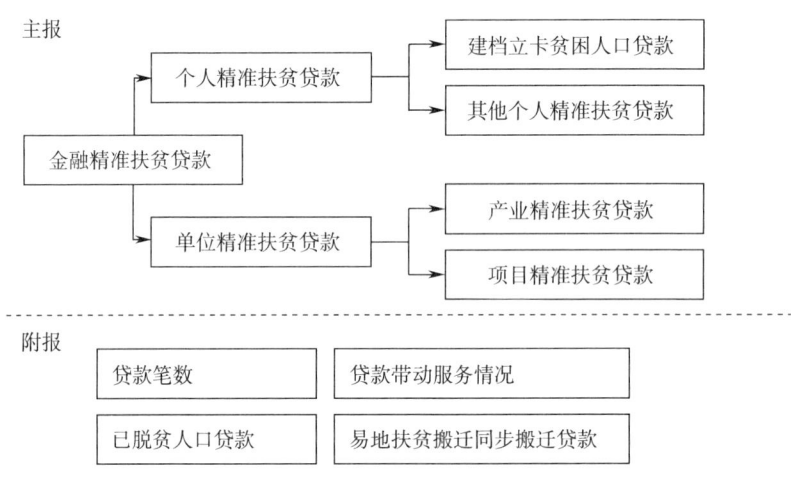

图3-3 金融精准扶贫贷款统计框架

（一）金融精准扶贫贷款的核心内容

个人精准扶贫贷款和单位精准扶贫贷款构成了金融精准扶贫贷款的核心内容。

1. 个人精准扶贫贷款包含建档立卡贫困人口贷款和其他个人精准扶贫贷款，是银行业金融机构向建档立卡贫困人口发放的贷款，以及向建档立卡贫困人口之外境内个人发放的对建档立卡贫困人口具有扶贫带动作用的贷款。

建档立卡贫困人口是指扶贫部门按国家贫困识别标准认定的贫困人口,以"全国扶贫开发信息系统"中符合国家标准的信息为准。

其他个人精准扶贫贷款是指银行业金融机构发放给建档立卡贫困人口之外境内个人的,对建档立卡贫困人口具有扶贫带动作用的贷款。这里的扶贫带动作用是指通过安排建档立卡贫困人口就业,或通过土地托管、牲畜托养、吸收农民土地经营权入股,或与建档立卡贫困人口签订帮扶协议或交易合同等途径,带动建档立卡贫困人口增收。

满足下列条件之一可认定为具有扶贫带动作用:一是借款人吸纳1人(含)以上建档立卡贫困人口就业。从业人员认定参照国家统计局《劳动工资统计报表制度》对从业人员的指标解释。二是借款人与1人(含)以上建档立卡贫困人口签订帮扶协议或交易协议。三是借款人有1人(含)以上建档立卡贫困人口参股。

2. 单位精准扶贫贷款包括了产业精准扶贫贷款和项目精准扶贫贷款,是指银行业金融机构发放给境内企(事)业法人或国家规定可以作为借款人的其他组织,对建档立卡贫困人口具有扶贫带动和服务作用的贷款。

产业精准扶贫贷款是指银行业金融机构发放给境内企(事)业法人或国家规定可以作为借款人的其他组织,用于发展产业并对建档立卡贫困人口具有扶贫带动作用的贷款。这里的扶贫带动作用指通过安排建档立卡贫困人口就业,或通过土地托管、牲畜托养、吸收农民土地经营权入股,或与建档立卡贫困人口签订帮扶协议或交易合同等途径,带动建档立卡贫困人口增收。

满足下列条件之一可认定为具有扶贫带动作用:一是借款人为微型企业并吸纳建档立卡贫困人口就业1人(含)以上;小型企业吸纳建档立卡贫困人口就业3人(含)以上,或占职工总人数2%(含)以上;

中型企业吸纳建档立卡贫困人口就业5人（含）以上，或占职工总人数2%（含）以上；大型企业吸纳建档立卡贫困人口就业10人（含）以上，或占职工总人数2%（含）以上；农民专业合作社吸纳建档立卡贫困人口就业1人（含）以上；其他非企业单位吸纳建档立卡贫困人口就业1人（含）以上。二是借款人为小型、微型企业或农民专业合作社，并有1人（含）以上建档立卡贫困人口参股。三是借款人为微型企业，与1人（含）以上建档立卡贫困人口签订帮扶协议或交易协议；小型企业与3人（含）以上建档立卡贫困人口签订帮扶协议或交易协议；中型企业与5人（含）以上建档立卡贫困人口签订帮扶协议或交易协议；大型企业与10人（含）以上建档立卡贫困人口签订帮扶协议或交易协议；农民专业合作社与1人（含）以上建档立卡贫困人口签订帮扶协议或交易协议；其他非企业单位与1人（含）以上建档立卡贫困人口签订帮扶协议或交易协议。

项目精准扶贫贷款是指银行业金融机构发放给境内企（事）业法人或国家规定可以作为借款人的其他组织，服务于建档立卡贫困人口的项目的贷款，主要包括易地扶贫搬迁贷款、农田基本建设贷款、生态环境改造贷款和农村基础设施贷款。其中，农田基本建设贷款、生态环境改造贷款和农村基础设施贷款的判定都要首先符合用于贫困地区的相关用途这一限定条件。这里的贫困地区是指"全国扶贫开发信息系统"所列出的国家扶贫开发工作重点县和省级扶贫开发工作重点县，以及上述区域以外的贫困村。

易地扶贫搬迁贷款是指银行业金融机构发放给境内企（事）业法人或国家规定可以作为借款人的其他组织，用于建档立卡贫困人口易地扶贫搬迁的贷款。

农田基本建设贷款是指银行业金融机构发放的用于贫困地区小型农田水利设施、改造大型灌区、进行中低产田改造、提高耕地质量和农业防灾减灾能力等项目的贷款，该项目服务的地区人口中建档立卡贫困人口占比须不低于10%，地区人口以地区户籍人口数据为准（下同）。

生态环境改造贷款是指银行业金融机构发放的用于贫困地区退耕还林还草、防护林建设、石漠化治理、防沙治沙、湿地保护与恢复、坡耕地综合整治、退牧还草、水生态治理等项目的贷款，该项目服务的地区人口中建档立卡贫困人口占比不低于10%。

农村基础设施贷款是指银行业金融机构发放用于贫困地区农村生活设施、农业服务体系建设、农村流通体系设施建设、农村公共设施建设等项目的贷款，该项目服务的地区人口中建档立卡贫困人口占比不低于10%，主要包括但不限于交通设施贷款、农网升级改造贷款、水利设施贷款和教育贷款等。

（二）参考指标信息

参考指标信息反映金融精准扶贫贷款笔数、带动服务情况、已脱贫人口贷款等情况。

1. 金融精准扶贫贷款笔数包括个人精准扶贫贷款笔数和单位精准扶贫贷款笔数等指标。

2. 金融精准扶贫贷款带动服务情况反映建档立卡贫困人口贷款人数、其他个人精准扶贫贷款和产业精准扶贫贷款带动人数、项目精准扶贫贷款服务人数等。建档立卡贫困人口贷款人数是获得建档立卡贫困人口贷款的人数；其他个人精准扶贫贷款带动人数是指制度中"其他个人精准扶贫贷款"发挥扶贫带动作用所对应的建档立卡贫困人口人数；产业精准扶贫贷款带动人数是指制度中"产业精准扶贫贷款"发挥扶贫带动作用所对应的建档立卡贫困人口人数；项目精准扶贫贷款服务人数是指制度中"项目精准扶贫贷款"发挥服务作用所对应的建档立卡贫困人口人数。

3. 已脱贫人口贷款是指银行业金融机构向已脱贫人口发放的贷款。

这里的已脱贫人口指扶贫部门按国家脱贫标准识别出的已脱贫人口。已脱贫人口信息来源于"全国扶贫开发信息系统"。已脱贫人口贷款不属于金融精准扶贫贷款规模的范畴，但是可以作为金融精准扶贫贷款统计监测的重要参考指标。

4. 易地扶贫搬迁同步搬迁贷款是指银行业金融机构发放给境内企（事）业法人或国家规定可以作为借款人的其他组织，用于易地扶贫搬迁项目中非建档立卡贫困人口搬迁的贷款。易地扶贫搬迁同步搬迁贷款不属于金融精准扶贫贷款的范畴，但是可以作为易地扶贫搬迁贷款统计监测的重要参考指标。

（三）统计数据来源与频度

1. 数据来源。国家开发银行及政策性银行、国有商业银行、股份制商业银行、邮政储蓄银行、城市商业银行、农村商业银行、农村合作银行、农村信用社、村镇银行报送县级及以上汇总数据。

2. 频度和报送时间。金融精准扶贫贷款专项统计频度为季度，每季度后 20 日内各金融机构报送，遇法定节假日顺延。

▼ 专栏11

金融精准扶贫贷款专项统计的信息支持作用显现

金融精准扶贫贷款专项统计制度印发后，人民银行精心组织、周密部署，指导和督促金融机构抓好落实。随着制度在较短时间内步入稳定运行，专项统计的基础信息支持作用显现。

一是首次全面、准确地展现金融精准扶贫贷款全貌。金融精准扶贫贷款专项统计制度构建了精准扶贫信贷的核心指标体系，精准扶贫信贷数据填报第一次拥有了统一权威的"坐标"。各金融机构高度重视，高标准落实统计制度，如期完成了同期铺底数据和全年数据的报送。2017年初，金融精准扶贫贷款全貌首次全面准确地得以呈现，金融机构交出了金融扶贫攻坚的第一份答卷。统计显示，2016年末，全国金融精准扶贫贷款余额2.49万亿元，同比增长49%，增速高于各项贷款35.5个百分点。全年累计发放金融精准扶贫贷款1.30万亿元，较上年增长58.6%（见专栏表3-1）。

专栏表3-1　　　　2016年金融精准扶贫贷款统计表

项目	期末余额（亿元）	同比增长（%）	全年累计发放（亿元）	同比增长（%）
金融精准扶贫贷款	24 878	49	12 759	58.6
1. 个人精准扶贫贷款	2 710	85.8	2 436	97.6
建档立卡贫困人口贷款	2 505	82.6	2 243	91.6
其他个人精准扶贫贷款	206	135	192	210.9
2. 单位精准扶贫贷款	22 167	45.5	10 323	51.6
产业精准扶贫贷款	6 040	46.7	4 023	26.5
项目精准扶贫贷款	16 127	45	6 301	73.5
其中：易地扶贫搬迁贷款	2 251	175.5	1 576	93.6
农田基本建设贷款	19	41.6	16	259.8
生态环境改造贷款	121	32.9	72	127.4
农村基础设施贷款	13 736	34.7	4 637	66.8
其他专项贷款：已脱贫人口贷款	1 606	44.3	1 434	51.9
新型农业经营主体精准扶贫贷款	1 194	31.2	997	29.5

注：新型农业经营主体包家庭农场和农业专业大户、农民专业合作社、农业产业化龙头企业。

二是实现对金融精准扶贫贷款的精准识别。即以建档立卡贫困人口为"精准目标"，以政策标识为"精准依据"，以大数据理念实现"精准识别"，既展现金融精准扶贫贷款的"全局"，又体现信贷投放"落子"。具有开创性的是，依据国务院扶贫办提供的建档立卡贫困人口信息，金融机构准确地定位了发放给建档立卡贫困人口的直接贷款，这也是第一次实现精准到特定贷款主体的统计。统计显示，2016年末，建档立卡贫困人口贷款余额2 505亿元，同比增长82.6%，获得贷款的建档立卡贫困人口达613万人。此外，依据政策标识，金融机构建立起贷款台账、客户信息与建档立卡贫困人口信息的关联，识别出那些支持借款人以创业就业、吸收入股、签订购买和帮扶协议等方式带动贫困人口增收的贷款。2016年末，产业精准扶贫贷款和其他个人精准扶贫贷款余额分别为6 040亿元和206亿元，同比分别增长46.7%和135%。同时，依据政策标识要求，金融机构识别出服务于贫困人口的易地扶贫搬迁、农田基本建设、生态环境改造和农村基础设施等项目的贷款。2016年末，全国项目精准扶贫贷款余额1.6万亿元，同比增长45%。其中，西部地区①项目精准扶贫贷款余额1万亿元，与近年来对西部地区基础设施的大力投入密切相关。

三是量化从金融精准扶贫贷款到贫困人口的带动服务效果。金融精准扶贫贷款统计不仅实现贷款主体统计，同时也"穿透"地实现对贷款带动和服务对象的识别统计，第一次以量化方式呈现了对建档立卡贫困人口的带动和服务效果。从扶贫带动效果看，截至2016年末，信贷支持产业发展扶贫带动的建档立卡贫困人口共444.5万人（次）。其中，产业精准扶贫贷款支持带动396.8万人（次）增收，其他个人精准扶贫贷款带动47.7万人（次）增收。从扶贫服务效果看，截至2016年末，项目精准扶贫贷款以支持扶贫项目的方式，为全国2.7亿人（次）建档立卡贫困人口提供易地扶贫搬迁、交通、电网、医疗、教育等基础服务。

---

① 文中西部地区包括四川、贵州、云南、西藏、陕西、甘肃、青海、宁夏、新疆和重庆10个省（自治区、直辖市）。中部地区包括山西、内蒙古、吉林、黑龙江、安徽、江西、河南、湖北、湖南和广西10个省（自治区）。东部地区包括北京、天津、河北、辽宁、上海、江苏、浙江、福建、山东、广东和海南11个省（自治区、直辖市）。

四是持续动态反映扶贫对象所获得的信贷支持情况。金融精准扶贫贷款统计根据国务院扶贫办每年度核定的贫困人口名单进行动态调整，同时将已脱贫人口贷款作为重要参考指标进行统计，以适应国家扶贫相关政策延续性的要求。2016年末，全国已脱贫人口贷款余额1 061亿元，同比增长44.3%。

五是服务政策评估功能得以体现。金融精准扶贫贷款专项统计制度是服务于金融扶贫开发的一项重要基础设施。统计制度的执行为落实七部委《关于金融助推脱贫攻坚的实施意见》和开展金融精准扶贫政策效果评估提供了扎实严谨的数据基础。2016年下半年以来，人民银行认真采集审核数据，开展制度解读和宣传，严格数据质量管理。依据金融精准扶贫贷款专项统计数据，人民银行总行和分支机构开展了严谨细致的政策效果评估，积极对症施策，督促金融扶贫政策真正落地见效，并将有关情况分别呈报中央政府和地方各级政府，有关工作获得高度肯定。

第四章
调查分析能力建设

　　人民银行在加强统计制度建设、完善金融统计体系的同时，注重调查和分析能力建设。经济调查和经济分析既是金融统计的有效补充，也是金融统计的进一步延伸和发展。经济调查由于灵活、简便、快捷，相对于统计数据有其独特的优势，通过改进调查方法，增强调查的敏感性，可以对金融统计数据形成重要补充，为科学制定货币政策和进行金融宏观调控提供有效支撑。经济分析通过创新研究方法，选择合适的数量方法建立相关模型，开发使用高效的测算工具，可以提高统计数据使用效率，准确、有效地刻画经济运行规律，提升宏观预测与分析能力。

　　21世纪以来，人民银行为加强调查分析能力建设开展了大量创新工作。首先是完善经济调查体系，改进5 000户企业和企业商品价格调查制度，修订城镇储户调查问卷，建立银行家问卷调查制度，初步形成了覆盖非金融企业部门、金融企业部门、住户部门的相对完整的经济调查框架。其次是构建金融稳定监测，定期和不定期地监测金融稳健指标，为货币政策和宏观审慎管理提供有效信息和可靠依据。最后是加强分析能力建设，开发适合中国国情的季节调整软件，构建宏观景气预警体系，开发综合模型系统等数量模型方法，创新指标与账户监测分析方法，提升经济金融分析的针对性和有效性。

第一节 调查能力建设

人民银行的经济景气调查主要由企业调查、金融调查和住户调查三大部分组成，具体业务为5 000户企业景气调查、银行家问卷调查、城镇储户问卷调查和企业商品价格调查。

一、5 000户企业景气调查

（一）适时建立5 000户企业景气调查制度

企业是宏观调控的微观经济主体，企业景气调查是宏观调控部门获取微观信息的重要手段。作为传统方法获取统计信息的重要补充，基于市场主体主观判断、估计和预期的企业景气调查数据日益受到重视。目前，至少有60多个国家（地区）、100多家机构开展此类调查。企业景气调查已成为世界各国观察短期经济运行，监测和预测经济发展趋势重要而又行之有效的工具。

▼ 专栏12

国外中央银行企业景气调查的经验

开展企业景气调查的国家（地区）中，比较有代表性的有日本、欧盟和美国等。日本、欧盟和美国的企业景气调查在设计上均遵循

> 共同的理念，但具体实施上各具特色，成为其他国家开展企业景气调查的指引。
>
> 日本银行（日本中央银行）调查统计局开展的企业短期经济观测调查（Tankan，简称短观调查）最具影响力和权威性，其中包括主要企业短观调查和全国企业短观调查两部分。
>
> 欧盟各国开展的企业景气调查体现在两个层次：一是在《欧盟成员国联合进行的景气调查协调方案》（*The Joint Harmonised EU Programme of Business and Consumer Surveys*，简称协调调查方案）框架下由各调查机构实施的企业景气调查；二是各成员国有关机构（主要是中央银行）自主开展的部分企业景气调查。
>
> 美国较有名的企业景气调查有美国供应管理协会（ISM）执行的全美采购经理调查和部分地区联储开展的区域性制造业调查。目前，美国供应管理协会开展的采购经理调查包括制造业和非制造业两个部分。
>
> 实践显示，企业景气调查数据对于国民经济未来运行方向具有显著的先行和指示作用，是中央银行判断、分析和预测宏观经济运行情况，研究制定金融宏观政策的重要手段之一，为判断经济形势和提供决策参考发挥了较大作用。

随着市场经济深入发展，为满足宏观经济决策需要，人民银行、国家信息中心和国家统计局等部门，在 20 世纪 90 年代初开始探索景气调查。

在充分吸收和借鉴外国企业景气调查经验的基础上，人民银行于 1991 年率先在国内建立了全国 5 000 户企业景气调查制度。调查的主要内容包括企业月度财务指标和企业家季度问卷调查两部分，财务指标涉及企业生产、销售、库存、效益等有关经济活动数据，问卷反映企业家对企业总体状况、生产要素供给状况、市场需求状况、资金状况、成本效益状况、投资状况及其他共七个方面的判断与预期。通过5 000户企业景气调查制度，人民银行及时监测工业企业生产、经营、资金供求等状况，把握企业经营管理者对经济形势的判断和预期，准确地判断宏观经济形势。

（二）5 000户企业景气调查制度的创新和发展

1. 21世纪以来的制度变迁。随着经济金融环境变化，人民银行对5 000户企业景气调查制度进行了多次调整。尤其是21世纪以来，国际国内经济金融形势复杂多变，为更好地服务于货币政策决策，5 000户企业景气调查也在不断地变革和发展。

（1）制度整合，全新绽放。20世纪90年代中期，为迅速获取大型工业企业生产经营动态信息，人民银行建立了千户大型工业企业调查制度，并作为5 000户企业景气调查制度的补充。然而，随着我国企业改革步伐加快，企业重组、兼并、破产现象频出，21世纪初期5 000户企业调查和千户大型工业企业调查样本中长期停产的企业数量增多，调查样本的可比性、连续性和代表性受到不同程度影响。

2001年，人民银行根据全国企业普查资料对样本企业进行了调整，进一步提升调查样本企业代表性。与此同时，人民银行将5 000户企业景气调查与千户大型工业企业调查进行合并。合并调整后的调查样本更具有代表性，调查数据更为有效。

（2）夯实基础，规范发展。

一是建立样本企业年度调整制度，提升样本代表性。2004年，人民银行对5 000户企业景气调查样本进行了评估。为保证5 000户企业景气调查样本的代表性，兼顾调查数据的连续性和可比性，人民银行于2005年建立了5 000户企业景气调查样本年度调整制度。每年根据全国工业企业户数、总资产和销售收入3项指标，从行业、规模、地区分布等方面对调查样本进行评估和调整，增强调查样本的行业和地区代表性，保证调查质量。

二是实施企业景气调查授牌制度，提高社会认可度。为规范调查制度、提高参与企业的荣誉感和社会认可度，2006 年，人民银行统一对 5 000 户企业景气调查样本企业授予了"中国人民银行景气调查定点企业"标牌，并对标牌的使用范围、授牌原则、使用管理、外观材质等方面进行了规范和统一。同时，人民银行积极推进景气调查授牌后期宣传和服务工作，银行等金融机构和担保公司等中介机构对挂牌企业的认可度不断提高。

三是建立企业家调查信息反馈制度，强化与企业家的合作。本着建立良好银企关系、沟通银企桥梁的理念，人民银行于 2006 年末建立 5 000 户企业景气调查信息反馈制度，以电子邮件、企业座谈会、调查年终总结会等多种方式，向企业家反馈调查报告信息并提供相应的金融服务，受到企业家的较高评价。

四是强化企业信息保密工作，保障调查数据真实有效。信息保密是人民银行与企业建立信任关系的关键。人民银行高度重视企业信息保密工作，2007 年，人民银行专门就调查企业信息使用范围进行了明确规定，切实做好被调查企业信息保密工作。对于一些对数据保密性要求较高的上市企业，人民银行与之专门签订保密协议。这些做法得到了调查企业的信任，减少了企业数据报送的顾虑，为调查数据报送的真实、有效提供了保障。

五是积极应对会计准则调整，规范财务调查指标报送口径。2006 年财政部颁布了新会计准则，并要求上市公司 2007 年初正式执行。为了适应上市企业使用新的会计科目报送人民银行财务指标的新变化，统一数据口径，提高调查数据的可比性，人民银行根据新会计准则的要求，在充分调研论证的基础上，于 2007 年制定了 5 000 户企业景气调查财务统计指标与新会计科目对照表，保证了企业填报财务统计指标的口径相对统一，提高了调查数据质量。

(3) 顺应时势，不断调整。

一是创建临时问题调查制度和企业实地调研制度，增强调查灵活性，提升调查深度与广度。为进一步增强5 000户企业景气调查对经济热点问题反映的及时性和灵敏性，2011年人民银行设立临时问题调查制度，即依据经济形势变化，灵活运用现有调查制度，适时扩展调查问卷内容，增强了调查的弹性和前瞻性。同时，将企业实地调研作为常规性调查的有力补充，与企业家面对面，以便较好地掌握企业经营过程中的活情况。

二是修订企业家问卷调查内容，强化调查问卷针对性。为适应经济形势变化和人民银行履职需要，人民银行广泛征求各方意见，本着继承、发展和前瞻的原则，对问卷内容进行了调整和修订，并于2013年正式实施新版问卷。新版企业家问卷在删除使用频率较低指标的同时，在内容上进一步强化了对企业融资状况的调查，提高调研的针对性，更好地服务于中央银行履职需要。企业家也普遍反映，新版问卷内容更简洁，层次更清晰，更好地反映了企业真实运行状况。

三是修订企业财务统计指标。近年来，宏观经济金融形势快速发展，企业生产经营行为发生变化，新会计准则执行范围不断扩大，原有的财务指标已难以满足中央银行对微观企业的监测和分析需求。2015年，人民银行在总结原有财务指标填报经验的基础上，根据2006年财政部颁布的新会计准则，修订了财务指标，印发了《中国人民银行5 000户工业企业财务调查制度（2015年)》。

2. 强化调查数据运用，服务货币政策决策。人民银行充分发挥景气调查数据的优势，不断加强5 000户企业景气调查数据的分析与运用，以便更好地判断当前经济运行状况、预测未来经济发展趋势，为货币政策决策提供信息支持。

在反映当前经济运行状况上，人民银行根据调查问卷结果，按季度编制和发布企业家景气指数（如宏观经济热度指数、企业家信心指数、产品销售价格感受指数、原材料购进价格感受指数、出口订单指数、国内订单指数、资金周转指数、货款回笼指数、经营景气指数和盈利指数等），从宏观经济预期、企业生产情况、销售情况、财务状况和盈利状况五个方面综合反映企业家对宏观经济形势、企业经营状况的判断。企业家景气指数和相关企业财务数据是反映当前经济形势的重要指标，常用于货币政策例会材料和《货币政策执行报告》。

在对未来经济发展趋势的预测上，人民银行针对经济周期的波动特征和变化规律，使用企业家景气指数、企业财务数据和其他经济指标建立了经济波动循环指标体系，对经济周期频率、波动幅度和拐点等进行分析与研究，对宏观经济的走势进行预研预判，及时识别和发现经济运行过程中的过冷、过热现象，服务于人民银行的逆周期调控。同时，企业景气调查的数据为宏观经济预测模型提供数据支持，用于判断当前经济及未来经济在经济周期的位置和波动幅度，为适时调整经济周期、降低经济波动幅度的政策决策提供前瞻性信息。

同时，人民银行充分利用企业景气调查所获得的财务指标数据，填补微观财务数据分析空白，及时服务于国家政策目标。2015年末中央经济工作会议明确提出"三去一降一补"的目标，"去杠杆"是2016年经济工作的一项重要内容。为了明晰债务资金的分配情况，人民银行充分发挥5 000户企业景气调查的数据优势，基于微观企业的财务指标数据，测算了不同口径下的企业杠杆率，包括"债务总额/总产值""债务总额/净产值""债务总额/主营业务收入"和"（银行借款+债券融资）/总产值"等多个指标，同时分别测算了不同所有制、不同行业、不同地区和不同规模企业的杠杆率，多层次、多角度地考察了债务资金的使用效率，为"去杠杆"提供了有益参考。

3. 顺应形势，以5 000户企业景气调查为基础，适时拓展与回归。人民币汇率形成机制改革逐步推进，为定期动态跟踪人民币汇率变化对企业的影响，了解进出口企业对汇率改革的承受能力，人民银行在

5 000户企业景气调查已有的进出口企业基础上,增补一批有代表性的进出口企业,于2011年建立外向型企业汇率变动承受力调查制度,从换汇成本、企业经营等多个方面,监测外向型企业对人民币汇率变动的承受能力,为人民银行深入推进人民币汇率形成机制改革提供了决策信息。随着经济的发展,有进出口业务企业应对外汇市场变化的适应能力不断增强,针对外向型企业进行的关注其人民币汇率变动承受能力调查,于2017年转向为关注外向型企业自身的生产经营情况、关注外向型企业汇率预期、关注外向型企业有效规避汇率风险的手段、关注外向型企业发展方向上,并在5 000户企业问卷调查基础上增加相应问题加以反映。到此,外向型企业调查回归到5 000户企业景气调查,5 000户企业景气调查更加有效地服务于货币政策。

近年来,我国民间融资发展势头迅猛,影响不断增大,引起了国内外的广泛关注。2011年,一些小微企业无力偿还巨额债务,温州市有多家企业老板"跑路"、企业倒闭,而且关停倒闭企业从个别现象向群体蔓延,由此引发了"温州民间借贷危机"。为了切实掌握民间融资的风险状况,人民银行以5 000户企业景气调查为依托,于2012年建立了民间融资调查机制。该调查包括民间借贷利率、资金来源、资金运用等内容,为货币政策决策和维护金融稳定提供了信息支持。

以5 000户企业景气调查平台为依托,人民银行开展了多项分行业、分区域的特色行业监测。部分行业景气状况和价格波动先行于宏观经济走势,因此,人民银行开展了有色金属、纺织、钢铁、汽车等多项特色行业监测。人民银行特色行业监测既能服务于货币政策决策,又能服务于区域经济发展和企业自身经营决策,是人民银行5 000户企业景气调查制度的有益延伸。

(三)5 000户企业景气调查的创新发展方向

创新是事物保持生命力的源泉,人民银行5 000户企业景气调查也将不断创新发展。

在调查方式上,人民银行正着手改进现有的调查数据报送模式,探索建立互联网直报平台。该平台有望在 2017 年末试测试行,5 000 户企业景气调查的数据报送效率、数据报送质量将实现质的飞跃。

在调查内容上,将进一步结合人民银行履职和企业自身经营需要,以 5 000 户企业景气调查平台为依托,不断丰富完善。例如,以企业资金为出发点,研究企业资金松紧度及负债资金使用效率。

在调查信息反馈机制上,人民银行始终坚持调查信息既取之于企业,也用之于企业,因此,将多途径拓宽调查信息反馈渠道,进一步丰富反馈内容,深化与企业的沟通与交流。

展望未来,人民银行 5 000 户企业景气调查的创新永远在路上,它将随着时代发展,与时俱进,变革前行。

二、银行家问卷调查

(一) 创新与合作联动,建立银行家问卷调查制度

1. 建立银行家问卷调查的背景。中央银行的货币政策需要通过商业银行传递到实体经济,货币政策对经济影响力度和效应会受到商业银行经营行为的影响;实体经济部门对货币政策调控的回应也要通过商业银行反馈到中央银行。随着经济金融改革逐步深入,人民银行强烈感受到,需要关注与货币政策实施关联最密切、反应最灵敏的商业银行的行为变动和反应。因此,2003 年人民银行建立了银行家问卷调查制度,该项调查以全国各类银行机构和外资商业银行机构负责人为调查对象,采取全面调查和抽样调查相结合的调查方式。

2. 银行家问卷调查的方法和内容。

(1) 因地制宜,切合我国具体实际。任何国外制度引进,都需要

一个中国化的过程,这是学习借鉴国外经验获得成功的根本保证。调查设立之初,国内现实情况是:国有商业银行资产占银行业总资产的绝大部分;各商业银行内部经营决策权并不完全集中在总行。这种特殊的组织结构导致银行家调查的建设框架和内容与国外类似调查只有相似性,没有同一性,因此必须体现中国特色。

首先,调查范围为具有相当经营决策权的银行机构,以全面反映其经营行为对货币政策的影响和把握银行业景气状况。2003年末,全国符合条件的地市级以上被调查机构共3 049家(包括总行18家、一级分支机构339家、二级分级机构2 692家),另以抽样调查方式选取农村信用联社约500家,外资银行以法人银行机构为调查单位的为数十家。其次,人民银行调查统计司按规定流程组织布置调查,具体实施以人民银行分支机构为主。人民银行分支机构向调查对象(被调查机构的行长或主管信贷业务的副行长)发放和回收问卷,负责调查数据审核和上报;人民银行总行在此基础上负责全国数据汇总和发布(国外多为总行自身组织调查)。最后,内容设计结合国情,完全依据中央银行需求和银行业机构的实际经营情况展开。银行家调查问卷内容具体包括银行家基本情况、对宏观经济形势的判断和预测、对货币政策相关问题的判断与预测、银行景气状况四大部分(见图4-1)。

自2004年第一季度起,银行家问卷调查制度在全国正式实施。最初银行家问卷调查制度的建立是人民银行与国家统计局合作完成的。2013年末,由于国家统计局业务调整,该调查开始由人民银行独立开展。

调查积累了从2004年第一季度以来,包括经济总体形势判断与预期、货币政策现状和趋势、利率水平现状与预期、信贷需求及审批标准把握的现状与预期、银行业经营状况与预期等在内的完整时间序列数据。银行家问卷调查采取全面调查和抽样调查相结合的方式,具有极强的全面性,这是区别于其他制度性调查和专题调查的显著特点。

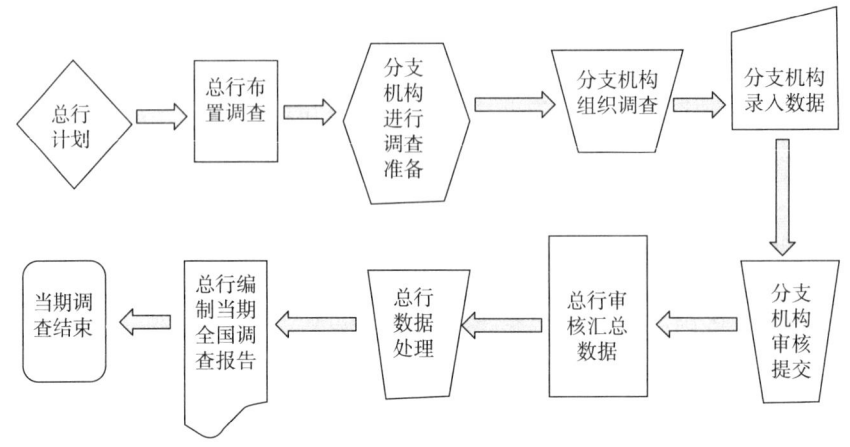

图4-1 人民银行系统季度银行家问卷调查业务流程

(2) 充分利用，服务宏观经济决策。信贷市场是货币政策传导的重要途径。银行家调查所获得的企业信贷需求、住户信贷需求、金融部门信贷供给三个方面的判断与预期的信息，是金融统计数据的重要补充，是判断货币政策实施效果和经济周期信息的重要依据。概括来看，银行家问卷调查在我国宏观经济决策中主要发挥三个方面的重要作用：

一是对定量调查数据进行有益补充。当定量数据难以收集时，定性情况可以弥补定量数据的缺口。在一些特定的情况下，对定性数据分析的意义大于对定量数据的分析。比如，在利率传导不畅的情况下，信贷机构往往是通过提高信贷标准来控制信贷供给，而不是通过提高贷款利率来抑制需求，定性分析往往能够对市场变化提供有效的解释。

二是为货币政策制定提供前瞻性信息。银行家问卷调查内容包括信贷管理专业人员对下季度或未来一段时期信贷价格、标准、意愿及非价格因素的趋势判断，因而前瞻性特征比较明显，是中央银行及相关机构分析和判断宏观经济运行状况、预测未来发展趋势的重要信息来源之一。

三是为建立银行业发展状况综合指标体系和进行经济计量分析提供数据基础。基于合成指数编制理论和方法，所构建的能够反映我国信贷市场供需形势和银行业景气状况的合成指标体系，是中央银行科学评估货币政策传导效果和经济周期波动的重要参考。

▼ 专栏13

国外中央银行开展银行家问卷调查的经验

对银行高级管理人员进行问卷调查，是发达国家中央银行采用的关注金融部门行为变动和反应的重要方式之一。

美联储于1967年开始实施季度"银行信贷高级管理人员意见调查"，被调查银行基本集中于国内数十家法人银行，内容集中于工业贷款需求和信贷标准政策。

欧洲中央银行于2003年开始按季度开展"银行放贷情况调查"，由欧洲中央银行统一组织部署、统一发放问卷、统一确定分配样本后，各成员国中央银行配合完成，主要内容包括企业信贷情况、家庭消费者信贷情况。

日本银行于2000年3月仿照美国做法，建立"大型国内银行高级信贷管理人员放贷情况问卷调查制度"，对挑选出的约50家大型银行的信贷高级管理人员实行对国内的贷款需求情况、信贷政策变化情况和存贷款利差情况按季度调查。

发达国家中央银行的定期问卷调查呈现以下共同之处：频度以季度为主，调查对象为银行行长或高级信贷管理人员，主要涉及企业、住户信贷需求和预期等信息，以百分比和扩散指数反映调查结果，以服务货币政策为主要任务。

（二）形式与内容兼顾，完善银行家问卷调查制度

1. 适时微调，增强调查样本代表性。建立了银行家问卷调查样本调

整制度。人民银行每年年初根据银行业金融机构增减状况和金融体制改革情况进行调查样本微调,保证调查样本在各个时期都具有充足的代表性。截至2016年末,根据样本调整制度调整后的调查样本为3 225家。

2. 与时俱进,调查内容适应新发展。宏观形势不断发展变化,调查内容必须顺应形势,才能保证其具备持久的生命力。十多年来,为适应金融改革和经济金融形势发展,多次或针对当期经济金融热点增加临时性问题,或本着继承和发展的原则适时修订问卷。在利率市场化推进的过程中,人民银行通过银行家问卷调查,有效评估了利率市场化改革对存贷市场利率、商业银行定价机制以及商业银行经营行为的影响,为中央银行货币政策决策提供了有效参考,也为社会公众提供了大量有益的信息。2011—2016年银行家问卷调查内容的调整与修订情况详见表4-1。

表4-1　　2011—2016年银行家问卷调查内容的调整与修订

时间	内容	背景
2011年	重大调整	选项由"五分法"改为"三分法;取消"看不准"选项;删除部分题目,减少调查总量
2012年第三季度	有关利率	2012年6月中央银行扩大存款利率浮动范围
2013年第三季度	有关利率	2013年7月中央银行取消贷款利率下限
2014年第一季度	商业银行经营策略	利率市场化的影响逐步显著
2014年第二季度	贷款审批条件	国内经济下行压力加大
2015年第二季度	重大修订	增加对表外业务调查,增加因素调查题目
2016年第二季度	活期存款增速	单位活期存款快速增加,M_1与M_2"剪刀差"扩大

3. 继承与发展共进,拓展银行家问卷调查制度。在银行家问卷调查制度建立之初,就有在适当时候将调查范围扩展到金融家的设想。经过十多年的实践,随着我国金融市场发展,融资渠道增多,非银行金融机构快速增加,在社会融资规模中,直接融资规模比重上升。伴随利率市场化改革推进,中央银行货币政策调控逐渐从以数量型调控为主转

向以价格型调控为主,在上述过程中分析判断金融市场价格变动背后的原因,了解和引导金融市场参与者预期至关重要。因此,扩大银行家问卷调查范围,建立金融家问卷调查制度正逢其时。

发达国家中央银行对信贷市场和金融市场的专项调查一般是分别独立开展的。例如,美联储在1967年建立"银行信贷高级管理人员意见调查",2010年建立"高级信贷专员对交易商融资条件的调查";日本银行2000年建立"大型银行高级信贷专员放贷情况调查",2008年建立"东京货币市场调查"。以上模式均为金融家问卷调查的设立提供了有益借鉴。

2014年5月,人民银行创立总行、总部合作调查模式,探索开展金融家问卷调查,即在总行的领导下,利用现行银行家问卷调查系统开展金融家调查,上海总部承办具体业务,调查对象为机构市场交易或研究部门的负责人。调查范围包括北京、上海、广东地区的商业银行总行、基金公司、证券公司、保险公司、期货公司、财务公司等。

目前,金融家问卷调查仍处于探索阶段,通过这项调查,中央银行能及时掌握金融市场主要交易者对金融市场交易、利率走势的判断及预期,对市场风险的判断及预期,对宏观经济形势、货币政策的判断及预期,调查结果能为经济金融形势判断、货币政策决策和防范金融风险提供较好的信息服务。

4. 反馈与倾听并举,强化与银行家的交流沟通。根据制度,各级人民银行要及时向调查对象反馈调查结果。自2005年起,人民银行在其官方网站正式对外发布全国银行家问卷调查结果(包括银行家信心指数、宏观经济热度指数、货币政策感受指数、贷款需求景气指数和银行业景气指数)。人民银行分支机构也建立信息反馈机制,反馈全国及所在省、市的汇总结果。近年来,在实地调研中,人民银行与各地银行家、金融家不断增加面对面对话交流,帮助其全面了解银行业景气状况和货币政策意图。依托于制度性调查建立了信息公开制度,银行家问卷调查在强化金融服务方面的作用日益凸显。

银行家问卷调查开展十多年来,也面临一些挑战和问题,针对这些挑战和问题,中央银行也在思考如何解决"全国一张卷"与银行层级经营差异扩大存在的矛盾、如何针对不同经济区域设计能体现区域特点的调查题干、完善问卷数据采集方式等。能否解决好这些焦点问题,关系着利用调查数据分析形势、预测宏观经济走势的准确性,关系着银行家问卷调查的品牌影响力。

三、城镇储户问卷调查

(一)城镇储户问卷调查基本情况

1. 因时顺势,城镇储户问卷调查扬帆起航。城镇储户问卷调查是人民银行建立的一项季度调查制度,旨在了解城镇居民的储蓄、消费、投资行为及心理预期等信息,为中央银行货币政策决策和调控宏观经济提供依据。

20世纪90年代,随着我国市场化程度的不断提高,金融工具不断创新,居民可选择的金融资产种类日益增多。同时,伴随居民资产占社会资产比重的逐步增长,居民投资渠道的多元化,市场波动和经济周期变化对居民储蓄心理和资产分布的影响在不断增强。为及时了解和把握居民储蓄心态,对储蓄存款的稳定性、阶层分布和发展趋势作出准确判断,人民银行于1993年9月建立了"城乡居民储户问卷调查制度"。

2. 关注民情,城镇储户问卷调查点多面广,服务决策。最初,该调查在全国选定了20个大、中、小城市作为调查区域,调查样本1万户,调查频率为半年。此后,为了适应形势的变化,该制度又进行了多次修改和完善,到1999年调查城市扩大至50个,调查样本扩大至

2万户，调查频率为季度。问卷调查信息只用于分析研究，不向任何第三方机构透露。和其他国家的实践相似，人民银行的城镇储户问卷调查已经基本覆盖了家庭财务状况、消费者信心和通胀预期三个方面的内容。

中央银行通过城镇储户问卷调查，主要关注了居民五个方面的情况：

一是反映居民对价格的感受。调查生成未来物价预期指数和房价预期指数，分别反映居民对本季度物价的满意程度和对下季度物价和房价走势的预测。

二是反映居民对收入的感受。调查生成当期收入感受指数和未来收入信心指数，分别反映居民对本季度收入改善程度的判断和对下季度收入改善的信心。

三是反映居民对就业的感受。调查生成当期就业感受指数和未来就业预期指数，分别反映居民对本季度就业环境的乐观程度和对下季度就业状况的判断。

四是反映居民的储蓄、投资和消费意愿。调查了解倾向于"更多储蓄""更多消费"和"更多投资"的居民占比，以及居民最偏好的投资方式。

五是反映居民对房价的感受以及购房意愿。调查结果显示居民对当期房价的满意程度、对未来房价上涨的预期以及未来3个月内准备出手购买住房的居民占比。

根据城镇储户问卷调查的数据，人民银行判断未来通货膨胀和其他重要宏观经济变量预期的走势，测度消费者信心，对未来的经济形势作出预测。同时，储户问卷调查的结果有助于人民银行进一步了解具体政策的执行情况。城镇储户问卷调查报告每季度在人民银行的网站上公开发布，有利于引导公众预期。

> 专栏14
>
> **住户调查对中央银行的意义**
>
> 在微观调查领域，各个国家的中央银行等机构建立了多层次、多角度的住户调查体系，用于了解住户部门对经济运行的判断与预期，观察住户部门的储蓄与消费行为特征，掌握住户部门的资产负债情况等，这有助于中央银行等机构根据经济波动情况制定和执行相关政策。
>
> 具体来说，中央银行主要关注以下三类住户部门调查数据。一是家庭财务状况调查。这样的调查通常包括：家庭收入、支出、储蓄、财富、金融和非金融资产、负债、房屋资产的购买和出售、资本利得、养老金、工作经历、风险规避、对金融机构的使用情况、对经济政策（如提高贷款利率）的预期反应。例如，欧洲中央银行组织开展的欧元区家庭金融与消费调查（HFCS），美联储开展的美国消费者金融调查（SCF）都是关于家庭财务状况的调查。二是消费者信心调查。住户部门信心的变化也和企业一样会影响实体经济活动。因此，中央银行也需要了解住户当前和未来对经济及个人财务状况的信心预期，包括失业、储蓄、购买商品的意向以及购买、租用或建造房屋的情况。目前，全球共有至少45个国家和地区定期开展消费者信心调查。三是通胀预期调查。很多国外中央银行通过定期调查来判断住户部门的通胀预期。通货膨胀的调查结果主要用在两个方面，即通货膨胀预测和评估控制通货膨胀时所采取的措施。

（二）城镇储户问卷调查的发展

我国经济金融发展态势日新月异，城镇储户问卷调查制度也与时俱进地调整，力求自始至终有效地为中央银行决策服务。

1.2008年城镇储户问卷调查制度的修订。随着城镇化进程的不断推进、互联网的蓬勃发展，我国储户问卷调查面临一系列新的问题。一是随着电子银行、手机银行的发展，越来越多的老百姓通过ATM和网上银行办理业务，去银行柜面办业务的居民减少。社会上针对储户问卷调查提出一些质疑，认为去储蓄所办业务的多是高龄人群，年轻人越来越少，仍然沿用储蓄所调查可能导致调查样本的系统性偏差。二是不同城市发展速度不同步，样本城市是否还能代表我国城市群结构，需要科学地论证。三是城市改造与建设日新月异，产业结构快速变迁，原来的城市功能区划被打乱，银行网点的关停及迁移频繁发生，沿用老办法选择储蓄所调查是否还有代表性值得讨论。四是住房、汽车、旅游在居民家庭消费支出的份额日益增加，居民的投资、储蓄行为也出现了一些新的变化，储户调查问卷也应及时调整，把握这些变化。

针对样本可能存在偏差的问题，2008年，人民银行成立专家小组对城镇居民进行摸底调查，发现调查样本的年龄、收入、性别、职业、教育水平五个方面的特征与我国城镇居民情况基本吻合，回应了社会上的质疑，肯定了"调查城市—储蓄所—储户"这种三级调查体系的合理性和科学性。

针对另外三个问题，人民银行对储户调查制度进行了调整。一是根据2006年的反映城市发展状况的相关指标，从全国660多个城市中分层抽取了50个城市，替换掉不适宜继续实施该项调查的城市，使其基本能够代表我国城市状况；二是对储蓄所的抽样，淡化了城市的功能区划概念，不再依据商贸区、居民区、机关区、工业区对储蓄所进行分层抽样，而是依据储蓄所业务量进行不等概率抽样，即业务量越大的储蓄所被抽中的概率越高，以此保障储蓄所的代表性；三是再次修订了调查内容，增加了房价、就业、经济形势、利率感受等老百姓密切关心的问题。

这次调查制度的调整于 2009 年完成，最大限度地保留了过去的调查内容，确保了调查的稳定性与连续性，又根据客观变化进一步丰富了调查内容，体现出了传承与革新精神。在常规固定问题之外，问卷调查以增加临时性问题的方式捕捉热点问题，增加调查信息量。经过这次制度调整，人民银行能更为全面地了解居民对宏观经济的判断和预期。

人民银行对于储户调查制度的思考与制度完善工作从未止步。2014 年，人民银行南京分行在苏州、南京、南通、宿迁四个城市试点运用商业银行网上银行、门户网站等平台开展居民调查，并对互联网调查和储蓄所调查的结果进行比对；济南分行、成都分行、南昌中心支行、乌鲁木齐中心支行分别在辖内开展了样本评估调查。以上调查研究均发现储户基本能代表城镇居民特征，据此人民银行总行将继续保持现行的三级调查体系，并将根据中国经济发展情况适时完善调查制度。

2. 2016 年城镇储户问卷调查制度的修订。近年来，金融改革与创新的步伐加快，城镇居民投资理财方式和消费负债观念发生较大变化。随着智能终端普及程度提高以及"互联网+"的飞速发展，居民日常行为方式也与以往有所不同，这些都对城镇储户问卷调查提出了新的挑战。一是随着理财产品的丰富和投资理财的便利化，居民可以自由投资各种贵金属、理财产品、基金、国债、保险、股票、外汇、互联网金融产品等，以往的调查问卷不能反映居民投资理财行为的这些变化。二是随着居民家庭财富的快速增长，及时掌握城镇居民家庭的资产负债情况，对研究货币政策、社会保障政策等宏观经济政策越来越重要，但储户问卷调查在这个方面还比较欠缺。三是在平板电脑、智能手机普及程度越来越高的今天，完全采用纸质问卷开展调查费时、费力、费钱，人民银行基层调查员和参与调查的老百姓对调查问卷填报方式改革的呼声非常强烈。

第四章　调查分析能力建设

为了应对新形势和新变化，2016年人民银行再次对储户问卷调查制度进行了修订。

首先，修订了调查问卷。为了跟踪居民在消费、储蓄和投资行为上的新变化，并获得更准确的居民家庭金融资产负债构成的信息，人民银行从2016年初着手修订城镇储户调查问卷，经过广泛调研，制定了新问卷的征求意见稿，组织20余家调查行进行试填报，并根据问卷试填反馈情况再次进行了问卷的修订，最终于11月初正式下发了"中国人民银行城镇储户调查问卷（2016年版）"和指标解释，并于2016年第四季度起正式执行。2016年版问卷由储户基本情况、总体经济形势及物价形势判断、家庭收支情况、家庭投资情况、家庭资产负债情况五个方面内容构成。从2016年第四季度的执行情况看，问卷填报者反馈：新版问卷题量适中，内容更易接受；人民银行调查人员反馈：新版问卷结构合理，内容翔实，信息量大，有利于中央银行全面分析掌握住户部门相关信息，尤其是新版问卷的第五部分"家庭资产负债情况"，填补了过去调查中的盲点，更细致、更深入、更贴近民生实情，具有重要的现实意义。

其次，推出了电子采集调查问卷数据系统。为了实现使用新型媒介开展人机面访的调查模式，根据现行的城镇储户问卷调查制度，调查统计司组织人民银行合肥中心支行开发了基于移动终端的电子数据采集系统，组织人民银行南昌中心支行开发了基于二维码扫描的电子数据采集系统。这两个系统均实现了使用平板电脑或手机操作取代传统的纸质问卷完成调查数据的采集，有利于提高调查员工作效率，也有利于提高调查数据准确性。2016年第四季度，调查统计司在全国20个省（直辖市）成功试点了以上两种新型的电子化数据采集方式。其中，14个省（直辖市）选择了合肥版基于移动终端的数据采集方式，10个省（直辖市）选择了南昌版基于二维码扫描的数据采集方式，这之中有4个省（直辖市）两种方案均进行了试点。两种新型数据采集方式通过试点得到了完善,于 2017 年第一季度在全国范围内推广运用,有效提升了城镇储户问卷调查的工作效率和数据质量(见表 4-2)。

表 4-2　城镇储户问卷调查使用电子问卷前后工作效率对比

工作内容	单个调查城市季度工作量	传统调查方式耗时	电子化调查方式耗时
印制问卷	480 份问卷	1 天	无须印制纸质问卷,若该季度调查模板未调整,则耗时为 0
问卷采集	480 份问卷	3~4 天	2~3 天
人工校验	校验 18 240 题(收回问卷 480 份,每份问卷 38 题)	2 天	系统自动校验
手工录入	录入 15 200 题(有效问卷 400 份,每份 38 题)	2 天	系统自带数据转换、汇总、一键导入功能
总计工作量(耗时)		8~9 天	2~3 天

注:各调查城市每季度需收回有效问卷 400 份,为防止错卷、废卷情况,实际发放纸质问卷数约 480 份。

▼ 专栏15

通胀预期指数与居民消费价格

人民银行调查统计司依据问卷调查数据测算了两个通胀预期指数,分别是银行家居民消费价格预期指数和储户消费物价预期指数。经过数量分析研究和长期观察发现,这两个指数与居民消费价格指数(Consumer Price Index,CPI)之间存在着显著的相关性,是很好的 CPI 先行指标。

银行家居民消费价格预期指数是 CPI 的先行指标。2004 年第一季度至2017年第一季度的银行家居民消费价格预期指数与CPI走势显示，二者的波动趋势基本一致，且银行家居民消费价格预期指数领先CPI变动约1个季度。

储户消费物价预期指数是CPI的先行指标。2004年第一季度至2017年第一季度的储户消费物价预期指数与CPI走势显示，二者的波动趋势基本一致且储户消费物价预期指数领先CPI变动约1个季度。

2017年第一季度，银行家居民消费价格预期指数为65.7%，剔除季节因素后，银行家居民消费价格预期指数趋势周期项为71.4%，较2016年第四季度（67.0%）提升4.4个百分点；储户消费物价预期指数为61.5%，剔除季节因素后，储户消费物价预期指数趋势周期项为64.1%，较2016年第四季度（63.9%）提升0.2个百分点。据此判断，2017年第二季度或第三季度，居民消费价格指数在2017年第一季度基础上有所提升的可能性较大。通胀预期指数与CPI情况详见专栏图4-1。

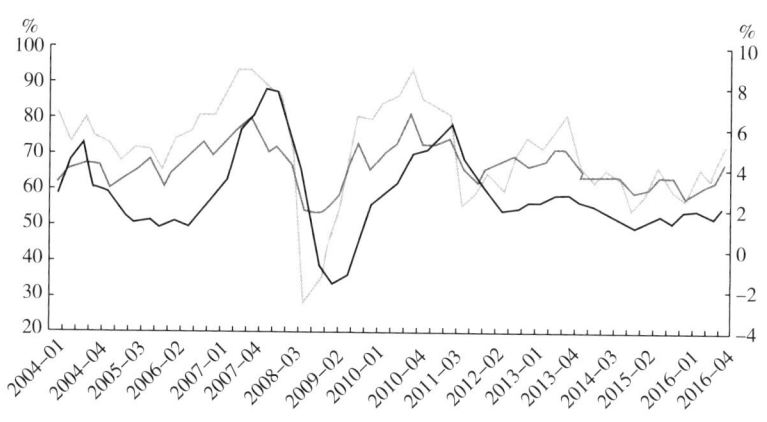

专栏图4-1 通胀预期指数与CPI

四、企业商品价格调查

(一) 支持货币政策决策,建立企业商品价格调查制度

企业商品价格是中央银行关注的重要指标。20世纪90年代初,中国处在向社会主义市场经济体制过渡的阶段,为适应市场经济环境下宏观调控的需要,提升中央银行应对通货膨胀的能力,中国人民银行自1992年起探索建立我国中央银行批发物价调查统计制度。在充分吸收、借鉴日本、韩国等国家经验的基础上,人民银行建立了批发物价调查制度,于1994年1月开始编制国内批发物价指数(Domestic Wholesale Price Index,DWPI),并于2001年10月更名为企业商品交易价格指数(Corporate Goods Price Index,CGPI)。

企业商品价格调查制度采用重点调查与典型调查相结合的方法,采集全国除西藏以外的30个省(自治区、直辖市)千余项商品月度上旬、中旬和下旬的价格信息,按月编制CGPI。

CGPI是反映国内企业之间物质产品集中交易价格变动的统计指标。编制的主要目的在于及时、准确地反映商品进入流通领域后首次交易价格变动的趋势和幅度,分析、判断国内市场商品供需平衡情况,进而推断经济发展趋势和货币供应状况,为中央银行制定、调整货币政策提供全面、及时反映我国通货膨胀状况的价格指数指标。

CGPI采用三种分类方法。第一种方法是按照国民经济行业分类标准确定的基本分类,包括四大类:农产品价格指数、矿产品价格指数、煤油电价格指数和加工业产品价格指数。第二种方法根据商品在生产过程中所处的不同阶段,分为初级产品、中级产品和最终产品,对应的指数分别是初级产品价格指数、中级产品价格指数和最终产品价格指数。第三种方法将商品按照用途分为投资品和消费品,对应的指数分别

第四章 调查分析能力建设

是投资品价格指数和消费品价格指数。

企业商品价格调查制度的调查对象具有以下特点：一是国内企业概念与 GDP 核算范围一致，即遵循本土原则。国内企业与非本土的国外企业之间的交易，即进出口不属于这项制度的价格调查范围；二是不属于物质商品范畴的运输、通信、金融等服务项目，不包括在调查之中；三是一些资产类产品如房地产，由于权数巨大且不稳定，不包括在调查之中；四是某些特殊物质产品如飞机、船舶、武器弹药等，或很难确定权重或不能进行连续价格调查，也不包括在调查之中。

企业商品价格调查的报价基点企业主要包括批发市场、物资公司和工商企业等。选择报价基点企业时，首先要考虑该企业提供报价商品的代表性是否足够好，也就是相关商品的销售额（量）在本地区市场是否较高。其次，要考虑企业的地域分布尽量均衡，避免报价基点企业大量集中在部分省份的情况。现阶段，全国有近 5 000 家报价基点企业。

企业商品价格调查涉及的商品（代表商品）包括农业、采掘业生产的初级产品，企业生产经营过程中的中间投入品，生产和生活消费中使用的最终产品。换言之，商品样本涵盖了消费品和投资品。选择代表商品时，遵循以下三项原则：一是代表性，选定的代表商品的交易量（额）要大；二是连续性，产品的生命周期要长，最好是处于产品生命周期的成长期或成熟期的商品；三是可比性，商品质量稳定，其价格要有较强可比性。

为了保持编制价格指数的稳定性和可比性，这项制度的代表商品样本总体一经选定，保持五年相对稳定，每五年统一做一次全面的审核和必要的修订。但是，为了适应消费品种类更新换代快的特点，使指数的代表商品样本总体能始终较好地反映现实经济结构，可以灵活地根据实际情况，按季度对规格品进行微调。目前，企业商品交易价格指数调查商品样本包含 1 200 多项商品和 5 000 多个规格品。

(二) 企业商品交易价格指数的编制方法

企业商品交易价格调查工作采用指数法处理原始价格数据。即对于具体的商品，不直接计算其基期和报告期的平均价格，而是使用该商品的全部报价数据，按月分别计算每条报价的报告期相对于基期的环比指数，再计算这些环比指数的几何平均数，由此得到具体商品的环比价格指数：

$$K = \left(\prod_{i=1}^{n} \frac{p_{1i}}{p_{0i}} \right)^{\frac{1}{n}}$$

式中：K 为商品 K 的月环比价格指数；p_{1i} 为某条具体报价的报告期价格；p_{0i} 为该报价项目的基期价格。

计算得到具体商品的月环比价格指数后，结合该商品的权重，采用几何平均公式逐层加权平均，得出企业商品价格月环比分类指数和总指数：

$$I = \prod_{i=1}^{n} K_i^{w_i}$$

式中：K_i 为第 i 项商品的月环比价格指数；w_i 为第 i 项商品的权重，且 $\sum_{i=1}^{n} w_i = 1$；I 为 CGPI 月环比指数。CGPI 的定基指数和其他滚基指数（季环比、年距指数等）都是基于月环比指数计算得出的。其中，定基指数等于基期至报告期所有月环比指数连乘积，或者上期定基指数乘以报告期月环比指数；年距指数（年同期比指数）用 12 个月的月环比指数连乘计算：

$$I_{定基} = \prod_{t=1}^{n} I_t$$

$$I_{年距} = \prod_{t=-11}^{1} I_t$$

CGPI 的总权重为 1 000，具体商品的权重每 5 年更新一次。5 年更新一次权重主要是因为我国的投入产出表每 5 年编制一次。投入产出表的调查范围包括第一产业和第二产业，与 CGPI 的调查范围一致；该表在行业分类上使用国民经济行业分类标准，也与 CGPI 的调查一致。在企业商品价格调查制度中，投入产出表是测算基本分类下各部门、各行业，以及部分重要商品权重的主要依据。此外，工业普查数据、农业统计资料和调查咨询资料也是更新权重时使用的重要资料。

▼ 专栏16

企业商品价格指数、生产者价格指数与消费价格指数

企业商品价格指数（CGPI）由人民银行编制，工业生产者价格指数（Producer Price Index for Industrial Products，PPI）和居民消费价格指数（CPI）均由国家统计局编制。

CGPI是反映国内企业之间物质产品集中交易价格变动的统计指标。编制的主要目的在于及时、准确地反映商品进入流通领域后首次交易价格变动的趋势和幅度，分析、判断国内市场商品供需平衡情况，进而推断经济发展趋势和货币供应状况，为中央银行制定、调整货币政策提供全面、及时反映我国通货膨胀状况的价格指数指标。

PPI反映工业企业产品出厂价格变化趋势和变动幅度。其目的在于及时、准确、科学地反映各工业行业产品价格水平及其变动趋势和幅度，为国民经济核算、计算工业增长速度、宏观经济分析、理顺价格体系等提供科学、准确的依据。

CPI反映一定时期内居民消费的商品及服务项目价格水平变动的趋势和程度。居民消费价格水平的变动率在一定程度上反映了通货膨胀（或紧缩）的程度。编制居民消费价格指数的目的，是了解价格变动的情况，分析研究价格变动对社会经济和居民生活的影响，以及为国民经济核算和宏观经济分析提供参考依据。

CGPI、PPI 和 CPI 三项价格指数都反映特定领域商品和服务价格水平的变化，但因调查目的不同，使用的具体方法也有差异（见专栏表 4-1）。从近年的运行情况看，CGPI 和 PPI 在描述价格水平的变化趋势和幅度方面，一致性较高（见专栏图 4-2）。

专栏表 4-1　　　　　　CGPI、PPI 和 CPI 主要异同

	CGPI	PPI	CPI
采价环节	首次进入流通领域时	出厂环节	消费环节
价格类型	批发价格	批发价格	零售价格
样本范围	1. 国内生产并在国内销售的商品； 2. 调查商品目录涉及国民经济行业分类中农业、采矿业、制造业和电力、燃气及水的生产和供应业四部分	1. 国内工业企业产品； 2. 调查商品目录涉及国民经济行业分类中采矿业、制造业和电力、燃气及水的生产和供应业三部分	1. 城乡居民购买并用于日常生活消费的商品和服务的价格； 2. 包括食品烟酒、衣着、居住、生活用品及服务、交通和通信、教育文化和娱乐、医疗保健、其他用品和服务 8 个大类
商品样本调整频率	5 年	5 年	每年微调，5 年一次大调整
权重调整频率	5 年	5 年	

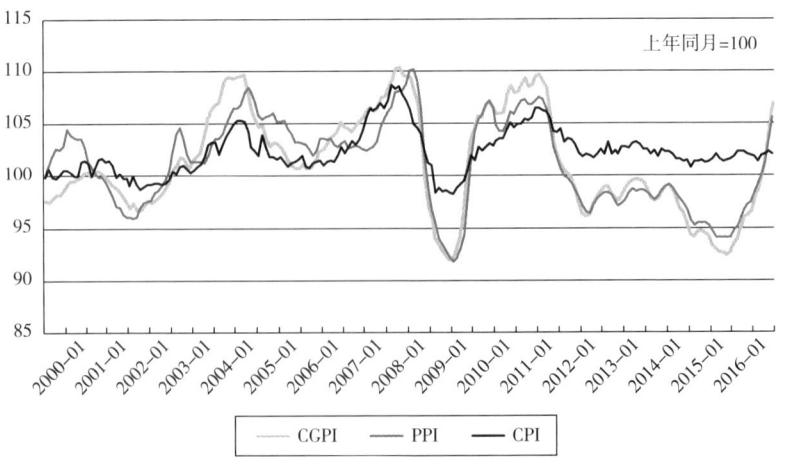

资料来源：中国人民银行、国家统计局。

专栏图 4-2　2000 年以来 CGPI、PPI 和 CPI 同比指数

第四章　调查分析能力建设

（三）企业商品价格调查制度的创新与发展

自企业商品价格调查制度建立以来，我国经济环境发生了深刻的变化。2001年加入世界贸易组织后，中国经济以前所未有的速度、深度和广度融入国际经济体系，逐步发展为全球贸易大国、全球加工制造业大国。为了更好地满足中央银行监测价格变化的需要及服务货币政策决策，企业商品价格调查制度也不断发展完善。

1. 定期更新权重，确保权重的结构能充分反映我国经济结构的结构性特点。人民银行调查统计司分别于2005年、2010年和2015年使用投入产出表等资料更新了调查商品目录，并重新计算了商品权重，以反映不同阶段我国经济结构和商品生产领域的变化特点。

2015年更新权重后，权重上升最多的5个领域分别是交通运输设备制造、农副食品加工及食品制造、化学原料及化学品制造、非金属矿物制品以及医药制造等，权重下降最多的5个领域分别是石油加工、石油和天然气开采、通用设备制造、电力市场和供应以及黑色金属冶炼及压延加工等。权重结构的变化，反映出不同行业产值增长快慢不一。例如，交通运输设备制造领域的权重大幅上升，反映出近年来我国在铁路动车和汽车制造方面的快速发展；农副食品加工领域的快速发展说明消费在带动我国经济增长中发挥的作用更加突出；非金属矿物制品权重提高可以看出近年来我国房地产开发快速发展，带动了对水泥、玻璃等产品的需求；石油、黑色金属冶炼及压延加工品权重的下降，更多的是因为受国际市场价格影响，近年来相关产品价格大幅下跌。

2. 实施新国标标准，完善行业分类。2011年4月，国家质检总局和国家标准化委员会批准了由国家统计局修订的国家标准《国民经济行业分类》（GB/T 4754—2011）。2015年，人民银行在更新企业商品价格调查工作的商品目录时，参照新的国家标准，对制造业行业大类进行了调整。其中，变化最大的是汽车制造业和医药制造业。按照新标准，重新规范了这两个行业大类的内部分类，使用新的细分类标准对原有调查样本重新归类，并对相关商品的历史价格信息做了迁移。这次调整，还涉及农副食品加工制造业、通用设备制造业、橡胶和塑料制品业、仪器仪表制造业、文教体育用品制造业等行业。

完善行业分类，有助于将近年来新出现的商品纳入调查制度，提高调查样本的代表性。在计算基本分类下各项指数时，数据与国家行业分类标准的内在一致性也得到改善。

▼ 专栏17

企业商品价格指数变化情况

自2000年以来，企业商品价格指数（CGPI）的变化大致可以分成两个阶段。从2000年到国际金融危机爆发前，中国加入世界贸易组织，在出口需求带动下，经济高速增长，生产迅速扩张，国内各种商品在批发环节的价格也节节攀升，在农产品、矿产品和煤油电等能源产品价格的变化上尤其突出。2000—2007年的8年间，CGPI累计上涨24%；基本分类中，煤油电价格涨幅最大，接近翻番，农产品、矿产品和加工业产品价格涨幅分别为36%、87%和12%（见专栏图4-3）。

2008年国际金融危机后，全球经济在波折中缓慢复苏，国际大宗商品价格剧烈波动，中国经济也进入以经济增长速度换挡期、结构调整阵痛期和前期刺激政策消化期为特征的"三期叠加"阶段。经济活动的变化也极大地影响到商品的供求，在价格水平的变化上也有所体现，CGPI波动明显增加。2011年9月，CGPI涨幅达到最高，相对2000年初上涨40%；2016年前两个月，跌至国际金融危机后的最低点，相对2000年初仅上涨18%。

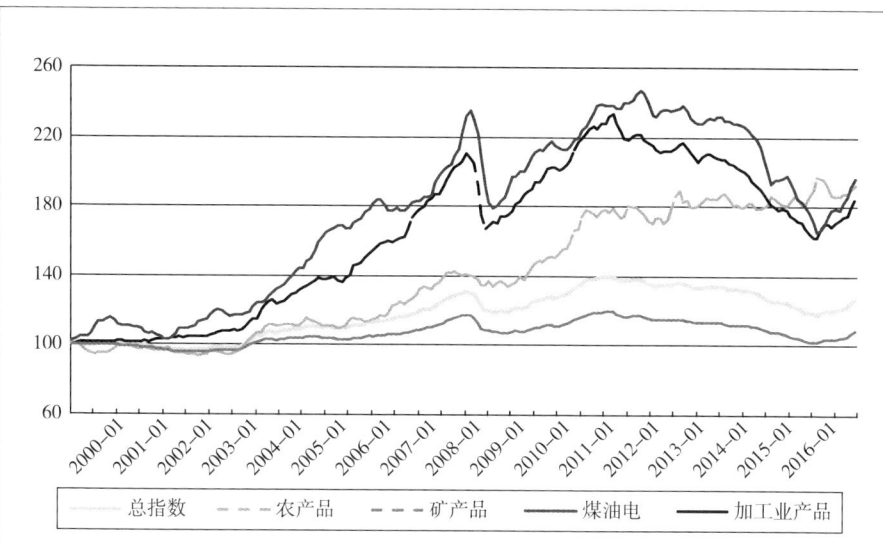

资料来源：中国人民银行。

专栏图 4-3　CGPI 及基本分类价格指数（2000—2016 年，1999 年 12 月＝100）

从企业商品价格指数的基本分类结构看，加工业产品价格的上涨幅度明显小于处于产品链上游的农产品、矿产品和能源类产品的价格涨幅。这些变化反映出生产技术进步和生产效率提高在较大程度上抵消了来自上游商品的价格上涨压力。同时，也要结合不同时期经济环境的变化来看待上述现象：在国际金融危机爆发前，制造业产品价格涨幅较小，印证了中国制造业产品的议价能力有限；近年来，制造业产品价格低迷既有需求不振的因素，也有产能过剩的原因。

3. 建立规格品按季度调整制度，提高样本代表性。2013 年，经过深入调研和认真评估，调查统计司将企业商品价格调查的规格品调整频率由一年一次调整为一年四次，具体的调整时间为 2 月、5 月、8 月和 11 月的下旬。规格品是调查样本中各种商品的具体规格型号。一般来说，商品是个相对稳定的概念，而规格品更新换代的频率则要高得多。举个例子来说，电视机是具体的商品，黑白电视、彩色电视、液晶电视、LED 电视则是对应于电视机的具体规格。定期调整规格品，能够确保被市场淘汰的陈旧规格以及关停破产企业的产品可以及时得到更新，是保证调查数据质量的一项重要措施。

作出这样的调整，主要是因为近十几年来，随着生产技术和信息技术的快速发展，厂家能够迅速地根据市场需求的变化来调整生产，商品的具体规格更新换代的速度明显加快。按照原有制度要求每年调整规格品时，需要调整的项目越来越多。一方面，部分规格品因难以联系到适合的报价基点企业而无法及时更新，在一定程度上影响了样本的代表性；另一方面，在某个时点大量更新调查样本，也影响了样本的整体稳定性。建立规格品按季度调整制度后，参与调查工作的省份可以根据本地的实际情况和工作节奏，更加灵活地安排规格品调整。

4. 多措并举，调动合作企业的积极性。调动合作企业的积极性，有助于从源头上提高企业商品价格调查工作的数据质量，也有助于相关工作人员更好地了解产品价格波动背后的经济现象。为了获得合作企业的信任、减轻其报送数据的顾虑，自 2007 年起，对于在数据保密工作方面要求较高的合作企业，人民银行分支机构专门与之签订保密协议。同时，人民银行调查统计司也加大了对合作企业的服务力度，包括定期向合作企业反馈人民银行对经济形势的分析判断，在合作企业需要获取金融服务时提供建议等。

5. 调动分支机构的积极性，因地制宜地开展特色价格监测工作。近年来，在人民银行总行的支持和指导下，人民银行分支机构依托企业商品价格调查制度的平台，结合本地区经济特点，建立了多项特色监测工作。比较典型的包括：2009 年杭州中心支行建立的义乌小商品市场价格指数监测制度、长沙中心支行建立的环洞庭湖生态经济区粮食价格监测制度；2014 年昆明中心支行建立的云南省有色金属价格监测制度；2014 年南昌中心支行建立的江西省铜产业特色监测制度；2016 年郑州中心支行建立的河南省生猪生产及猪肉价格监测制度等。

今后，企业商品价格调查制度将继续在实践中不断创新发展，为货币政策决策提供高质量的价格信息。在调查方式上，将探索使用互联网直报技术采集价格，进一步提高工作效率和数据报送质量。在数据使用上，将加大对数据挖掘的深入程度，研究完善现有的季节调整模型，更好地说明季节性因素和趋势性因素在推动价格水平变化中的作用。

第二节　金融稳定监测

一、构建金融稳定监测的背景

（一）中央银行有效履职对金融稳定监测提出了新要求

近年来，我国金融体系改革稳步推进，以银行业为代表的金融机构快速发展。2016年末，银行业金融机构总资产226.3万亿元，相当于当年GDP的3倍，是2010年末银行业总资产的2.4倍。随着金融改革向纵深推进，金融市场不断完善，产品日渐丰富，交易活跃度持续提高。2016年，银行间市场债券质押式回购成交568.3万亿元，成交量是2010年的6.7倍。

在创新推动下，跨境、跨行业、跨市场的产品层出不穷，混业经营节奏明显加快。在"大资管""泛资管"背景下，依托互联网和信息技术的发展，银行与其他金融机构之间、金融体系和实体经济之间的联系越来越紧密，也越来越复杂。一方面，金融机构和实业企业都能够设立法人机构实现混业经营；另一方面，各类现有金融机构也能通过业务和产品创新互相渗透、相互融合，推出信托产品、资管计划等跨机构、跨行业、跨市场的产品和服务。据中国信托业协会披露，2016年第三季度末，信托资产余额18.2万亿元，约是2010年末的6倍，其中银信产品占24.4%，比2010年末低30.2个百分点。

系统重要性银行一直都在我国金融体系中发挥着重要作用。多年来，70%以上的贷款业务集中在大中型银行及全国性小型银行。这类银行组织机构比较复杂、交易对手众多，在客户网络、研发能力、技术手段、数据积累等领域具有不同程度的竞争优势，常常引领国内的金融创新。同时，近年来跨市场、跨行业的产品和服务创新使得这些银行能够使用各种金融产品与工具开展交易，交易对手不仅包括金融机构，也包括实业企业和普通投资者。在这样的环境下，大中型银行及全国性小型银行与金融体系的其他部分以及实体经济之间的关联性不断增强，这些银行的作用和影响力也愈加难以替代。因此，这些银行一旦出现问题，不仅自身面临高昂的救助成本，也会影响交易对手和市场的信心，放大市场恐慌，导致货币、债券等金融市场难以达成交易，金融体系流动性枯竭，甚至引发信贷快速萎缩，对实体经济造成流动性冲击，最终使得危机自我实现、自我强化。同时，我国大中型银行的机构、产品和服务正在越来越深地融入全球金融体系，并且有可能成为各种风险和危机在我国和相关经济体之间相互蔓延、传播的渠道。这又进一步凸显了系统重要性银行"大而不能倒"的问题，以及由此带来的道德风险。

银行等金融机构是传导货币政策的重要环节，也是落实宏观审慎政策的主要着力点。因此，人民银行有效履行维护金融稳定、防范系统性金融风险的职责，需要根据我国金融体系的实际情况，定义中国的系统重要性银行，并对这些机构开展有效监测。2004年初，中国政府承诺参加国际货币基金组织的金融稳定指标联合编制活动。在这项工作中，人民银行担任协调人，国家统计局、中国银监会、中国证监会、中国保监会担任编制人。自2007年起，我国定期向国际货币基金组织统计部报送核心金融稳定指标。最初的报送频率为年度，各项指标均为国内17家全国性商业银行的汇总数据；其后，随着我国金融统计基础不断改善,我国向国际货币基金组织报送的金融稳健指标在机构范围、指标内容和报送频率上逐步改进。在机构覆盖面上逐步扩大到全国各类商业银行,2015年数据涵盖的银行已经超过1 000家;在指标上逐步纳入部分与商业银行有关的鼓励类金融稳健指标;在报送频率上提高到半年;资本充足率已经执行《巴塞尔协议(第三版)》(Basel Ⅲ)的要求。

国际货币基金组织设计金融稳健指标体系时,需要兼顾各个成员国金融体系的特点,选取的指标需要满足数据基础好、适用性广泛、重要性突出等要求。向国际货币基金组织报送金融稳健指标,为我国提供了加强这一领域国际交流的渠道,便于及时了解和借鉴国际组织及其他国家在金融稳定监测领域新的做法及成功经验。近年来,中国金融体系变化加大,构建能够充分体现中国金融体系特点、有效监测中国经济运行中系统性风险发展脉络、演变渠道、扩散途径的金融稳定监测体系势在必行。

(二)危机后国际社会持续推动对系统重要性机构和系统性风险的监测

2008年国际金融危机爆发以后,国际社会总结出"金融机构微观稳健的总和并不等于宏观稳健""产出和价格的稳定不能自动保持金融稳定"等经验,并在推动、完善金融稳定统计和监测方面做了大量工作。在国际货币基金组织提出的金融稳健指标基础上,2009年10月金融稳定理事会(Financial Stability Board,FSB)和国际货币基金组织发布《金融危机与数据缺口》,提出20条改善数据缺口的建议,分别从完善对金融部门的风险监测、改进对金融机构往来的监测和推进机构部门账户统计等角度提出建议,其中多数内容都和金融稳定统计和监测有关。

2010年12月16日,巴塞尔银行监管委员会(以下简称巴塞尔委员会）发布 Basel Ⅲ，包括《更具稳健性的银行和银行体系的全球监管框架》和《流动性风险计量、标准和监测的国际框架》两部分正文，以及补充文件《各国监管当局实施反周期超额资本要求的指导原则》。Basel Ⅲ 从制度层面确立了微观审慎监管与宏观审慎管理相结合的模式，具有以下四个特点：一是通过引入流动性覆盖率和净稳定资金比例两个管理流动性的概念，将对单家银行的监督从资产方扩展到资产负债表的全部内容，强调资产和负债在期限上的匹配。二是大幅提高了资本充足率标准和对资本质量及变现能力的要求，既增强了商业银行吸收损失的能力，又提高了商业银行资本来源的稳定性。三是从金融体系风险内生性的视角出发，对系统性风险较大的业务与机构提出了更高的资本及流动性要求，兼顾了单家银行的稳健性和整个金融体系的稳健性。四是将逆周期因子引入资本和流动性监管框架，从制度上保障银行体系的信贷供给能力在经济周期的不同阶段均能保持相对稳定，体现了金融体系与实体经济之间的内在联系。

欧债危机后，欧盟地区设立欧洲系统性风险理事会（European Systemic Risk Board，ESRB），着手建立、完善欧盟地区的金融稳定统计监测工作，具体由欧洲中央银行落实。欧盟的这套金融稳定统计监测体系，包括了用来识别、衡量系统性风险的定量和定性指标。数据来自欧洲中央银行和欧盟地区金融监管机构，后者包括欧洲银行监管局（European Banking Authority，EBA）、欧洲保险与养老金监管局（European Insurance and Occupational Pensions Authority，EIOPA）和欧洲证券和市场监管局（European Securities and Markets Authority，ESMA）。

2011 年，金融稳定理事会推出了《关于系统重要性金融机构的政策措施》[①]，明确了首批在全球具有系统重要性影响的金融机构名单，据此形成《全球系统重要性金融机构名录》（以下简称《名录》），并

---

① FSB. *Policy Measures to Address Systemically Important Financial Institutions*, 4 November 2011.

确定逐年更新。2013年，金融稳定理事会在更新《名录》时，吸收了巴塞尔委员会《全球系统重要性银行：改进后的评估方法与更高的损失吸收要求》[①]中提出的方法和要求。根据巴塞尔委员会的提议，全球系统重要性金融机构需要满足更高的资本充足率要求，其持有的资产减值损失准备要能覆盖各种风险损失，而不仅限于信用风险损失。全球系统重要性金融机构还需要在风险管理、数据处理及披露、内部控制等方面满足更严格的监管要求。金融稳定理事会2016年11月发布的最新一期《全球系统重要性银行名录（2016）》包括30家金融机构，其中我国的工商银行、农业银行、中国银行、建设银行均榜上有名。

二、金融稳定监测的目标、原则、理念和实施步骤

（一）总体目标

在定期观察常规监测指标变化情况的基础上，综合使用各种信息，并在必要时借助调查等多种手段，开展不定期监测。围绕信用风险、市场风险和操作风险三大核心，全面、准确地反映经济环境变化和银行日常经营对系统重要性银行流动性、盈利能力和资本的影响，及时识别系统性风险及其传播路径，为货币政策和宏观审慎管理提供有效信息和可靠依据。

（二）基本原则

在认真研究我国银行业结构和特点的基础上，借鉴国际经验并充分考虑我国金融统计实际情况，根据以下原则筛选监测机构和指标。

[①] BCBS. *Global systemically important banks: updated assessment methodology and the higher loss absorbency requirement*, July 2013.

一是重要性原则。表现在机构的重要性和常规监测指标的重要性两方面。近年来，我国金融业快速发展，2015年末，仅银行业金融机构的数目就已经超过4 200家。全面监测这些机构，不仅耗时耗力，还容易忽略重点，忽视具有系统重要性的发展变化及其风险。考虑到现阶段银行业依然在我国金融体系居主导地位，人民银行在金融稳定监测时根据规模大小、与其他金融机构联系的紧密程度、是否容易被其他机构替代等标准，筛选出24家系统重要性银行，作为重点监测机构。这些银行创新活跃，其资产及贷款的市场份额多年来持续高于70%，并且在外汇市场、货币市场、债券市场、资产托管等领域发挥着重要作用，与其他金融市场参与者开展了大量交易。

二是有效性原则。常规监测指标应当有效反映系统重要性银行的经营状况是否稳健，不定期监测使用的方法和信息要紧密围绕系统性风险的阶段性特点，反映其形成机制、影响因素以及对金融体系的具体影响。金融稳定监测使用的大量统计数据在划分机构部门、定义流量和存量、估价方法、交易记录的时间、财务报表等方面，均遵循《国民经济核算》《国际会计准则》《巴塞尔协议》的标准，金融统计数据还遵循了人民银行《金融统计标准及诠释》的定义和要求，在统计技术上有效保证了数据之间的一致可比。

三是可得性原则。监测使用的数据都要具备良好的统计基础，数据能够满足及时、全面、准确、可比的要求。

四是灵活性原则。依托互联网和信息、计算机技术的发展，在金融创新推动下，金融机构的业务流程、服务模式与产品形式越来越灵活多变，能够越来越快、越来越好地满足市场的需要。相应地，金融稳定监测也需要具备一定的灵活性，才能更好地捕捉、监测系统性风险。因此，金融稳定监测配合常规指标的监测，创新性地采用不定期监测的方式，根据金融机构资产和负债的阶段性特点有针对性地了解相关领域业务的发展变化情况、特点及潜在风险。例如，在对同业往来的不定期监测中发现，近年来我国同业往来出现了产品期限长期化、业务内容信贷化的特点。

银行各种经营活动的效果最终都会体现在资产质量、流动性、盈利能力和资本的变化上。在充分考虑数据可得性、可比性和时效性的基础上，选取了12项比率指标作为常规监测的重点。

（三）主要理念

金融稳定监测是从金融体系与实体经济相连互动的角度出发，通过监测系统重要性银行的经营状况，来识别、监测系统性风险。从国内、国际的相关实践看，除了系统重要性银行，其他金融机构、金融市场、房地产市场、企业、政府和住户部门都是金融稳定监测的有机组成部分（见图4-2）。

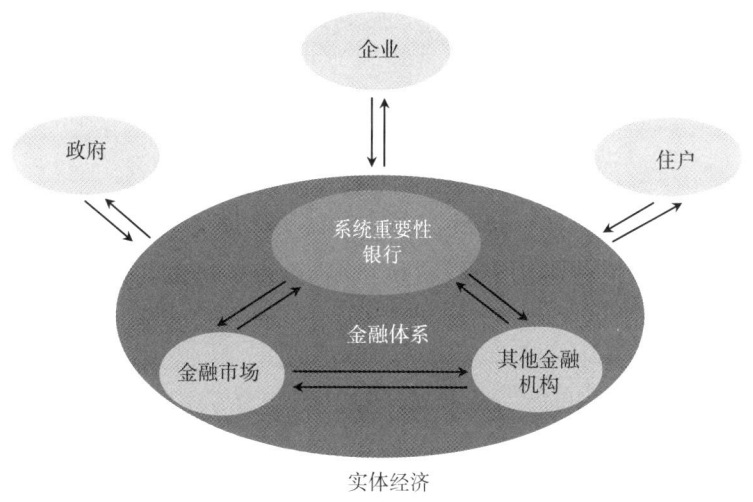

图4-2 国民经济各部门都是金融稳定监测的有机组成部分

随着新型金融机构、金融工具不断涌现，以保险公司、信托投资公司、基金（子）公司和证券公司为代表的其他金融机构在我国金融体系中的作用不断增强，对系统重要性银行经营活动的影响力日益提高。

监测其他金融机构，有助于及时了解这一领域的潜在风险。目前，囿于相关领域的统计基础相对薄弱，金融稳定监测对这一领域的监测还有待发展完善，主要通过监测这个部门的整体情况和主要产品规模、结构来说明其在金融体系和国民经济中的重要性。

非金融企业部门的财务状况直接影响其偿债能力，进而影响金融机构的资产质量。例如，非金融企业的债务水平过高或是现金流不足，都意味着一旦这个部门遇到宏观经济衰退或流动性收缩等冲击，其贷款、债权等债务工具违约的概率将提高。因此，金融稳定监测主要从负债水平和偿债能力等角度监测这个部门。现阶段关注的重点在于"三去一降一补"对非金融企业债务水平、流动性和盈利能力的影响。

住户部门是金融机构的重要客户，也是消费的主体。这个部门财务状况的变化，既会影响到其当前的偿债能力，也会影响到其未来消费各种产品和服务的能力。因此，金融稳定监测也关注这个部门的负债水平和债务负担。我国住户部门的负债主要是按揭贷款，其次是信用卡抵扣、汽车贷款和其他贷款。对于这个部门，在监测中一方面应关注住户部门贷款质量的变化，另一方面也要关注房地产市场发展变化对住户部门按揭贷款质量可能产生的影响。

金融市场是金融机构获得流动性、交易风险的重要场所。金融市场的深度、密度和恢复能力都会影响到金融机构的流动性。现阶段，应侧重考察货币市场和债券市场的流动性。

房地产价格的迅速上升往往是由扩张性的货币政策或大规模的资金流入带动的。如果随后发生急剧的经济衰退，会影响到金融部门的贷款质量和抵押物的价值。因而，金融稳定监测关注房地产市场的供求、库存及价格等主要指标的变化情况，以及这一市场与金融体系之间的联系。

（四）实施步骤

从金融稳定监测的理念不难看出，这是一项涉及众多经济部门的系统性的工作，需要大量数据和信息。经济环境和银行经营行为的变化最终都会体现在资产规模、资产质量、盈利能力、流动性和资本充足率的变化上。因此，人民银行在开展金融稳定监测时，围绕"及时识别系统性风险及其传播路径"的目标，采用两步走的方式实现：第一步是编制金融稳健指标，定期监测商业银行的金融风险，识别在哪些方面发生系统性风险的概率较高；第二步是开展不定期监测，根据需要灵活地使用多种方法，深入了解系统性风险的成因、传播途径及影响。常用的方法包括数据分析和实地调研等。

不定期监测使用的数据比较广泛，会根据监测需要灵活选用数据，包括没有纳入常规监测指标的货币金融统计数据，银行业监管数据，统计局、财政部等政府部门的数据，非金融企业的数据，以及金融市场和房地产市场的数据等。不定期监测使用的方法也比较灵活，除了分析数据，也会根据需要调研走访政府部门、金融机构和企业，或者以调查问卷、调查表的形式向被调查对象了解情况。

三、金融稳定监测的主要内容

目前，我国金融稳定监测的主要内容包括定期监测金融稳健指标和不定期监测两个方面。

（一）金融稳健指标

现阶段，人民银行金融稳定监测的常规指标，是国际货币基金组织推荐的12项金融稳健指标（见表4-3），按季度对商业银行进行分类监测。这些指标全部是比率指标，可以进一步分成5类：考察资本是否充足的指标、考察资产质量的指标、考察盈利能力的指标、考察流动性的指标和考察市场风险敏感度的指标。

表 4-3　　　　　　　　　　　金融稳健指标

指标类型	序号	指标名称	监测频率
资本	01	一级资本充足率	季度
	02	资本充足率	季度
	03	杠杆率	季度
资产质量	04	不良贷款率	季度
盈利能力	05	资产利润率	季度
	06	资本利润率	季度
	07	利差收入占比	季度
	08	非利息支出占比	季度
	09	人员费用支出占比	季度
流动性	10	流动资产比率	季度
	11	流动资产/短期负债	季度
市场风险	12	外汇净敞口头寸/资本金	季度

监测中，对于大型商业银行和股份制商业银行，要分别观察每家银行的指标变化情况；对于其他商业银行，通常先观察城市商业银行、农村商业银行和外资银行的分类汇总数据，必要时再观察相应类别下单家银行的数据。

1. 考察资本是否充足的比率指标。

（1）一级资本充足率。该指标的计算方法：①用报告单位核心资本净额的汇总数据作为分子；②报告单位风险加权资产的汇总数据为分母；③用①/②。在 Basel Ⅲ 正式生效前，国际上对该指标的判断标准仍为不能低于4%。

（2）资本充足率。该指标的计算方法：①用报告单位监管资本净额的汇总数据作为分子；②报告单位风险加权资产的汇总数据为分母；③用①/②。在 Basel Ⅲ 正式生效前，国际上对该指标的判断标准仍为不能低于8%。

第四章 调查分析能力建设

指标（1）和指标（2）是衡量银行资本充足率的首要指标，它们不仅考虑资本与资产之间的关系，而且考虑到不同层次上抗衡资产损失能力的资本与资产风险之间的关系。在分析这两个指标时要注意，对于整个银行部门来说，这两个指标值很高并不意味着风险水平较低，因为整个部门指标值反映的是部门平均水平，可能掩盖了某类金融机构或某些金融机构资本充足率较低的事实。因此，对这两个指标的分析必须深入到银行部门的子分类以及具有系统重要性的单家银行。

与 Basel Ⅱ 相比，Basel Ⅲ 对资本监管的要求更加严格，对资本充足率的影响主要体现在三个方面。第一，从提高资本质量着手，改进资本监管框架：定义了普通股一级资本、补充一级资本和二级资本，在吸收损失能力方面对合格资本工具提出了较高要求，并规定普通股一级资本充足率不得低于4.5%。第二，扩大监管资本覆盖的风险范围，把交易对手信用风险纳入了监管资本覆盖的风险中，还提出包括调整风险权重在内的一系列措施，降低银行对外部评级机构的依赖。第三，引入宏观审慎管理要素，通过要求银行持有高于最低资本要求的超额资本来降低资本监管框架的顺周期性。其中，超额资本包括留存超额资本（conservation buffer）和逆周期超额资本（countercyclical buffer）两部分。

（3）杠杆率。该指标的计算方法：①用报告单位核心资本净额的汇总数据作为分子；②报告单位表内总资产、除衍生产品以外的表外业务及使用现期风险暴露法计算得到的衍生产品价值三项内容的汇总数据为分母；③用①/②。

针对2008年及其后的金融危机中暴露出来的金融机构业务杠杆过高的现象，以及这一现象给银行业带来的系统性风险，Basel Ⅲ 提出限定银行业杠杆率，以抑制银行业务过度杠杆化的行为，并避免金融机构无序的去杠杆化行为伤及金融体系和实体经济。杠杆率衡量的是高质量资本与总风险暴露之间的比例，这一指标旨在通过建立基于总风险暴露的、简单的、非敏感性的支持手段，强化以风险为本的资本监管。我国设计杠杆率指标时，既考虑了巴塞尔委员会《增强银行体系稳健性》指引框架的要求，也考虑了我国银行业务的特点。这主要体现在两个方面：一是根据国内的实践经验，在计算"无条件可撤销承诺"的价值时给予10%的折扣；二是在使用现期风险暴露法计算衍生产品价值时，对不同剩余期限和不同基础资产的衍生产品予以区别对待。

2. 考察资产质量的比率指标。不良贷款率。这个指标的计算方法：①用报告单位在报告期内不良贷款的汇总数据作为分子；②报告单位在报告期总贷款的汇总数据为分母；③用①/②。

这个指标反映的是贷款资产的质量，其前提是不良贷款确认得当。当不良贷款比率上升时，表明信贷资产质量有所恶化，风险增加。这时，要结合拨备覆盖率，进一步分析资本消化信贷风险的能力。同时，要特别关注企业部门的财务状况，企业部门财务状况的恶化往往是造成银行不良贷款上升的原因。

3. 考察盈利能力的比率指标。

（1）资产利润率。这个指标的计算方法：①用报告单位在报告期内净收入的汇总数据作为分子；②报告单位在报告期平均总资产的汇总数据为分母；③用①/②。这个指标反映的是银行的资产使用效率。在该指标中，总资产用时期内的平均值比较合适，计算报告期内总资本平均值一般用期初和期末两个时点值进行算术平均。

（2）资本利润率。该指标的计算方法：①用报告单位在报告期内特别项目和税前净收入的汇总数据作为分子；②报告单位在报告期内核心资本平均值的汇总数据为分母；③用①/②。这个指标反映资本使用的效率以及资本对存款性机构盈利的支持作用。在分析时，注意要将这个指标与资本充足率一同分析，因为资本收益率高有可能是资本水平低造成的，资本水平低就意味着资本充足率低，这时较高的资本收益率反而表明银行有经营风险；反之，资本收益率低有可能是资本水平比较高造成的，这时银行盈利能力的相对低水平，并不说明银行抵御风险的能力较低。

（3）利差收入占比。这个指标的计算方法：①用报告单位在报告期内净利息收入的汇总数据作为分子；②报告单位在报告期总收入的汇总数据为分母；③用①/②。这个指标反映利息收入的相对规模。现阶段，我国银行业的利息收入主要来自贷款业务。近年来，随着债券市场的快速发展，持有债券获得的利息收入对总收入的贡献明显上升。监测中有时需要对利差收入的来源加以区分。

（4）非利息支出占比。这个指标的计算方法：①用报告单位在报告期营业支出汇总数据作为分子；②报告单位在报告期总收入的汇总数据为分母；③用①/②。这个指标反映银行管理支出的相对规模。

（5）人员费用支出占比。这个指标的计算方法：①用报告单位在报告期人员费用支出汇总数据作为分子；②报告单位在报告期营业支出的汇总数据为分母；③用①/②。这个指标反映银行的人力成本占管理成本的比重，并由此衡量经营效率。人员费用支出一般包括员工的薪酬、福利。

4. 考察流动性的比率指标。

（1）流动资产比率。这个指标的计算方法：①用报告单位在报告期内狭义流动资产的汇总数据作为分子；②报告单位在报告期总资产的汇总数据为分母；③用①/②。这个指标反映的是银行为满足可预见和不可预见的现金需求而准备的流动性的大小。该比率越高，表明银行的流动性越强。

（2）流动资产与短期负债的比率。这个指标的计算方法：①用报告单位在报告期内狭义流动资产的汇总数据作为分子；②报告单位在报告期短期负债的汇总数据为分母；③用①/②。这个指标反映的是资产和负债在流动性方面的匹配状况。它可以表明当银行遭遇流动性问题时，用于满足短期资金提取的能力。

5. 考察市场风险敏感度的比率指标。外汇净敞口头寸比资本。该指标的计算方法：①用报告单位在报告期内按一种外币折算后的外汇净敞口头寸汇总数据作为分子；②报告单位在报告期内监管资本的汇总数据为分母；③用①/②。这项指标考察汇率风险。当银行的外汇净敞口头寸相对于监管资本的规模较大时，汇率波动对银行的当期损益或权益产生的影响也较大。

▼ 专栏18

商业银行金融稳健指标

2010—2016 年，我国银行业改革不断深化，商业银行规模迅速扩张，风险管理能力有所增强。但 2012 年以来，受国内外经济环境变化影响，我国商业银行不良贷款余额和不良贷款率均有上升，但不良贷款率仍处在不到 2% 的较低水平；存贷款利差收窄加之信用风险损失上升，商业银行盈利水平略有下降；当前我国商业银行流动性和市场风险状况依然良好，资本充足率仍处在较高水平，发生系统性金融风险的可能性不大。

一、不良贷款余额及不良贷款率先降后升

相对于经济运行，银行业的风险暴露存在滞后性。2012 年是商业银行不良贷款余额由降转升的转折点；自 2013 年起，不良贷款率也逐年提高。2016 年末，商业银行不良贷款余额为 15 122 亿元，比上年增加 2 378 亿元，较 2010 年增长约 2.5 倍；不良贷款率为 1.74%，较上年提高 0.07 个百分点，比 2010 年提高 0.64 个百分点（见专栏图 4-4）。

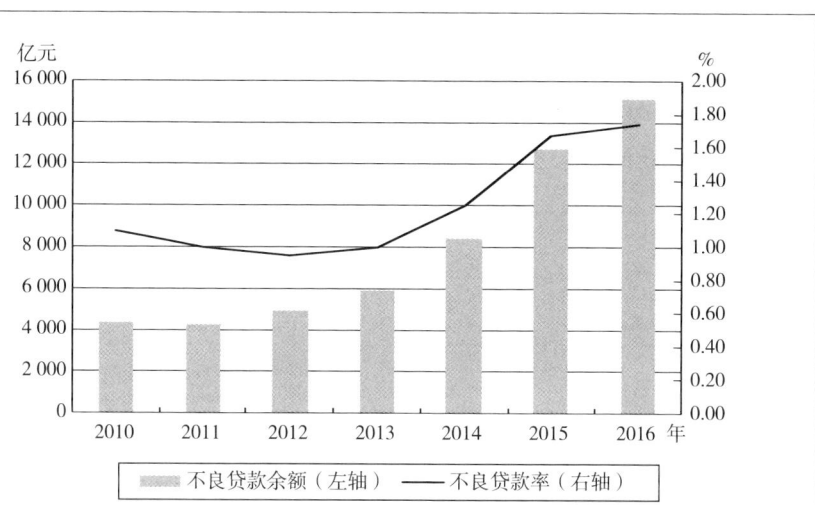

资料来源：银监会。

专栏图 4-4　商业银行资产质量

二、盈利水平逐年缓慢下滑

近年来，利率市场化改革不断深入，商业银行的存贷款利差持续收窄。此外，自 2012 年以来，前期积累的信用风险逐渐暴露，吸收、化解风险的费用上升。加之金融脱媒，造成银行的优质客户流失。这些因素，导致自 2012 年以来，商业银行的盈利水平逐年缓慢下滑。2016 年末，商业银行资产利润率为 0.98%，比上年低 0.12 个百分点，比 2010 年末低 0.22 个百分点；资本利润率为 13.38%，比上年低 1.6 个百分点，比 2010 年末低 5.82 个百分点（见专栏图 4-5）。

三、流动性和市场风险状况良好

2016 年末，商业银行流动性比例为 47.55%，较上年低 0.46 个百分点，但仍较 2010 年末水平提高 5.35 个百分点；商业银行外汇净敞口头寸[①]比例（外汇净敞口头寸相对监管资本的规模）为 3.54%，

---

① 外汇净敞口头寸指没有使用套期保值工具锁定汇率风险、市场价值随汇率波动而变化的外汇头寸。

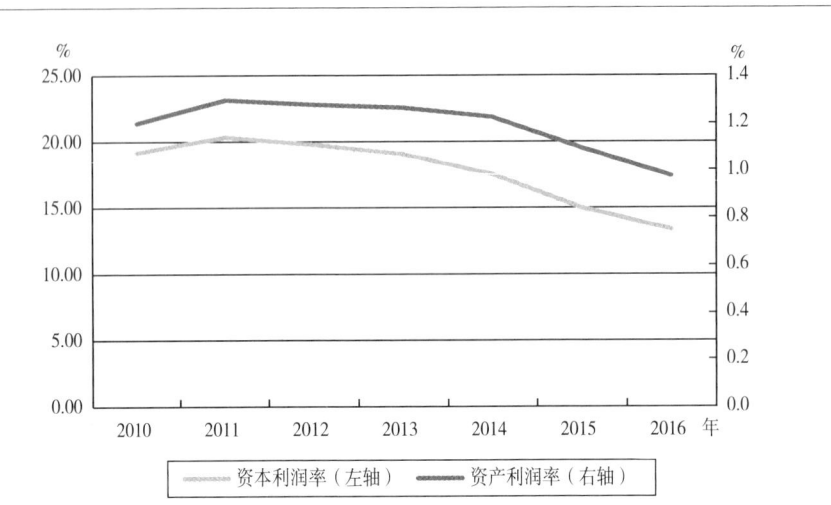

资料来源：银监会。

专栏图 4-5　商业银行盈利情况

较上年低 0.13 个百分点，较 2010 年水平低 3.16 个百分点（见专栏图 4-6）。

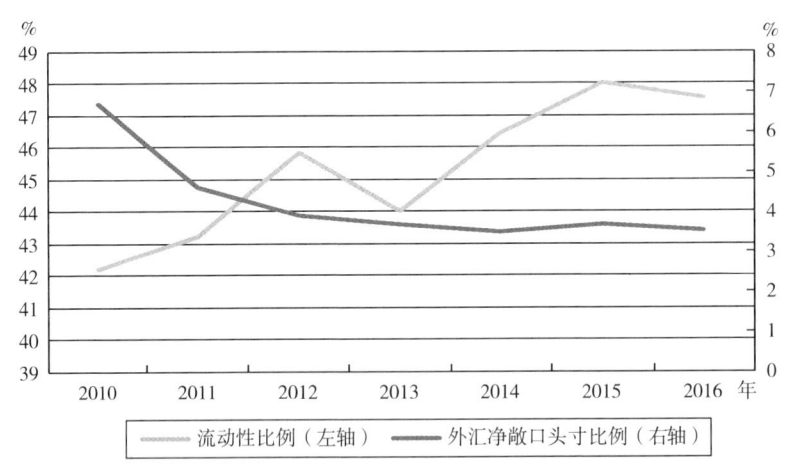

资料来源：银监会。

专栏图 4-6　商业银行流动性和市场风险

四、资本充足率仍在较高水平

2013 年，商业银行在计算资本充足率时开始执行 Basel Ⅲ 标准。

新的标准在计算监管资本和风险加权资产方面都有一些不同以往的要求,造成当年资本充足率一度下滑。按照新的资本充足率标准,2016年末,我国商业银行资本充足率为13.28%,较上年降低0.17个百分点,较2013年提高1.19个百分点;一级资本充足率为11.25%,较上年降低0.06个百分点,较2013年提高1.3个百分点(见专栏图4-7)。

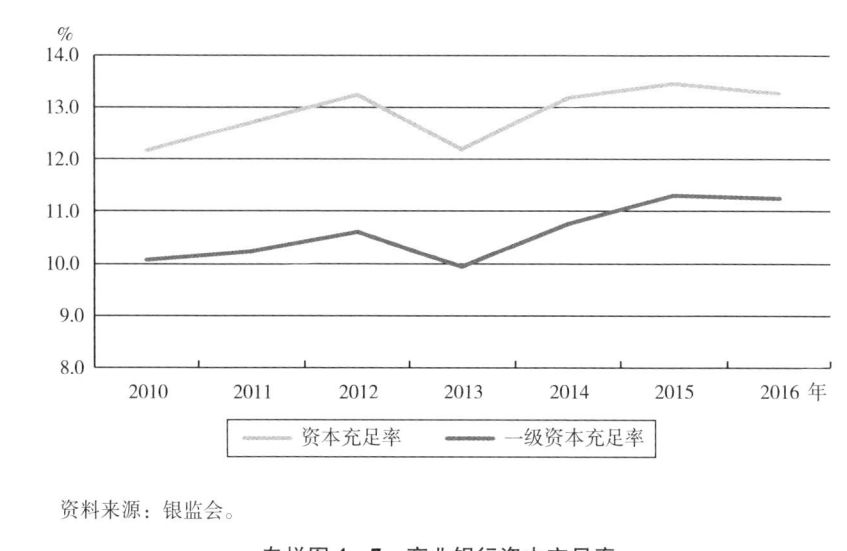

资料来源:银监会。

专栏图4-7 商业银行资本充足率

(二)金融稳定的不定期监测

金融稳定的不定期监测是常规金融稳健指标监测的重要补充和辅助手段。金融稳定不仅取决于微观个体金融机构的稳定,也取决于金融机构之间以及整个金融系统同其他经济部门之间的相互作用和相互依赖。因此,不仅要重视未纳入常规金融稳健监测指标的银行业数据,也要重视非银行金融机构、金融市场、非金融企业部门、住户部门、政府部门及房地产市场等领域的变化以及这些变化对金融稳定的现实及潜在影响。在金融稳定不定期监测中，国际货币基金组织和欧盟、美国、英国、日本、新西兰等国家（地区）的经验可资借鉴。

此外，近年来我国金融业创新活跃，很多产品的形态和构成要素会根据市场环境的变化和融资机构及投资者的需要而及时调整。在监测中应根据需要，动态调整监测使用的数据，并在必要时运用典型调查和抽样调查相结合的方式，通过召开座谈会、走访金融机构和非金融企业、发放调查问卷及调查表等多种手段，了解相关领域的定性、定量信息。

四、金融稳定监测未来的发展思路

金融稳定是金融发展的前提，金融发展为金融稳定监测提出许多新的要求。未来，金融稳定监测工作应侧重三个方面：一是更加关注系统重要性银行的金融稳定监测；二是拓展金融稳健指标；三是继续研究探索如何将证券业和保险业纳入监测范围。

（一）关注系统重要性银行的金融稳定监测

目前，我国向国际货币基金组织报送金融稳健指标时，各项指标都是商业银行的汇总数据。我国监管金融系统性风险的实践表明：系统重要性银行在我国金融体系中发挥着重要作用，把全部商业银行作为样本监测系统性风险，监管的重点不够突出。因此，要根据当前金融机构开展业务的实际情况，参考金融稳定理事会和巴塞尔委员会的相关标准，从规模、关联性和可替代程度三个角度，筛选出具有系统重要性的银行，作为金融稳定监测的观察对象。

需要说明的是，系统重要性银行的成员不是一成不变的，金融稳定监测的一项重要内容就是根据国内金融业发展的实际情况定期评估哪些机构具有系统重要性，并在必要时调整系统重要性金融机构的选择标准。

▼ 专栏19

系统重要性银行的评价标准

2008年国际金融危机后，各国都认识到，要对系统重要性银行执行比对一般银行更加严格的监管要求。

系统重要性银行通过各种交易和服务，与其他金融机构及实体经济之间建立了广泛而深刻的联系。一旦这样的银行在偿付能力方面出现重大问题，会对金融体系，乃至实体经济的运行产生严重冲击。如果救助这些银行，不仅所费不菲，还会造成道德风险方面的问题；如果不救助而任其破产，各种直接、间接的经济损失，又可能难以承受。

加强对系统重要性银行的监管，首先要确定什么样的银行具有系统重要性。金融稳定理事会在定义全球系统重要性银行方面作出了有效尝试。该机构主要依据五个方面的指标给银行打分，并在此基础上结合其他定量、定性信息，确定全球系统重要性银行。五个方面的标准分别是：日常经营的国际化程度（cross-jurisdictional activity）、规模（size）、联系的紧密程度（interconnectedness）、可替代性高低（substitutability）和复杂性（complexity）。

借鉴金融稳定理事会的方法，在认真评估国内银行业的业务、产品特点和数据可得性的基础上，应从规模、联系的紧密程度和可替代性高低三个方面，定量地评价哪些银行具有系统重要性。

第一，规模。这是评价银行是否具有系统重要性的关键指标。银行的规模越大，对经济活动的影响也就越大。一旦大型银行出现问题并退出市场，很可能导致特定领域的金融产品和服务出现缺口，而其他银行也难以在短时间内迅速、有效地填补这些缺口。可以用银行的总资产余额来衡量商业银行的规模。

第二，联系的紧密程度。如果一家银行和其他金融机构之间达成的交易规模越大、涉及的机构数目越多，那么这家银行出现风险时就越有可能牵连到其他金融机构，因此，这样的银行也就具有更高的系统重要性。可以用同业融入余额、同业融出余额、同业投资余额和尚未兑付的债券余额四项指标来衡量某家银行与其他金融机构之间联系的紧密程度。

第三，可替代性高低。一般来说，一家银行规模越大、与其他金融机构的联系越紧密，就越难以被其他银行替代，系统重要性也就越高。可采用贷款规模和托管资产规模两项指标衡量银行是否容易被其他银行替代。

（二）拓展金融稳健指标

未来，人民银行将根据银行业务的发展变化和相关领域统计工作的进展，适时拓展金融稳健指标。可以考虑从总量指标和比率指标两方面推进这项工作，初步选定 15 项总量指标和 5 项比率指标（见表 4-4）作为常规金融稳定监测使用的指标。

表 4-4 　　　　　拟纳入金融稳健常规监测指标的数据

指标类型	序号	指标名称	监测频率
总量指标			
	01	总资产	月
	02	各项贷款	月
	03	同业融出余额	季度
	04	同业投资余额	季度
	05	表外资产	月
	06	托管资产余额	月
	07	总负债	月
	08	同业融入余额	季度

续表

指标类型	序号	指标名称	监测频率
	09	净利润	季度
	10	一级资本净额	季度
	11	二级资本净额	季度
	12	资本净额	季度
	13	风险加权资产	季度
	14	不良贷款余额	月
	15	逾期贷款余额	月
比率指标			
资产质量	16	拨备覆盖率	月
	17	关注类贷款占比	月
	18	逾期90天以上贷款比率	月
流动性	19	流动性覆盖率	季度
	20	净稳定资金比率	季度

总量指标的内容比较直观，无须多加赘述。下文将重点介绍比率指标。

1. 考察资产质量的比率指标。

（1）拨备覆盖率。这个指标的计算方法：①用报告单位在报告期内贷款减值损失准备的汇总数据作为分子；②报告单位在报告期不良贷款的汇总数据为分母；③用①/②。这一指标用于衡量银行持有的贷款减值损失准备是否足以弥补贷款出现风险时可能出现的损失，将是我国特有的金融稳定监测指标。通常来说，拨备覆盖率超过100%，意味着不良贷款即便因为发生风险而完全损失，银行的拨备仍有富余。在我国，拨备覆盖率也被管理部门当做能够发挥逆周期调节作用的宏观审慎管理工具。在经济繁荣期，管理部门会适当调高拨备覆盖率的最低要求，鼓励银行多计提拨备，应对经济下行时的风险，实现未雨绸缪、以丰补歉的目的。在经济低迷时，管理部门会酌情下调拨备覆盖率的最低要求，以帮助银行业应对经济逆周期，提高银行体系对实体经济的支持能力。

（2）关注类贷款占比。这个指标的计算方法：①用报告单位在报告期内关注类贷款的汇总数据作为分子；②报告单位在报告期各项贷款的汇总数据为分母；③用①/②。这个指标反映的是贷款资产的质量，是我国特有的金融稳定监测指标。目前，管理部门对银行的不良贷款余额、不良贷款率和拨备覆盖率设置了考核要求；很多银行的总行在考核分支行时，也在这些方面有所要求。在信用风险上升时，一些银行为了规避考核，会把一部分本应计入不良的贷款归入关注类贷款。因此，结合使用不良贷款率和关注类贷款占比，能够更有效地监测我国银行业贷款质量的变化。

（3）逾期90天以上贷款比率。这个指标的计算方法：①用报告单位在报告期末逾期90天以上贷款的汇总数据作为分子；②报告单位在报告期末不良贷款的汇总数据为分母；③用①/②。这个指标反映的是银行在实际执行五级分类标准时，对不良贷款的认定是否审慎，也是我国特有的金融稳定监测指标。在经济繁荣、银行面临的信贷风险压力较小时，一些银行会将绝大多数逾期90天以上贷款计入不良贷款，表现在数据上就是逾期90天以上贷款比率通常不足100%；而在信用风险上升、贷款劣变压力较大时，银行更加倾向于将一部分逾期90天以上贷款计入关注类贷款，使得这一比率明显上升。贷款劣变压力越大，被归入关注类贷款的逾期90天以上贷款数量越多，这一比率也就越高。

2. 考察流动性的比率指标。

（1）流动性覆盖率。这个指标的计算方法：①用报告单位在报告期内流动性资产的汇总数据作为分子；②报告单位在报告期净资金流出的汇总数据为分母；③用①/②。流动性覆盖率反映在监管部门设定的短期严重压力情景下，银行是否有足够的优质流动性资产，能否应对未来30天的资金流出需求。本项指标和净稳定资金比率都是Basel Ⅲ中新推出的指标，体现了2008年国际金融危机后管理部门对流动性管理的重视。

优质流动性资产需要满足以下条件：①无变现障碍；②不可与交易头寸的对冲交易相关；③不可用于抵押品（除了按协议可再卖出的借入或购买的债券）；④不可用于结构性交易中信用增强的用途；⑤发行方不能为银行、投资公司或保险公司；⑥具有中央银行可接受性。它主要包括现金、中央银行准备金、风险加权系数为零的债券等资产。

净资金流出为压力情景下可能发生的资金流出和流入之间的差额。这些流入或流出的资金可以包括以下三种期限：①无明确到期日；②30天以内到期；③内嵌可提前到期期权的资金流动。监管部门根据经验数据对各项资金流入/流出项目设定相应的折扣率，以体现相关产品在危机情景下的资金流动情况。目前，我国要求流动性覆盖率应高于100%。

（2）净稳定资金比率。这个指标的计算方法为：①用报告单位在报告期内可用的稳定资金的汇总数据作为分子；②报告单位在报告期内业务所需的稳定资金的汇总数据为分母；③用①/②。净稳定资金比率考察银行融资来源是否稳定，关注未来一年内银行是否有稳定的资金满足各种业务需要。

可用稳定资金主要包括以下项目：①一级资本工具；②二级资本工具；③其他优先股；④未纳入二级资本工具且剩余期限超过1年的资本工具；⑤实际到期日超过1年的批发借款和负债；⑥零售定期存款或借款；⑦无到期日或到期日小于1年的负债。监管机构根据银行开展业务的经验数据，对以上金融工具设定折扣率，以体现相关资金的稳定程度。稳定性最佳的项目可全额计入可用稳定资金，稳定性越低的项目，适用的折扣越高。

业务所需的稳定资金包括银行开展各类业务时需要使用的资金，既包括银行账户产品，也包括交易账户产品。监管机构根据银行开展业务的经验数据，对各项业务支出设定相应的折扣率，以体现不同业务在资金需求强度方面的差异。

(三) 研究探索将证券业和保险业纳入金融稳定监测

证券业和保险业是金融业的重要组成部分。多年来，相关领域的统计制度由证监会、保监会分别根据分业监管的需要设计、实施，采用的统计技术标准不尽一致，统计指标难以直接相加或者进行轧差合并。因此，目前通过整合银行业、证券业和保险业的数据来反映整个金融体系的系统性风险仍然存在技术障碍。

以测算金融业总资产为例。目前，银行业、证券业和保险业金融机构之间存在大量同业往来与交易，如果将三个行业金融机构的总资产简单相加，会产生大量重复计算，夸大金融业规模及其对经济活动的影响。如果想避免重复计算，就需要了解底层数据，并在底层数据的层面进行轧差。但是，三个行业构成总资产这项指标的底层数据使用的统计标准并不统一，不同行业之间的总资产底层数据难以达到一致可比的要求，给轧差合并带来了许多困难。其他反映金融业资产规模和风险的主要指标也存在类似的问题。

今后，人民银行将继续会同银监会、证监会、保监会，在推进金融业综合统计和推动金融统计技术标准落实的基础上，探索提高金融统计底层数据一致性、可比性的方法，研究行之有效的监测金融部门系统性风险的方案，为维护金融稳定提供更好的信息支持。

第三节　分析能力建设

一、数量模型

21 世纪以来，人民银行研究开发了中国本土化的 PBC 版 X-12-

ARIMA 季节调整软件，并在构建宏观经济金融分析与预测框架和宏观景气预警体系、开发综合模型系统方面做了不懈努力，有效提高了数据挖掘和分析能力。

（一）开发 PBC 版 X-12-ARIMA 季节调整软件

1. 宏观分析所用环比时序数据需做季节调整。经济时间序列数据以月份或季度作为时间观测单位，通常具有一年一度的周期性变化，这种周期性变化是由于气候、社会制度和风俗习惯等季节因素造成的，在经济分析中称为季节性波动。

季节性波动往往遮盖或混淆经济发展中其他客观变化规律，给宏观经济形势的分析判断造成困难。比如，夏季蔬菜水果大量上市，春节期间消费旺盛，均可引起短期物价波动，但这并不能反映全年的物价走势。因此，在使用月度或季度数据进行经济分析之前，需要对数据进行季节调整。季节调整后的数据消除了季节性波动，使得不同月份或季度之间的数据具有可比性。目前，几乎所有发达国家和新兴市场国家都使用经过季节调整以后的环比指标分析经济形势。比如，一般将连续两个季度的经济下降定义为经济衰退，指的就是经过季节调整以后的环比下降，而不是同比下降。

如何进行季节调整？一般来说，一个时间序列通常受多种因素影响，这些因素可以分解为趋势因素（T）、循环因素（C）、季节因素（S）和不规则因素（I）。季节调整后的时间序列就是趋势、循环和不规则因素的合成。以季度数据为例，由于调整后的数据剔除了季节性等不可比因素，可以认为任何一个季度的数据与一年中所有其他季度的数据都是同质的，也就是通常所谓的"年率化的增长速度"，这使得以当期的短期经济指标观察全年的情况成为可能。

2. 季节调整软件的中国化具有重要现实意义。21 世纪初，国际上季节调整的主流方法为 X-12-ARIMA 以及 TRAMO-SEATS，相应的分析软件为美国普查局开发的 X 系列版本和西班牙中央银行开发的

TRAMO – SEATS 版本。但使用上述方法和软件调整中国宏观经济数据时存在一个重要的问题，即方法上未能考虑中国的移动假日，如春节。

在假日里，人们往往停止生产、集中消费，使得许多经济变量表现出显著不同于非假日的特征。假日有两种类型，一种是固定出现在某个月的假日，如元旦；另一种是移动假日，如春节可能在1月也可能在2月。由于各国传统习惯不同，移动节假日也存在差异，各国中央银行、统计部门的分析人员在运用 X – 12 方法时，根据自己国家移动假日的需要，进行本土化改造。X – 12 – ARIMA 程序根据美国的情况设定了复活节（在3月22日至4月25日范围内变动）、劳动节（9月第一个星期一）和感恩节（11月第四个星期四）三种移动假日（见图4 – 3）。在我国，如果不考虑中国春节的现实情况，机械地使用 X – 12 – ARIMA 程序对我国经济数据进行季节调整，就会使每年1月、2月的数据严重失真，极大地影响季节调整的效果。因此，对当时国际主流的季节调整软件进行中

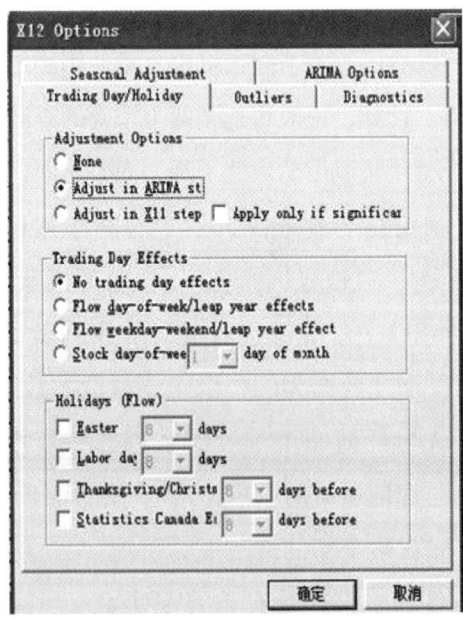

图4 – 3　Eviews 软件中的 X – 12 – ARIMA 操作界面，基于西方节假日进行季节调整

国本土化改造，具有重要的现实意义和应用价值。

3. 研究开发符合中国国情的季节调整软件。对时间序列 X-12-ARIMA 季节调整的原理进行研究，形成了中国特色的调整算法，并对其软件进行中国本土化改造，于 2005 年启动"PBC 版时间序列季节调整软件 X-12-ARIMA"（以下简称 PBC-X-12-ARIMA）项目建设工作。经过一年多的研发，PBC-X-12-ARIMA 软件于 2007 年初投入使用，并配套编制了《时间序列 X-12-ARIMA 季节调整——原理与方法》和《时间序列 X-12-ARIMA 季节调整——操作指南》。

PBC-X-12-ARIMA 软件有以下特色：

（1）增加了春节效应调整功能模块。这是 PBC-X-12-ARIMA 季节调整软件最重要的创新之处。软件包含了三种春节效应模型：单变量等权重模型、多变量等权重模型、多变量变权重模型。用户可以根据时间序列的特点，任意选择上述三种模型中的一种，并根据实际情况，选择春节效应的时间跨度（见图 4-4）。

（2）界面简洁，操作方便。PBC-X-12-ARIMA 季节调整软件对国际常见的操作界面进行了升级改造，从 DOS 界面转换为 Windows 操作界面，同时汉化菜单命令，另外也增加了数据输入或调用、SPEC 文件调用和生成以及帮助等功能。

（3）图形显示功能。PBC-X-12-ARIMA 软件提供了多种图形显示功能，能把季节调整后的各种结果以图形化显示，可以同时调用多个指标的多个调整结果进行比较，方便用户进行直观判断（见图 4-5）。

4. PBC 版季节调整软件已广泛使用。PBC-X-12-ARIMA 软件具有很强的通用性和很高的应用价值，在人民银行总行及分支机构、相关部委、科研机构、金融部门、国际组织中均已广泛的应用。目前该软件在人民银行调查统计的应用集中体现为三点：一是数据指标季节调整。目前在人民银行的月度宏观经济金融核心报表和关于宏观分析的工作

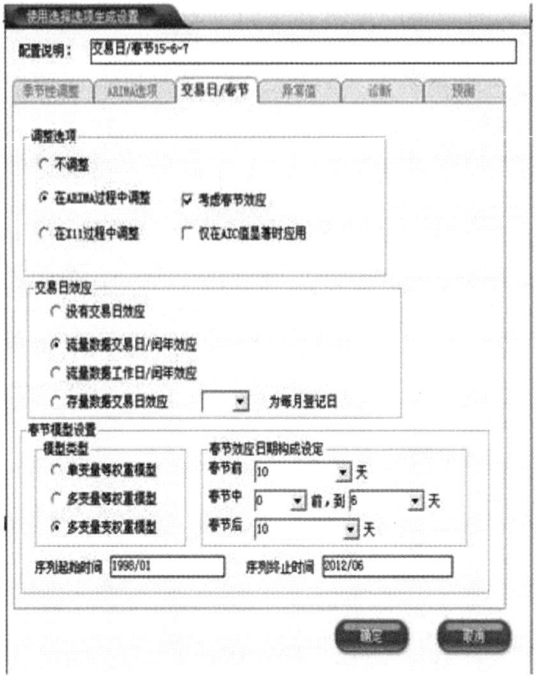

图4-4 PBC-X-12-ARIMA 操作界面，
基于春节等移动假日进行季节调整

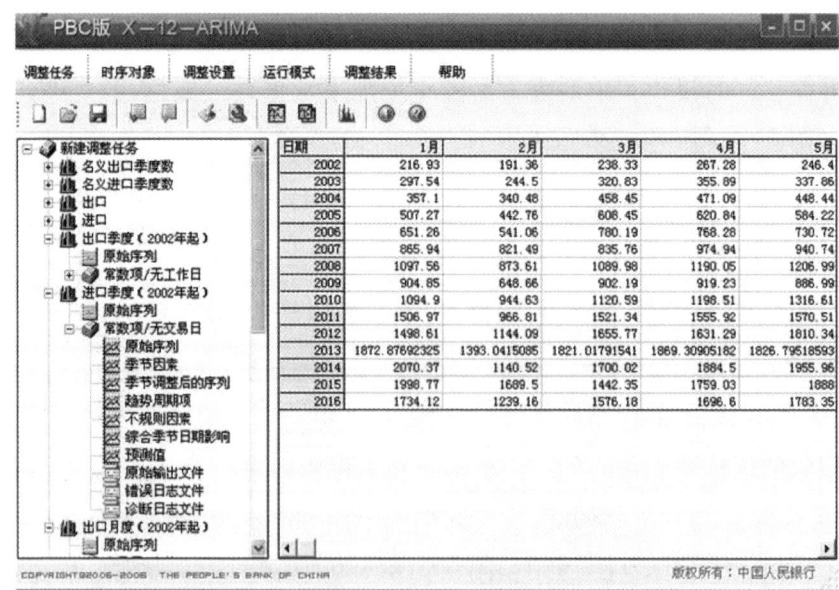

图4-5 PBC-X-12-ARIMA 操作界面

报告中,GDP、消费、投资、M_2、贷款、进出口等多个指标的数据处理任务均需要在该项目软件中完成。二是短期预测。该软件内含预测功能,可以对经济指标利用 ARIMA 模型做短期预测,且短期预测效果较好。三是研究基础。对经济指标做季节调整,是开展先行指标和指标间相关关系研究的基础。

该项目成果的应用和推广,为进行适合中国国情的季节调整提供了有力的工具和方法,不仅推动了我国环比指标分析与监测工作的发展,而且加强了国际上相关业务分析的交流,进一步提升了中央银行经济金融运行监测和分析水平。

5. 目前正在开展软件的升级完善工作。PBC-X-12-ARIMA 软件投入使用至今已有近十年的时间,国内外经济环境发生了重大变化,国际通用的季节调整方法不断更新。目前,X-13-ARIMA-SEATS 软件已经成为国际主流的时间序列处理软件。此外,国内节假日实施调休政策,出现五一、十一、清明、端午、中秋等小长假,现有软件尚不具备相应的调整功能。因此,升级开发新的季节调整软件显得非常重要和迫切。目前,人民银行已经启动 PBC 版 X-13-ARIMA-SEATS 项目的研究与开发。

(二) 研究开发系列经济金融预测模型

随着国内外经济形势的日益复杂化,出现了很多新情况,需要深入研究经济社会发展中存在的热点、重点、难点问题。开发一系列经济金融预测模型,能够有效提高对当前与未来经济金融形势判断的能力,为宏观经济决策提供前瞻性的判断依据。

宏观经济金融预测模型框架包含对象、方法和应用等几个方面。对象方面,框架涵盖了当前我国主要宏观经济金融指标;方法方面,侧重定量测算与定性分析相结合,强调多种方法相结合;应用方面,宏观分析、预警、预测与政策模拟相结合。

目前,人民银行使用的数量模型方法主要包括计量经济模型方法、动态因子建模技术、投入产出建模技术、一般均衡建模方法等(见表4-5)。

表4-5 数量分析方法及其应用范围

方法	模型	结构性分析	冲击分析	预测	政策模拟	预警
计量经济模型方法	ARMA			√		
	趋势模型			√		
	ADL、ECM	√		√	√	
	VAR、VECM		√	√	√	
	联立结构模型	√		√	√	
	面板模型	√				
	状态转移概率	√		√	√	
	混频模型			√		
动态因子模型	SW、FHLR 等		√	√		√
投入产出方法	投入产出模型	√			√	
一般均衡模型	CGE	√	√		√	
	DSGE	√	√		√	

1. 计量经济模型。计量经济模型方法是目前最为常用、应用也最为广泛的数量方法之一,该方法通过建立宏观经济计量模型,对宏观经济进行定量分析、预测与政策模拟。计量经济模型包括多种建模技术。例如,使用 ARMA 模型预测下月 CPI 同比增速,使用趋势模型预测下月 M_2 余额值;使用自回归分布滞后模型(ADL)和误差修正模型(ECM)了解影响货币需求的因素,并预测未来货币需求情况;使用向量自回归模型(VAR)、向量误差修正模型(VECM)的冲击分析功能对货币政策渠道和工具进行比较;使用面板模型研究城镇化对经济的影响在不同地区表现出的差异性问题;使用混频模型预测月度 CPI;等等。

2. 动态因子模型。动态因子模型引入更多的指标信息,充分反映经济系统各部门之间的相互联系。该方法的优势在于能同时处理大样本。在工作中，人民银行主要使用该方法进行 CPI 预测，选择与 CPI 有关的几十个指标建立动态因子模型进行外推。

3. 投入产出模型。投入—产出分析方法是基于投入—产出表及消耗系数矩阵建模，设定与经济政策有关的变量（如价格、劳动报酬、税收等）为外生控制变量，利用投入—产出模型模拟出不同经济政策可能产生的影响，这些影响为制定有关经济政策提供了科学的参考依据。常用的应用包括价格模拟、需求模拟和工资变动模拟。例如，油价上调对物价的影响，房地产投资变化对 GDP 的影响。

4. 一般均衡模型。一般均衡建模技术主要根据一般均衡理论建立经济模型，采用数量方法估计参数值，从一般均衡角度对宏观经济进行数量分析。目前常用的是可计算一般均衡模型（CGE）与动态随机一般均衡模型（DSGE）。其中，DSGE 模型是在不确定环境下研究经济一般均衡问题的一种优化模型，是非常有用的政策分析工具，已经成为各国中央银行进行经济分析和政策模拟的主要工具之一。例如，使用 DSGE 建模技术研究货币政策和宏观审慎政策的协调配合问题。

2016 年 6 月，中国人民银行行长周小川在美国华盛顿参加国际货币基金组织中央银行政策研讨会时曾指出，中国采取的是多目标货币政策制度，既包含价格稳定、促进经济增长、促进就业、保持国际收支大体平衡四大年度目标，也包含金融改革和开放、发展金融市场这两个动态目标；对于多目标货币政策，还有很多问题需要进行研究和探讨，其中 DSGE 建模技术就是一个非常有力的工具。

（三）建立宏观景气预警系统，提高拐点探测能力

1. 梳理景气预警方法，构建景气预警体系。了解和判断未来的经济金融发展趋势，对于货币政策决策具有重要意义。趋势展望中的拐点探测是难点。认识和把握经济发展阶段转换的拐点，可以辅助宏观决

策，减少应对政策的滞后性。因此，加强拐点探测方面的研究，提高对主要经济指标拐点的探测能力，对经济周期波动进行有效预警，可以为政策决策提供重要参考。对于拐点探测，计量经济模型方法往往失效。一方面，因为计量模型主要是基于历史数据刻画变量间的关系，外推预测时经常需要对很多外生变量进行假定。拐点判断过于依赖这些外生变量的设定，降低了拐点判断的准确性。另一方面，现有的季节调整方法一直没有解决尾端数据漂移，即尾端数据拐点存在滞后的问题。

宏观经济景气预警方法与其他预测方法相比，虽然不能给出确切的预测值，但能预测未来发展的趋势和拐点出现的大致时间。因此，该方法目前得到了非常广泛的应用。20世纪90年代以来，我国开始对经济先行指标体系展开研究，建立了有关宏观经济运行的先行指标体系，并在此基础上开展景气预警工作。进入21世纪，特别是国际金融危机后，宏观景气预警进入了一个蓬勃发展时期，理论和方法的研究取得了一系列进展。

2010年，人民银行开发了"中国人民银行宏观经济监测预警系统"。在系统中运用上述方法，对经济增长、通货膨胀、货币和信贷等方面进行监测预警，构建了较为完备的景气预警体系，有效提高了拐点探测能力，为政策实施提供了重要的参考依据。

人民银行景气预警系统应用了三种方法。

（1）景气指数方法，是根据指标与基准循环的对应关系，将指标分为先行、一致、滞后指标组，再从指标组中选择一定的指标集合，根据一定的合成算法，将这些指标集合分别合成为先行景气指数、一致景气指数和滞后景气指数。先行景气指数先于经济周期变化，可用于经济周期的短期预测以及拐点探测；一致景气指数可用于判断经济周期的运行状态；而滞后景气指数则可用于确认经济周期的完备性。

（2）综合预警方法（也称景气信号灯），是选取一些重要的宏观经济指标作为信号灯体系的基础，从这些指标出发，通过一些阈值的确定,评判当期经济形势某一方面的冷热情况,并综合这些指标给出当前宏观经济总体的冷热趋势判断。借鉴类似于交通信号灯的方法,预警信号灯系统用"深蓝""浅蓝""绿""黄""红"五种颜色代表整个经济状况中"过冷""趋冷""正常""趋热""过热"五种情形,直观易懂。

(3)景气跟踪图将主要经济指标的变化情况直接反映在坐标图上,并根据周期循环波动规律判断未来指标的走势。指标逆时针变动,4个象限代表一个经济周期的扩张、衰退、萧条与复苏四个阶段(见图4-6)。

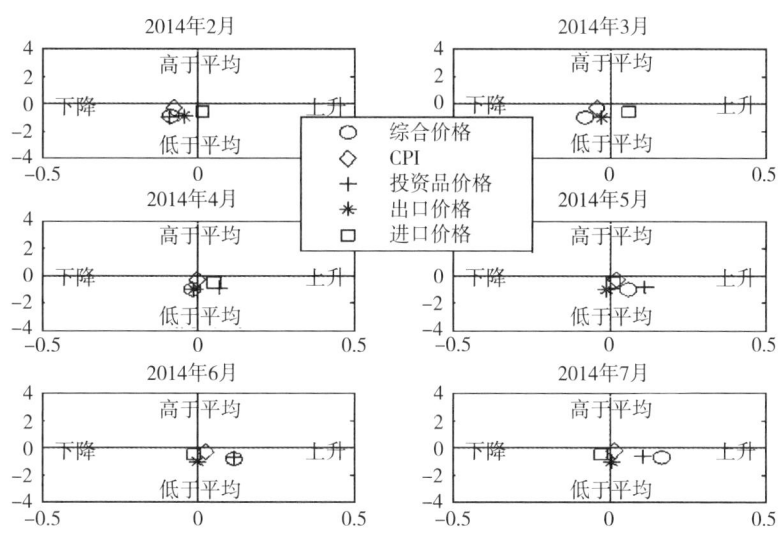

图4-6 景气跟踪

2. 景气预警系统的应用成果。人民银行目前建成使用的有以工业增加值(作为 GDP 的代替)、CPI、货币供应量 M_2 和人民币贷款增速为基准循环的四个先行指标体系(见图4-7、图4-8)。

(1)经济增长先行指标预警体系。经济增长主题以工业增加值当期同比为基准指标,经过筛选和测算,得到常用的计算景气指数的指标组合(见表4-6)。

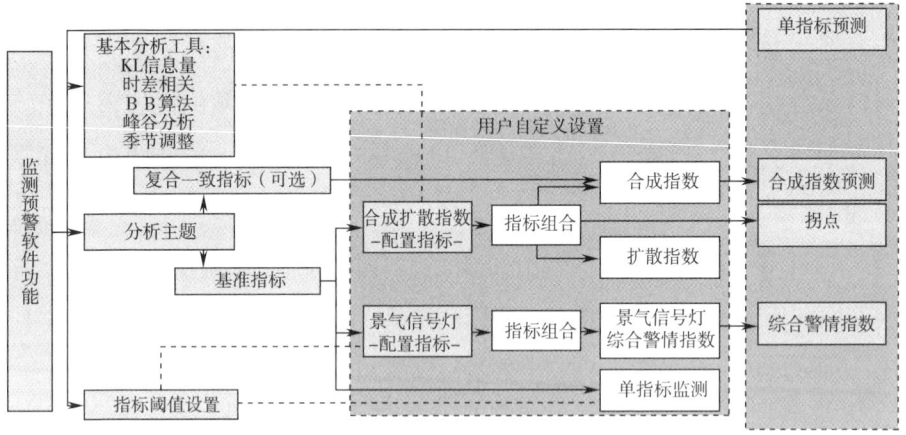

图4-7 景气预警系统的基本原理

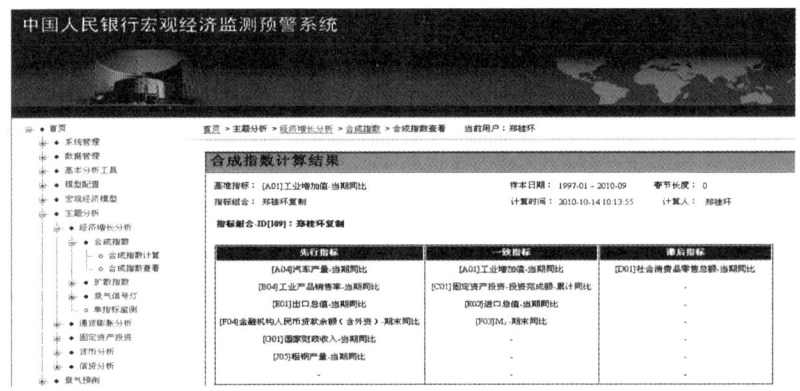

图4-8 宏观景气预警体系在宏观经济分析中的应用

表4-6 工业增加值景气指数的指标组合

先行指数构成	一致指数构成
工业产品销售率	规模以上工业增加值
粗钢产量	货物进口总值
采购经理指数	国家财政预算收入
固定资产投资完成额	发电量
房地产开发投资完成额	
新开工项目个数	
M_2	
人民币贷款余额	

(2) 通货膨胀先行指标预警体系。通货膨胀主题以 CPI 当期同比为基准指标，经过筛选和测算，得到常用的计算景气指数的指标组合（见表 4-7）。

表 4-7　　　　　　　　CPI 景气指数的指标组合

先行指数构成	一致指数构成
货物出口总值	商品零售价格指数
货物进口总值	生活资料产品出厂价格指数
M_2	企业商品价格指数
规模以上工业增加值	
人民币贷款余额	
发电量	
CRB 现货指数	
美元指数—逆转	

(3) 货币供应量先行指标预警体系。货币供应量主题以 M_2 期末同比为基准指标，经过筛选和测算，得到常用的计算景气指数的指标组合（见表 4-8）。

表 4-8　　　　　　　　M_2 增速景气指数的指标组合

先行指数构成	一致指数构成
新开工项目个数	施工项目计划总投资
房地产开发投资完成额	M_2
城乡储蓄存款	人民币存款余额
国债收益率—逆转	
一年期存款实际利率	

(4) 信贷先行指标预警体系。信贷主题以人民币贷款期末同比为基准指标，经过筛选和测算，得到常用的计算景气指数的指标组合（见表 4-9）。

表 4-9　　　　　　　　贷款景气指数的指标组合

先行指数构成	一致指数构成
新开工项目计划总投资	固定资产投资完成额
城乡储蓄存款	人民币贷款余额
国债收益率—逆转	人民币存款余额

(四) 构建综合模型系统，完成政策分析工作

1. 开发背景。随着经济理论的不断完善、数量模型方法的不断发展和国内外经济运行日趋复杂，开发一套适用于人民银行宏观政策分析与决策的模型及分析系统显得尤为迫切。

数量分析的基础是数据。不同的研究目的，需要使用不同的数据。对于数据的整理、维护，一般是使用 Excel 处理数据，虽然简单便捷，但不利于多人共享，更新和维护需要耗费较大的人力，还容易出现数据不一致引起的差错。运用标准化数据系统进行统一管理，不仅能实现数据共享，更新和维护也非常便捷，而且工作的开展不容易受人员变动的影响。

对于数量方法，计量经济模型一般可以应用 Eviews 软件实现估计和测算，动态因子模型和混频等建模技术需要使用 Matlab 软件实现。不同的软件对数据格式要求各异，不同的使用者所保存的工作文件也很难共享，大大影响了工作效率。

为此，人民银行为了在经济金融分析领域进一步加强数量分析方法和手段的运用，更好地完成经济预测和政策效应评价工作任务，于2010年启动了信息化建设项目："宏观经济预测与政策效应模型及系统开发"（以下简称综合模型系统）。

2. 综合模型系统的特点和基本内容。综合模型系统以相关理论和实证分析成果为指导，以宏观经济预测、预警与政策模拟等应用系统和分析工具平台为组成部分，实现了数据共享、信息共享、模型方法共享、模型应用及分析结果共享（见图4-9）。综合模型系统具有以下功能和特点：

第一，提供了便捷的数据维护和共享功能。一是开发了统一标准的系统数据库，囊括主要的宏观经济金融时间序列，支持系统内所有数量测算功能模块的数据调用，实现了一个数据库多用户多个客户端共享。

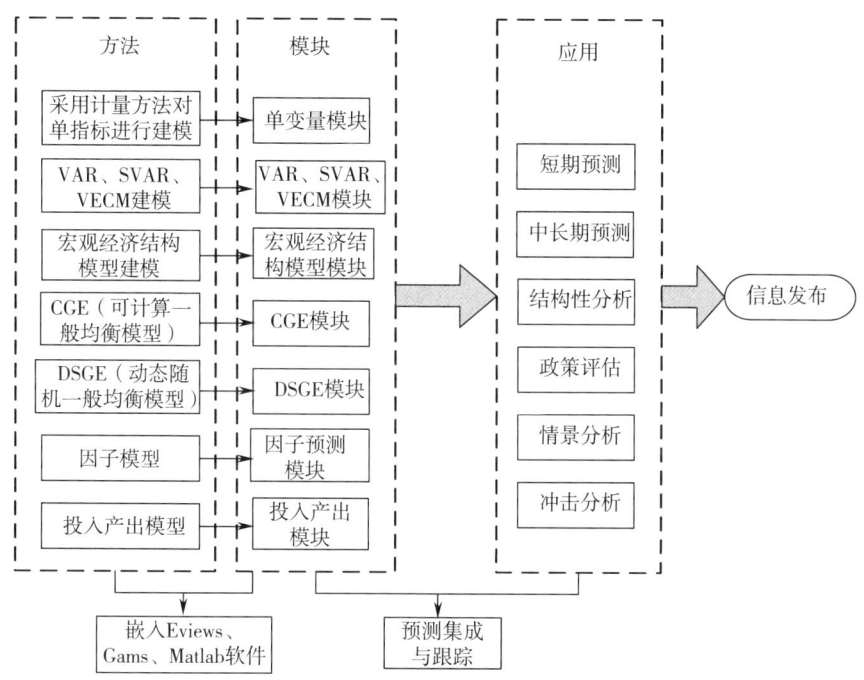

图 4-9 综合模型系统技术方案

二是提供了便捷的数据维护功能。对于数量分析工作来说，数据维护是相当烦琐、极其消耗人力物力的事情。系统不仅提供了直接与商业数据库（如 Wind 和 CEIC 数据库）对接批量导入时序截面数据的功能，而且还提供了单独的 Excel 编辑某个指标时序或某些指标横截面数据的功能，提供了灵活、方便、准确的数据维护平台。这尽量避免和减少了人为的介入和干预，提高了数据维护的效率和精确度（见图 4-10）。

第二，提供了强大的数量测算功能，通过嵌入第三方软件实现应用平台整合，实现模型方法共享。数量方法方面，基本涵盖了前面所介绍的宏观经济金融分析与预测框架中常用的方法，并按照监测分析、预测分析、预警分析和政策模拟进行分类。由于不同的方法可能需要调用不同的软件进行估计与测算，系统嵌入了 Eviews 和 Matlab 工具包，使得这些常用的方法可以在一个应用系统中便捷地实现建模功能和管理。

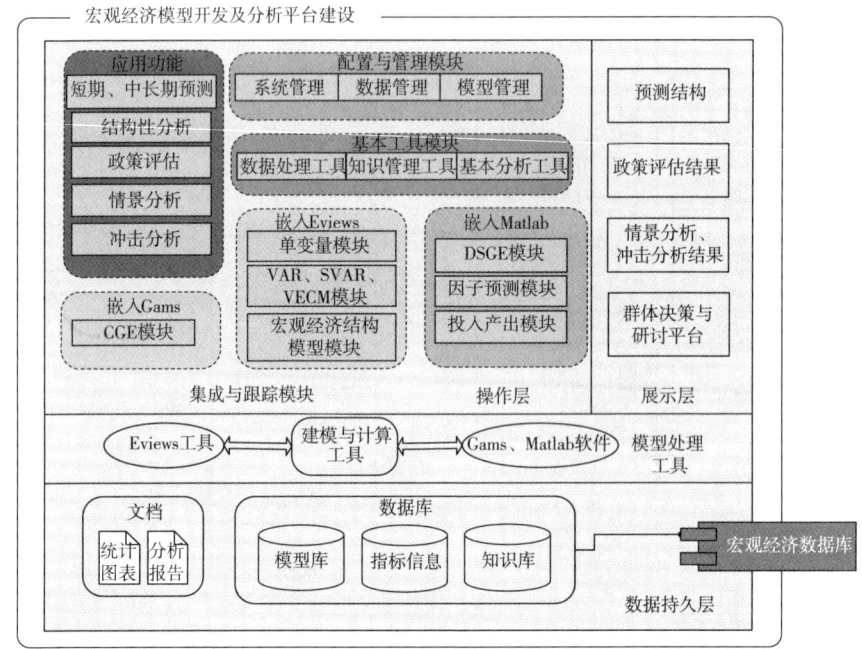

图 4-10 综合模型系统设计框架

同时，在数据库与这些软件调用数据方面，解决相关的数据输入输出接口问题，充分发挥了数据共享的优化功能。

第三，配置常用的核心模型，充分实现模型应用及分析结果的共享功能。对于计量模型、动态因子、景气预警等这些常用的方法，根据业务工作开展的需要，在系统中配置相关的常用核心模型，供系统内所有用户共同使用（见图4-11）。同时，保存这些核心模型的测算结果，方便查看，实现模型应用及分析结果的便捷共享。

宏观经济预测与政策效应系统提供了一个高效的综合模型平台，不仅简化了数量建模过程、规范了数量建模与分析的应用，而且其强大的共享功能为模型提供了便捷的管理。目前，该系统已经在宏观经济预警、预测与政策模拟分析工作中发挥了重要作用，为核心模型维护、日常工作开展提供了强有力的支撑，有效提高了数据使用效率。

第四章 调查分析能力建设

图4-11 综合模型系统操作界面

（五）建立宏观经济金融指标例行监测机制，形成分析、预测报告

近年来，随着宏观经济金融预测模型、景气预警系统和综合模型系统的建立和完善，人民银行利用这些工具，以定量分析为基础，结合定性分析，对月度进出口贸易、月度CPI等重要指标进行监测、分析和预测，对经济增长、通货膨胀、货币信贷指标进行预测，形成分析、预测报告。

以月度CPI预测为例，该工作始于2011年，运用计量建模技术、动态因子建模技术、混频建模技术等多种方法，建立物价预测模型，并结合定性分析作出判断。

在政策变量变动的宏观效应分析方面，近年来，人民银行运用各种数量工具，开展了大量的分析研究工作，完成了货币政策传导时效性及政策效应的测算，中国区域经济差距变动趋势和影响因素研究，失业率舆情指数的构建、分析与应用等研究。在这些研究中，宏观经济金融预测模型、景气预警系统和综合模型系统发挥了重要作用。

例如，自2010年以来，人民银行开始研究、编制社会融资规模指标，并运用统计与计量方法、DSGE建模等方法，从实证角度研究社会融资规模与我国货币政策传导的问题。研究表明，社会融资规模与货币政策操作工具存在长期稳定的关系，可以通过货币政策操作工具的变动调节社会融资规模；社会融资规模与实体经济变量之间存在长期稳定的关系，社会融资规模的变动能够显著影响实体经济。因此，社会融资规模作为货币政策中间目标是可行的，而且比银行信贷指标能够更全面地反映货币政策传导过程。此项研究为社会融资规模指标的推出提供了坚实的实证依据。

▼ 专栏20

预计2016年12月CPI同比增长2%~2.2%

根据景气指数判断，通货膨胀一致合成指数和先行合成指数均呈现回升迹象；景气跟踪显示，短期内物价将保持温和上涨态势。预计12月CPI环比涨幅为0.25%~0.45%，同比涨幅为2%~2.2%。

为提高预测的精准度，我们运用计量建模技术、动态因子建模技术、混频建模技术等多种方法，建立物价预测模型，并结合定性分析作出判断。

一、根据CPI食品类和非食品类的高频数据测算，12月CPI同比增长在2%~2.1%

根据国家统计局、商务部、农业部公布的食品高频数据建立混频模型预测食品CPI，根据柯桥纺织指数、华强北指数等非食品高频数据建立模型预测非食品CPI，并结合定性分析进行预测。

根据12月19日至今的农业部食品日度数据对食品价格环比涨幅预测值进行调整，非食品价格环比预测不做调整，修正方法一的预测结果。预计12月食品价格环比上涨0.51%，非食品价格环比上涨0.26%，加权测算得到12月CPI环比上涨0.31%，同比上涨2.07%（见专栏表4-2、专栏表4-3）。

专栏表 4-2	高频数据预测结果			单位:%
方法	食品价格环比	非食品价格环比	CPI 环比	CPI 同比
根据12月19日之后的日度数据修正食品价格环比;非食品价格环比预测不做修正	0.51	0.26	0.31	2.07

专栏表 4-3	当月食品高频数据预测结果汇总		单位:%
数据截止日期			食品价格环比预测值
主要农副食品平均价 统计局（旬度）	食用农产品价格指数 商务部（周度）	农副产品价格 商务预报（日度）	
12月10日	12月9日	12月15日	-0.05
12月10日	12月16日	12月25日	0.01
12月20日	12月16日	12月26日	0.01

注：日期相同时表示预测当日该机构未更新数据。

二、根据基数效应和新涨价因素推断，12月CPI同比涨幅将在2.2%左右

高频数据显示，12月物价环比继续保持增长。从历史数据看，12月新涨价因素呈回升态势。根据近5年平均走势，12月新涨价因素高出11月0.46个百分点。因此，假定2016年12月新涨价因素也上升0.46个百分点，达到2.2%，加上上一年基数效应，则12月CPI同比涨幅应在2.2%左右（见专栏图4-8）。

三、根据计量模型预测，12月CPI同比增长1.91%

选取与CPI相关的主要宏观经济金融变量，基于1998年1月以来的同比增速建立计量模型，其中变量包括社会消费品零售总额、出口、进口、工业增加值、固定资产投资、人民币贷款、M_1、M_2、生活资料出厂价格指数、CRB现货价格指数、工业品出厂价格指数以及商品零售价格指数等。预测结果表明，12月CPI同比上涨1.91%左右。

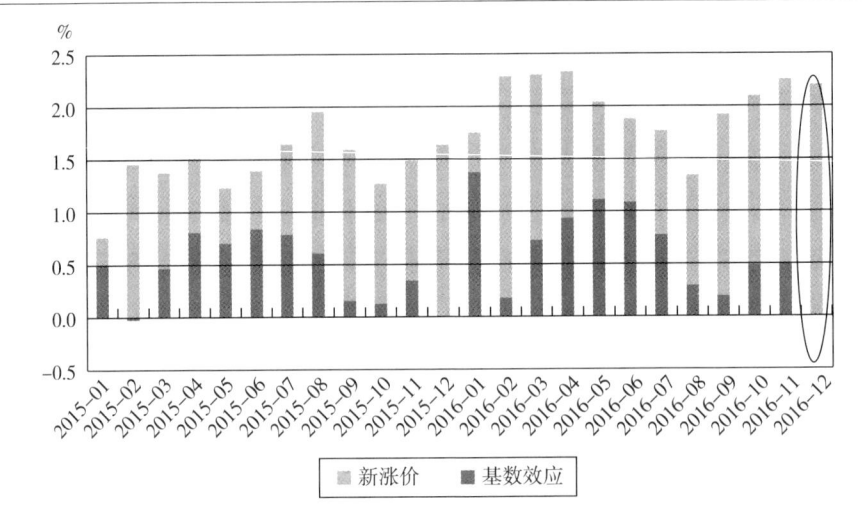

资料来源：国家统计局、中国人民银行。

注：2016年12月新涨价为预测值。

专栏图4-8 CPI基数效应与新涨价因素

四、根据动态因子模型预测，12月CPI同比增长2.23%

选取与建立计量模型相同的变量指标，建立动态因子模型。该方法从主成分分析入手，假定存在先行的驱动因素，驱动因素可能是某一个变量，也可能是一些变量的组合，利用这些先行驱动因素为CPI的预测提供有用的信息。预测结果表明，12月CPI同比上涨2.23%左右。

定量预测主要是根据历史均衡关系进行外推，其不规则因素无法量化外推。而定性推算可以充分考虑一些不能量化的因素对物价的冲击，用于估算不规则因素。综合上述测算结果，预计12月CPI同比涨幅为2%~2.2%，环比涨幅为0.25%~0.45%。

二、经济指标分析

宏观经济指标是反映经济活动结果的一系列数据和比例关系，描述了经济运行状况,是经济研究、分析以及各种经济工作通用的工具,对宏观经济监测具有重要的分析和参考作用。21世纪以来,我国各项统计制度日益完备并逐步实现与国际接轨,为采用指标分析方法进行宏观经济研判提供了坚实基础。宏观经济分析中,常用的经济指标有:国内生产总值(GDP)、消费价格指数(CPI)、社会消费品零售总额、固定资产投资、金融指标、财政指标等(见表4-10)。

表4-10 宏观经济常用主要指标一览

经济增长	消费
GDP	社会消费品零售总额
居民收入	采购经理指数(PMI)
城镇居民人均可支配收入	中国制造业PMI
农村居民人均现金收入	新订单指数
物价	新出口订单指数
消费价格指数(CPI)	中国非制造业PMI(商务活动指数)
工业生产者出厂价格(PPI)	财新制造业PMI
工业生产者购进价格	财新非制造业PMI(经营活动指数)
企业商品交易价格指数(CGPI)	货币信贷
工业生产	社会融资规模
规模以上工业增加值	M_1
规模以上工业利润	M_2
发电量	金融机构人民币/外币贷款
固定资产投资	汇率
固定资产投资(不含农户投资)	人民币兑美元
制造业投资	人民币实际有效汇率(BIS)
基建投资	金融市场利率
房地产投资	同业拆借加权平均利率
对外贸易与储备	质押式回购加权平均利率
进出口	财政
出口	财政收入
进口	财政支出
外汇储备	财政收支差额

▼ 专栏21

2016年上半年M_1与M_2剪刀差扩大的原因分析

M_1与M_2增速之差由2015年初的4.6个百分点逐步扩大至2016年6月末的12.8个百分点。M_1、M_2增速剪刀差扩大主要是由于单位活期存款快速增长。上半年，单位活期存款新增4.31万亿元，同比多增3.40万亿元，同比增长28%，增速比全部存款增速高17.1个百分点。单位活期存款快速增长主要有以下五个方面的原因。

一是房地产企业沉淀资金较多。受降息降准、放松二套房认定标准等政策影响，2015年6月以来，房地产市场逐步回暖。2016年上半年，全国商品房销售额4.86万亿元，同比增长42.1%，增速比上年同期高32.1个百分点。同时，上半年房地产开发贷款新增5 504亿元，加上商品房销售额共计5.41万亿元，比同期房地产开发投资4.66万亿元（增速仅为6.1%）多7 500亿元左右。房地产企业沉淀资金较多，活期存款相应增加。

二是地方政府大量发行债券。一方面，地方政府置换债券部分用于置换高成本的企业借款，企业资金来源增加。此外，财政部要求对于已入库的公开发行置换债券资金①，原则上要在一个月内完成置换。由于地方债资金到位和原债务到期时间不一致，以及债务置换对应的资产权属划转等原因，导致部分地方债资金以企业活期存款形式存放。另一方面，地方政府发行的新增债券（一般债券和专项债券）多用于基建项目投资，资金拨付平台公司后或因项目进度原因无法及时使用，或因平台资金充裕没有及时使用，导致以活期存款形式存放。

---

① 《关于采取有效措施进一步加强地方财政库款管理工作的通知》（财库〔2016〕81号），2016年5月23日发布。

三是企业债券发行以及企业投资意愿不足。上半年，非金融企业在银行间市场发行债券2.64万亿元，同比多增4 451亿元。由于经济下行，盈利预期前景不乐观，企业投资意愿明显减弱，持币观望情绪较浓，部分发债募集资金以活期存款形式存放银行。此外，受大宗商品价格上涨等因素影响，企业效益改善，上半年全国规模以上工业企业利润总额同比增长6.2%（上年同期为下降0.7%），利润总额比上年同期多1 556亿元，也影响企业活期存款增加。

四是地方政府财政支出力度加大，机关团体活期存款大幅增加。上半年，地方政府公共预算支出8.18万亿元，同比增长18.2%，同比多1.26万亿元。一方面，政府支出中的民生等项目，医院、学校等事业类单位如资金未足额使用，则沉淀为机关团体存款。另一方面，从严的"三公"经费监管使部分原来由单位自由使用的资金（表外资金）规范至单位账户统一核算运作，导致事业类单位账户资金较快增长。此外，财政部要求地方盘活各领域"沉睡"的财政资金，加快预算资金下达执行，机关团体存放定期存款的意愿降低，加快机关团体存款活期化。

五是定期存款与活期存款利差收窄，持有活期存款的机会成本降低。受降息政策影响，一年期定期存款和活期存款息差由2015年5月末的1.9%收窄至2016年6月末的1.15%。考虑到持有活期存款的机会成本降低，而持有定期存款面临的约束较多，企业更倾向于持有活期存款。

常用经济指标大致可按照以下方式分类。

（一）存量与流量

存量是指某一指定时点上过去生产和积累起来的产品、储备等的结存数量；流量是指一段时间内发生的某种经济变量变动。举例来说，存款余额是最常见的存量指标，衡量了调查期末商业银行的存款总和；国内生产总值（GDP）是最常用的流量指标，该指标衡量一定时期（通常是一个季度或一年）内一国或一地区生产的全部最终产品（商品和服务）的市场价值总和。

存量和流量的区别在于，前者是某一时点上的测度，后者是一定时期内的测度，但二者也是紧密联系的，存量的变化主要由流量导致。理解存量和流量的区别与联系，对于理解经济活动中各种经济变量的关系及特征至关重要。例如，财富和收入两个经济指标，前者是存量，后者是流量，财富是由收入积累而来。存量分析是对一定时点上已有的经济总量的数值及其对其他经济变量的影响进行分析；流量分析是对一定时期内有关经济总量的变动及对其他经济总量的影响进行分析。做指标分析时，必须先区分是存量还是流量，二者不能混用。

（二）名义值与实际值

经济指标有名义值和实际值之分，二者的区别在于是否经过通货膨胀调整，即是否剔除价格因素的影响。剔除价格因素影响的值即为实际值。以国内生产总值（GDP）为例，实际中常用到名义GDP和实际GDP两个概念，前者是按当期价格衡量的经济产出价值，后者是按固定基年价格测算的经济产出价值。实际GDP剔除了价格因素影响，反映实际产量的变动情况。国家统计局按季度、年度公布的GDP增速为实际GDP增速。名义GDP与实际GDP的百分比即为GDP平减指数，该指标测度经济产出相对基年平均价格水平变化，其计算基础比消费者价格指数（CPI）更广泛，能更准确地反映一般物价水平的变动趋势。此外，还有名义利率与实际利率之分。根据费雪效应，实际利率等于名义利率减去通货膨胀率。实际做指标分析时，必须统一量纲，提前判定是否需剔除价格因素。

▼ 专栏22

我国金融业增加值为什么高

近年来,我国金融业增加值增长较快,占GDP比重总体呈上升趋势。2016年,金融业增加值6.21万亿元,是2011年的2.03倍;金融业增加值占GDP的比重为8.3%,比2011年高2.1个百分点。

从国际比较来看,目前我国金融业增加值占GDP的比重偏高。欧洲国家金融业增加值占GDP的比重在4%~5%,和中国一样间接融资占主导地位的日本和韩国金融业增加值占GDP的比重也仅在5%左右,同为新兴经济体的俄罗斯和墨西哥金融业占GDP的比重不到4%。2015年,美国金融业增加值占GDP的比重为7.1%,英国为6.4%,德国为3.9%,日本为4.3%,韩国为5.1%,俄罗斯为3.8%,均低于我国水平。

我国金融业增加值占比较高,是金融服务实体经济的客观结果。

一、我国储蓄率高,所需资金中介服务多,推高金融业增加值

金融机构提供了把储蓄转化为投资的服务。金融机构在吸收过剩储蓄(净金融投资,主要是存款)并将其运用出去的过程中,提供了吸收存款、募集理财资金、发放贷款、购买债券、信托投资等金融服务,这些服务都创造了相应的增加值。与发达国家相比,我国储蓄率明显偏高,2015年,我国国民总储蓄率为47.9%,同期美国为18.6%,日本为24.8%,韩国为35.7%,德国为27.3%。我国储蓄率高,需要金融机构提供的把储蓄转化为投资的服务就多,金融增加值自然较高。

二、我国金融机构在储蓄转化为投资过程中承担的风险多,金融业增加值也相应较高

直接融资和间接融资是储蓄转化为投资的两种形式,与直接融资相比，金融机构在间接融资中提供的服务较多，不但要提供信息、结算和支付清算，还要管理和承担风险。所以，在储蓄转化为投资需求既定时，间接融资带来的增加值一般高于直接融资。长期以来，我国融资结构一直以间接融资为主，这意味着我国金融部门在储蓄转化为投资的过程中提供的服务多，承担的风险多，因此创造的增加值也比较多。

三、金融业基础设施不断完善，提高金融业增加值

随着国民经济的快速发展，各种类型的金融需求不断扩大，金融基础设施建设的必要性和迫切性不断增强。我国清算体系、评级体系、交易场所、信息安全、法律保障、征信体系等基础设施建设均在近些年取得了较快增长，对应的金融机构创造了较多增加值。

金融市场创新发展、金融工具增多，相应的管理、服务部门也设立或扩充，保障金融市场安全高效运行。近年来，我国同业拆借市场、回购市场、短期融资券市场、商业汇票市场、期货市场、黄金交易市场、保险交易市场等快速发展，各类金融创新产品和工具不断出现。为了应对市场创新，各大金融基础设施提供的服务职能也在不断增加和完善，既适应了实体经济发展需要，也促进了金融稳定和金融业增加值提高。

四、支付业务快速发展，创造的金融业增加值较多

近年来，我国支付业务快速发展，为经济发展和人民生活提供高效服务的同时，也创造了较多的金融业增加值。2015年，我国各类支付系统共处理人民币支付业务469.48亿笔，金额为4 383.16万亿元，同比分别增长53.74%和29.34%。我们根据上市的国有商业银行和股份制银行的年报信息，选择了信息披露比较完备的14家银行[①]，对支

---

① 包括工商银行、农业银行、中国银行、建设银行、交通银行、招商银行、民生银行、中信银行、兴业银行、浦发银行、平安银行、光大银行、华夏银行、北京银行，共14家。2015年末，14家上市银行各项存款为83.55万亿元，占金融机构各项存款的61.57%；各项贷款为54.86万亿元，占金融机构各项贷款的58.39%。

> 付业务净收入占金融业增加值的比重进行了估算。结果显示，2015年银行业金融机构支付业务净收入约为5 600亿元，比上年增长24.9%；占金融业增加值的比重为9.7%，比2014年高0.1个百分点。
>
> **五、我国金融业利润增速有所放缓，将影响金融业增加值增长**
>
> 目前，我国金融业利润增速已放缓。具体分行业来看，2015年、2016年商业银行净利润同比分别增长2.43%、3.54%，显著低于近十年来的平均增速。2016年，证券公司净利润同比大幅下降49.6%；信托公司净利润同比仅增长2.83%，比2011年低近86个百分点。由于利润与增加值相关度较高，预计未来金融业增加值增速也将放缓。
>
> 综合上述分析，我国储蓄率高，客观上需要金融机构提供较多的把储蓄转化为投资的服务；金融机构在储蓄转化为投资过程中承担风险多，也会带来较多的金融业增加值。同时，我国金融业基础设施不断完善，支付业务发展快，也会带来较多的金融业增加值。但是，由于我国金融业利润增速有所放缓，预计未来金融业增加值增速也将放缓。因此，我国金融业增加值占GDP的比重较高，是当前经济结构和金融结构下金融服务实体经济的客观结果。

（三）先行指标、同步指标、滞后指标

宏观经济波动是一种周期性波动，依照繁荣、衰退、萧条、复苏四个阶段循环往复，按统计指标变动轨迹与宏观经济变动轨迹在时间上的关系，可以分为先行指标、同步指标和滞后指标。先行指标是判断短期经济总体景气状况的重要依据，会先于宏观经济波动到达高峰或低谷。一般而言，先行指标能在总体经济活动发生变化之前达到顶峰和谷底，可为未来经济状况提供预示性信息，常用指标有PMI指数、发电量等。同步指标同步反映经济运行状况，可描述总体经济的运行轨迹，常见指标有GDP、工业生产指数、社会消费品零售总额等。滞后指标的变化在时间上一般落后于总体经济的变化，但其有助于验证先行指标所表示的经济趋向是否真实，常见指标有失业率、库存量、商业贷款、消费者价格指数等。先行指标、同步指标和滞后指标统称为敏感性指标，是宏观经济景气分析的重要工具，通过分析敏感指标的变动，可研究经济周期变化的客观规律性，预测经济波动的趋势及其影响，为企业经营和宏观经济调控提供决策依据。

▼ 专栏23

商业银行利润增速放缓

银监会数据显示，自2014年以来，我国商业银行净利润结束了连续多年的两位数高速增长，2016年商业银行净利润仅同比增长3.54%，明显低于同期存贷款增速（贷款同比增长13.5%，存款同比增长11%）。近期，商业银行利润增速放缓主要有以下三个原因。

一是存贷款利差收窄影响。自2014年11月以来，人民银行先后六次降低存贷款基准利率，并不断扩大存款利率浮动上限，存款利率上浮空间先由10%扩大至50%，2015年8月25日完全放开一年期以上定期存款的利率浮动上限。由于理财、货币基金、股市等分流存款，商业银行存款利率下降幅度不及贷款利率，商业银行存贷款利差持续收窄，利润增速放缓。

二是拨备大幅增加，计提资产减值损失大量侵蚀利润。自2015年以来，金融机构不良贷款整体呈现持续双升局面，不良贷款余额的增加和资产质量结构的恶化提高了对金融机构账面拨备的要求，资产减值损失计提大幅增长，对利润增长造成较大负向影响。

三是地方政府债务置换影响商业银行信贷规模和利润水平。自2015年起，计划用三年左右的时间通过发行地方政府债券置换地方政府非债券形式的债务。地方政府需要置换的债务中，银行贷款比重最高（2013年6月末地方政府债务余额中银行贷款占50.8%）。地方债务置换将高息的银行贷款置换为利率相对较低的地方政府债券，影响商业银行利润增长。以2015年为例，当年发行的地方政府债券发行利率基本在4%以下，2014年至2015年第二季度商业银行贷款季度加权平均利率在6%~7.2%，商业银行资产收益率下降2~3个百分点，导致商业银行利润减少。

三、我国杠杆率指标的测算

杠杆率通常指衡量微观经济主体（一个企业或家庭）债务风险的财务指标，可以用负债与股东权益之比、资产与股东权益之比、负债与资产之比，以及上述指标的倒数来表示。在宏观层面，由于难以获得某一经济部门（包括住户部门、非金融企业部门、金融部门、政府部门等）完整的资产负债表，通常用负债与GDP之比来衡量杠杆率。杠杆率可反映债务性融资规模、结构与经济发展及金融稳定的关系。

2008年国际金融危机后，国际清算银行、国际货币基金组织等均对我国杠杆率进行测算，且测算结果存在一定差异。以2015年为例，国际清算银行测算的我国杠杆率为254.8%，其中企业部门杠杆率为170.8%；国际货币基金组织测算的我国总体杠杆率为223.1%，其中企业部门杠杆率为145.4%。二者总体杠杆率相差31.7个百分点，这主要是由于杠杆率的统计口径有所不同。在此背景下，人民银行牵头负责我国债务规模和杠杆率的测算工作，全面、客观、科学地反映我国实际杠杆率水平，为宏观经济决策提供依据。杠杆率的测算工作在我国开展尚属首次。

应如何计算一个经济体的杠杆率呢？通常做法是，先计算政府部门、非金融企业部门（以下简称企业部门）和住户部门的债务，再用各部门债务除以 GDP，得到各部门的杠杆率，最后将三个部门杠杆率加总（剔除各部门债务的重叠），得到该经济体的杠杆率。即部门杠杆率＝部门债务/GDP；总杠杆率＝企业部门杠杆率＋政府部门杠杆率＋住户部门杠杆率。

原则上，各部门的债务数据应来自各自的资产负债表。但由于我国尚未编制各部门的资产负债表，各部门的负债数据无法直接获取，需要汇总统计各部门通过金融市场或金融机构形成的负债。在全面获取部门之间以及部门内部债权、债务的交叉数据方面，还存在一些技术上需要解决的问题，尤其需要注意债务测算的统计口径问题。基于不同统计口径，测算出的债务规模和杠杆率会存在较大差异。以我国非金融企业杠杆率的测算为例，截至 2015 年末，国际清算银行测算结果为 170.8%；中国社科院测算结果为 131%，加上融资平台债务也仅为 156%，比国际清算银行低约 14 个百分点。因此，各部门债务核算范围的界定是科学、准确测算杠杆率的重要前提。

为科学确定我国各部门债务的统计口径，首先人民银行认真研究了国际清算银行和国际货币基金组织关于我国杠杆率的统计口径和测算方法。国际清算银行测算的我国债务口径包括境内银行贷款、境外银行对本国的贷款和非银行融资，其中非银行融资具体包括委托贷款、信托贷款、企业债券等。但是这个口径偏大。比如，在核算企业部门境内贷款方面，国际清算银行采用其他存款性公司资产负债表中对非金融机构债权，该口径事实上包括了非金融企业的部分债券融资，与企业债券融资存在重复。此外，对于政府债务与企业部门债务重复统计部分，国际清算银行并未进行剔除。因此，国际清算银行对我国总体债务率的测算结果存在一定程度的高估。国际货币基金组织在测算杠杆率时，虽然剔除了政府债务与企业部门债务重复统计部分，但剔除范围偏大。此外，国际货币基金组织的统计口径也没有包括证券、保险等金融机构表外对企业的债务融资，存在一定程度的低估。国际清算银行和国际货币基金组织关于我国杠杆率的测算方法有一定的参考价值，但与我国实际情况仍存在一定差异（见图4-12）。

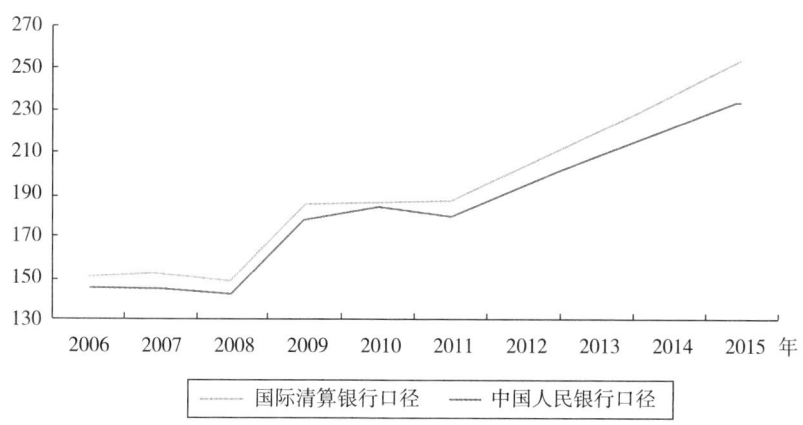

资料来源：国际清算银行、人民银行测算。

图4-12 中国杠杆率不同口径测算结果比较

在认真研究国际组织关于我国杠杆率测算方法的基础上，结合我国实际国情，我们提出了新的杠杆率统计口径和测算方法，更能全面、科学地反映我国各经济部门实际负债情况。具体统计范围如下：

企业部门债务包括本外币境内贷款、国内公开发行的债券、委托贷款、信托贷款、未贴现的银行承兑汇票、企业其他债务性融资和对外债务，并扣除上述债务中政府负有偿还责任的部分。企业其他债务性融资主要指证券、保险等金融机构通过表外业务对企业的债务融资，这部分债务根据银行业与证券、保险业的关联关系推算得到。政府部门债务包括中央政府债务和地方政府债务，即国债和地方政府债。此外，地方政府债券以外的地方政府负有偿还责任的债务也纳入政府部门债务。住户部门债务只包括住户部门从金融机构获得的贷款。

与国际清算银行和国际货币基金组织的测算方法相比较而言，我们关于我国债务规模和杠杆率的统计口径和测算方法更加科学和准确，更符合我国的实际情况,为决策层了解我国的实际杠杆率水平提供了客观依据。如图4-13所示,即便按照国际清算银行偏大口径来看,我国的杠杆率水平在主要经济体中也属于中等水平。以2015年末为例,美国为250.6%,英国为265.5%,法国为290.2%,加拿大为287.6%;同为东亚国家且以间接融资为主的日本为388.2%;主要发达经济体平均为268.2%,基本都高于中国的水平。

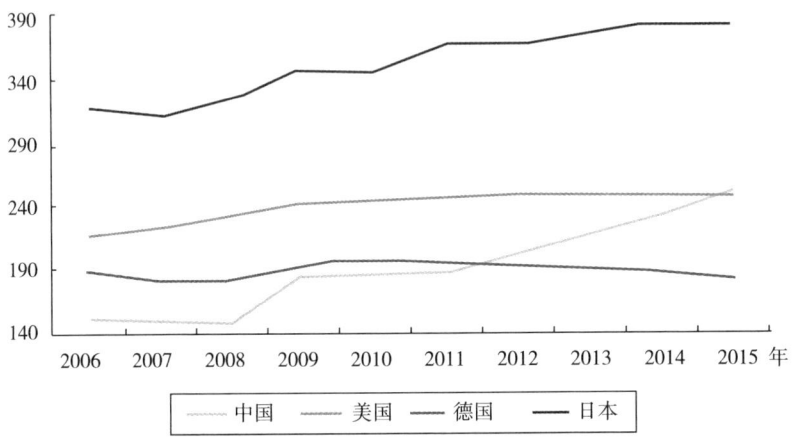

资料来源:国际清算银行。

图4-13 主要经济体杠杆率走势

四、经济金融账户监测分析

(一) 背景情况

21世纪以来,随着我国各项统计制度日益完备,充分用好现有数据资源、提高数据挖掘分析能力、为宏观经济研判提供依据成为当时面临的重要课题。人民银行将国际货币基金组织的账户监测分析方法引入宏观经济分析中,提升了统计分析能力。

账户监测分析方法源于国际货币基金组织的金融规划分析框架。金融规划是国际货币基金组织在长期实践中不断发展完善的一套宏观经济分析框架。其宗旨在于通过制定一套政策措施实现既定的宏观经济目标，最终实现宏观经济的稳定、可持续发展，消除经济发展中的不平衡状况。金融规划本质上是一个基于国民经济核算的宏观经济政策分析框架，是一个会计平衡框架。该框架中关于宏观经济结构平衡的思想和分析方法具有较强的现实意义。

账户监测分析方法的主要目标是实现宏观经济的稳定，即经济实现内部均衡和外部均衡。内部均衡指当前经济实际产出等于或接近潜在产出水平，达到无通货膨胀的充分就业状态；外部均衡是指资本流动支持下的经常账户头寸与经济增长前景相符，不需要对贸易和支付采取限制性措施。账户监测分析方法有助于系统评估当前经济所处的状态，及时发现经济中可能存在的风险和不平衡状况，这种不平衡通常表现为经济增长缓慢或下降、经济结构不尽合理、国际收支不平衡、政府财政预算赤字过度和不适当的通货膨胀等诸多方面。该方法还能进一步判断宏观经济失衡的性质、根源以及失衡程度。在此基础上，提出相应经济目标及政策目标，并进行预测模拟，最终制定具体有效的政策措施以实现经济再平衡，保证经济稳定可持续发展。该方法对开展宏观经济研究和推动宏观经济发展具有非常重要的意义。

（二）分析框架

国际货币基金组织的账户监测分析方法是一种综合利用宏观经济统计体系信息的会计平衡框架。该方法的思路是将一经济体分为四大经济部门：实际部门、财政部门、对外部门和货币部门，主要监测这四大部门分别对应的国民收入账户、财政账户、国际收支账户、货币账户。这四大账户揭示了一系列变量在一定时期内的变动情况及相互间的变动关系，为研究经济运行状况、确定经济活动水平和预测未来发展趋势提供了基本的信息（见图4-14）。

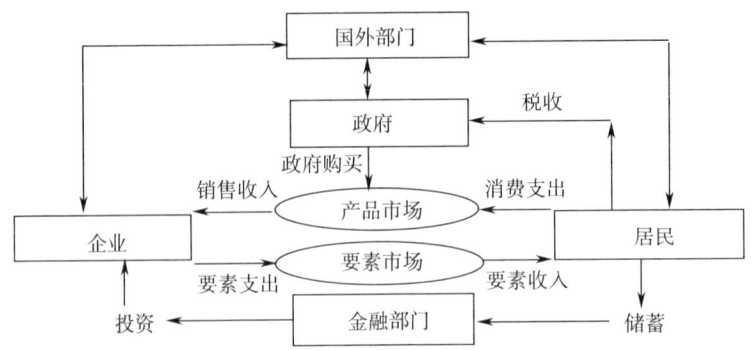

图4-14 宏观经济各部门之间的经济联系

1. 国民收入账户。实际部门是指经济中涉及实体经济交易的部分，涉及的主要经济部门有家庭部门、非金融企业部门、金融部门、政府部门、对外部门。国民账户涉及的主要指标有国内生产总值（GDP）、国民收入（GNP）和国民可支配收入（GNDI）。

2. 财政账户。财政账户体现了财政资金的来源和去向，综合反映了政府部门在收入、支出、资本积累、融资等方面的资金运行情况。通过分析财政账户的指标变化，可以判断政府当前的财政政策取向。

3. 国际收支账户。对外部门反映了我国居民与非居民的对外交易以及对外资产和负债的变化情况。对外部门的运行情况主要通过国际收支平衡表和国际投资头寸表来反映，前者是流量表，后者是存量表。

4. 货币账户。货币账户统计了一经济体金融机构部门的金融与非金融资产和负债情况。根据统计机构范围的不同，货币账户主要包括货币当局资产负债表[①]、存款性公司概览[②]、金融概览[③]。

---

　　① 货币当局资产负债表综合反映货币当局履行职能过程中所形成的资产和负债业务。
　　② 存款性公司概览综合反映了银行体系的运行状况，是货币当局与其他存款性公司资产负债表的合并报表。
　　③ 金融概览是存款性公司和非银行金融机构资产负债表的合并报表，综合反映整个金融体系的运行状况。

第四章 调查分析能力建设

账户监测分析框架是以货币为中心的宏观经济分析框架。如图4-15所示,四部门账户是相互联系、相互影响的有机系统。这是因为经济中的活动经常会在两个或两个以上部门同时有所体现,不同部门间的行为具有关联性。举一个简单的例子,A国某企业出口机器设备,在国民收入账户该笔业务计入净出口项下,在国际收支平衡表中计入经常账户项下,该笔业务涉及的税收计入财政账户的财政收入项下,该笔业务所得外汇收入会进入商业银行的资产负债表中,进而计入中央银行的资产负债表中。由此可见,国民经济中各种资金往来变动都最终反映在存款性公司概览上(见表4-11)。这也就是说,其他部门的失衡问题最终都会在货币部门集中反映。

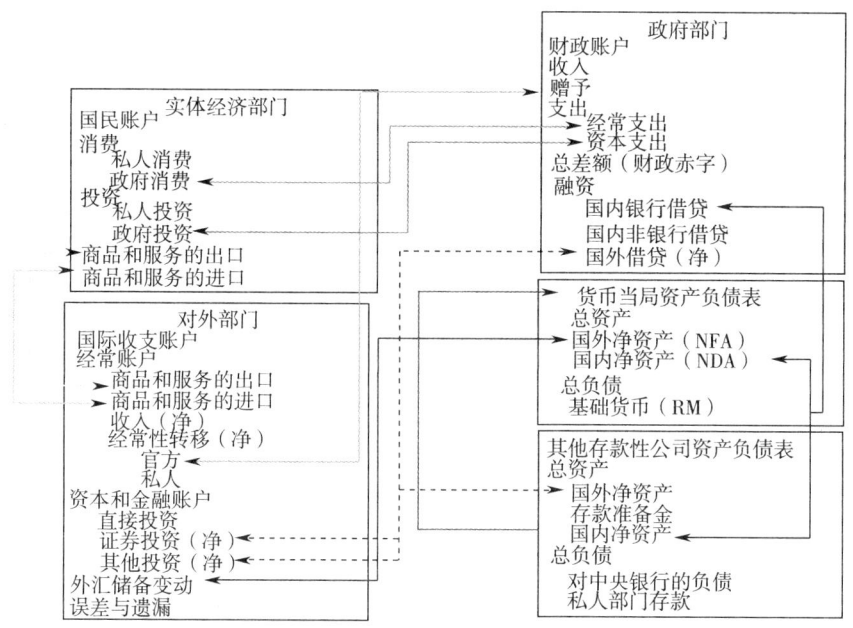

图4-15 四大经济账户之间的关系

表 4-11　　　　2016 年末中国存款性公司概览　　单位：亿元人民币

资产		负债	
国外净资产	263 947.53	货币和准货币	1 550 066.67
国内信贷	1 600 067.21	货币	486 557.24
对政府债权（净）	162 351.58	流通中货币	68 303.87
对非金融部门债权	1 166 092.58	单位活期存款	418 253.37
对其他金融部门债权	271 623.05	准货币	1 063 509.43
		单位定期存款	307 989.61
		个人存款	603 504.20
		其他存款	152 015.62
		不纳入广义货币的存款	44 874.49
		债券	201 110.89
		实收资本	47 166.59
		其他（净）	20 796.11

资料来源：中国人民银行官方网站。

（三）分析应用

我国经济的内外部失衡会影响货币政策的调控效果，使货币政策处于困境之中。我国经济内外失衡的传导机制与成因较为复杂，难以一言而足，本文仅列举两个较为简单的例子以说明账户监测分析方法的思想。

1. 外部失衡对人民银行货币投放影响的简要分析。从货币账户视角来看，2016 年末人民银行资产方外汇（外汇占款）占比超过 67%，已成为基础货币[①]的主要来源（见表 4-12）。这一数据背后的深层原因在于我国经济外部失衡。这一现象是其他部门失衡问题在货币部门集中反映的一个典型代表。

---

① 中国的基础货币与储备货币含义相同。

表4-12 2016年末中国人民银行资产负债表　　单位：亿元人民币

资产	金额	负债	金额
国外资产	229 795.77	储备货币	308 979.61
外汇	219 425.26	货币发行	74 884.44
货币黄金	2 541.50	其他存款性公司存款	234 095.17
其他国外资产	7 829.01	不计入储备货币的金融性公司存款	6 485.03
对政府债权	15 274.09	发行债券	500.00
其中：中央政府	15 274.09	国外负债	3 195.07
对其他存款性公司债权	84 739.02	政府存款	25 062.70
对其他金融性公司债权	6 324.41	自有资金	219.75
对非金融性部门债权	81.03	其他负债	-730.58
其他资产	7 497.26		
总资产	343 711.59	总负债	343 711.59

资料来源：中国人民银行官方网站。

人民银行以货币供应量（M_2）作为货币政策调控目标，主要采用数量型政策工具。根据经济学理论，货币供应量（M_2）等于基础货币与货币乘数之乘积，可以通过干预作为高能货币的基础货币来实现货币供应量增速目标。通过观察人民银行的资产负债表，可以发现，基础货币的变化与外汇占款、公开市场操作以及财政存款的变化密切相关，其中外汇占款和财政存款的变动人民银行无法控制，只能通过公开市场操作对冲其影响。2007年以前，人民银行主要通过公开市场操作直接调控基础货币规模。

21世纪以来，我国经济的外部失衡对人民银行货币供给方式造成较大影响。外部失衡主要指国际收支的失衡，具体可分为两个阶段来看：

（1）第一阶段：2002—2014年。在此阶段，经常项目巨额顺差和外汇储备规模巨大是外部失衡的两个显著特征。2001年加入世界贸易组织后，我国经常项目顺差迅速扩大，2007年经常账户顺差占GDP比重高达10.13%。2008年国际金融危机后，美国、欧盟、日本等发达国家（地区）相继实施量化宽松货币政策，全球大量资本涌入新兴经济体，到2014年9月我国外汇储备达到历史最高值39 932亿美元，分别是2000年末和2007年末外汇储备的24.1倍和2.61倍。

从货币账户角度看，我国经济外部失衡导致人民银行资产方的外汇占款快速上升，给人民银行负债方的基础货币带来被动增长压力。为稳定货币供应量，这一时期人民银行主要采取以下两种措施：一是通过公开市场操作进行对冲。人民银行通过卖出国债或发行中央银行票据回笼货币，但冲销干预成本相对较高。2014年5月，外汇占款达历史最高值272 998亿元，较2007年末大幅上涨137%，人民银行对冲压力较大。二是提高金融机构法定存款准备金率，冻结流动性。因为法定存款准备金率与货币乘数负相关，提高存款准备金率可以有效降低基础货币的乘数效应，控制货币供给量增速。在外部失衡日益凸显的背景下，中央银行货币政策调控也需要考虑成本因素，由于多数时间中国法定存款准备金利率低于中央银行票据利率，2006年后调整法定存款准备金率成为我国冻结流动性的最主要工具。自2006年7月至2011年12月，人民银行共动用法定存款准备金率政策工具37次。2011年6月，大型金融机构法定存款准备金率达到21.5%的历史高峰。由于我国金融机构准备金率保持在较高水平，人民银行资产负债表基础货币项下的其他存款性公司存款①数额也较大。

（2）第二阶段：2015年至今。自2015年起，我国面临的外部形势发生重大变化，我国的货币供给方式也相应出现新变化。进入后金融危机时代，美国经济逐步复苏，美联储退出量化宽松（QE）并开启加息进程，导致全球资本回流美国，以中国为代表的新兴经济体面临资本净

---

① 其他存款性公司存款项下主要是其他存款性公司存放在中央银行的准备金。

流出局面。此外，2012年起国际贸易陷入低迷状态，连续四年增速低于世界经济增速，我国经常项目差额占GDP比重也降至3%左右。在此背景下，我国经济外部失衡表现为资本流出压力大，外汇占款出现净下降。按照上文的传导效应，外汇占款下降会导致基础货币减少。为使货币供应量增速保持在合理水平，人民银行不仅采用公开市场操作、再贷款、再贴现等传统货币政策工具，还创新了常备借贷便利（SLF）、短期流动性调节工具（SLO）、中期借贷便利（MLF）、抵押补充贷款（PSL）等货币政策工具补充市场流动性。此外，还择机下调金融机构法定存款准备金率。至2016年末，大型金融机构法定存款准备金率已由峰值的21.5%下降至16.5%。

2. 高储蓄与经济内外失衡联系的简要分析。当前，我国经济内部失衡的一个显著表现是国内高储蓄、低消费。21世纪以来，我国经济虽然保持高速增长，但居民消费率（居民消费/GDP）却不断下降，与此同时，我国国民储蓄[①]率则不断攀升。国家统计局数据显示，自2000年至2015年我国国民储蓄率由35.63%升至47.9%，提高12.27个百分点；国民储蓄率的历史最高值更是高达51.84%。我国高储蓄、低消费产生的原因较为复杂，诸如医疗、养老等社会保障体系建设尚不完善，人口结构发生较大变动，收入分配差距拉大以及传统文化习惯等。

高储蓄、低消费对我国经济发展方式产生较大影响。从国民账户角度来看，通过分析消费、投资、进出口三大需求对GDP的贡献率可以发现，消费对GDP增长的贡献率由2000年的78.1%降至2003年35.4%的历史低点，其后波动上行至2015年的59.9%，较2000年仍下降18.2个百分点；资本形成总额对GDP增长的贡献率由2000年的

[①] 国民储蓄是指国民可支配收入减去最终消费支出后的差额，衡量一国在不举借外债的情况下，可用于投资的最大资金量。

22.4%大幅上升至2009年86.5%的历史峰值,其后波动下行至2015年的42.6%,较2000年仍上升20.2个百分点。21世纪以来,低消费导致内需相对不足,高投资成为我国经济发展中的另一重要特点。尤其是2008年国际金融危机后,在外需大幅下降的情况下,投资成为稳增长的重要支撑。我国经济进入新常态后,经济增长动力不足。作为传统经济增长动力的投资对经济拉动作用弱化。这主要因为投资回报率下降。根据白重恩(2014)测算,2008年国际金融危机后,我国资本回报率整体呈大幅下行走势,2013年剔除生产税和企业所得税的资本回报率(不考虑存货)仅为4.95%,创历史新低,而同期的银行一年期贷款基准利率为6%。我国经济正处于转型期,新的增长动力尚未形成,经济面临较大下行压力。扩大内需是当前经济工作的重点。

高储蓄、高投资与我国经济外部失衡也存在联系。根据账户监测分析框架,国民账户和国际收支账户之间有如下关系:$S - I = CAB = (S_p - I_p) + (S_p - I_p)$,其中,$S$表示国民储蓄;$I$表示国内投资,指的是资本形成总额;$CAB$表示经常账户差额;$S_p - I_p$表示私人部门储蓄与投资的差额;$S_g - I_g$表示政府赤字或盈余。这说明一国国民总储蓄与投资之差与国际收支账户的经常账户差额存在内在联系。若$S - I > 0$,则表示有超额国民储蓄,经常账户差额为正,存在经常账户顺差。这说明储蓄主要有两大类用途:一是通过金融体系贷给本国私人部门和政府部门进行投资;二是通过国际贸易和资本流动等方式转化为对其他国家的债权。由此可见,内部不平衡会相应地表现为外部不平衡。进一步讲,如果要实现经常账户的平衡,那么国内政府赤字只能由居民的储蓄盈余来弥补。我国的储蓄—投资正缺口长期存在,也伴随着经常账户顺差,二者之间存在内在联系,要用全局、综合的视角来看待。

经济中各部门内部的扭曲最终都会在金融部门集中反映。我国以低消费、高投资为特点的经济内部不平衡与影子银行规模膨胀、地方政府债务问题、杠杆率快速攀升等都有着千丝万缕的联系。以杠杆率为例,根据国际清算银行测算,我国总体杠杆率由2008年的148.4%上升至2015年的254.8%,提高106.4个百分点。经济内部不平衡使得风险在金融体系内不断积聚,因此化解金融风险的治本之策在于解决经济本身的平衡问题。

第五章
"十三五"时期金融统计的发展方向：统筹金融业综合统计

习近平总书记在《关于〈中共中央制定国民经济和社会发展第十三个五年规划的建议〉的说明》中指出，"统筹负责金融业综合统计，通过金融业全覆盖的数据收集，加强和改善金融宏观调控，维护金融稳定"。2017年7月，习近平总书记在第五次全国金融工作会议中再次提出，要"推进金融业综合统计和监管信息共享"。习近平总书记从宏观调控和金融稳定的高度，肯定了金融统计的价值，也为"十三五"期间金融统计的发展指明了方向。

为贯彻习近平总书记的重要讲话精神，人民银行认真研究经济金融发展变化，把握国际金融统计改革方向和趋势，适应金融业和金融创新快速发展的新形势，服务好中央银行加强宏观审慎管理、完善货币政策框架的职能转变。未来一段时期，金融业综合统计要以资管产品统计为突破口，以货币金融统计和宏观审慎统计为核心，以"统一的统计标准、主要交易的对手方统计、协调的统计制度"三项基础性工作为支柱，以金融机构存量统计为主线，以市场、价格和流量统计为辅线，最

第五章 "十三五"时期金融统计的发展方向：统筹金融业综合统计

终形成统一的国家金融基础数据库，建立覆盖所有金融机构、金融基础设施和金融活动的金融业综合统计体系。

第一节 金融宏观调控对金融统计提出的新任务

一、开展金融业综合统计的背景

（一）落实党中央、国务院和"十三五"规划目标的要求

党中央、国务院对金融业综合统计工作高度重视，多次指示要求加快推进此项工作。2015年10月和2017年7月，习近平总书记先后在《关于〈中共中央制定国民经济和社会发展第十三个五年规划的建议〉的说明》和第五次全国金融工作会议中均强调要推进金融业综合统计。

《金融业发展和改革"十二五"规划》中强调要"建立统一、全面的金融业综合统计体系""构建金融业综合统计信息平台，完善数据信息共享机制"。2012年召开的第四次全国金融工作会议，明确提出了要"加快建立统一、全面、共享的金融业综合统计体系"。2013年，国务院将建立"金融信息共享和金融业综合统计体系"作为金融监管协调部际联席会议的一项重要职责。2014年《党的十八届三中全会决定重要改革举措实施规划》要求通过推动建立健全金融业综合统计体系和信息共享机制，强化交叉性、跨市场金融产品的风险监测和监管协调。2016年，我国国民经济和社会发展"十三五"规划纲要（以下简称"十三五"规划）提出，要"统筹金融业综合统计，强化综合监管和功能监管"。

按照党中央、国务院的要求，加强我国金融基础设施建设、加快建

立现代金融业综合统计体系既是人民银行的重要任务和职责，也是当前国际国内经济金融改革与快速发展的必然要求，我们要抓紧落实，稳步推进。

（二）金融宏观调控要求金融统计向综合化转变

近年来，我国金融业发展迅速，金融改革持续推进，金融新业态层出不穷，金融创新不断涌现，综合经营趋势明显，这给金融宏观调控和传统的金融统计框架带来了挑战。

1. 金融业快速发展，形成了功能齐全、形式多样的多层次金融体系。改革开放以来，我国金融业发生了深刻变化，金融业从过去单一的银行业，演变为银行、证券、保险等多业并存的大金融业。2016年末，我国金融业（涵盖银行业金融机构、证券公司、期货公司和保险公司，不包括中央银行）总资产达253.8万亿元，比2010年末增长了2.5倍。其中，银行业、保险业和证券公司总资产分别为232.3万亿元、15.1万亿元和5.8万亿元，分别比2010年末增长了2.4倍、3倍和2.9倍，保险业和证券业的资产增长速度明显快于银行业。

在形成多样化的金融机构体系的同时，金融市场交易规模和交易方式日趋多元和复杂，融资渠道、金融工具、金融产品日益丰富。这使得贷款在社会融资规模中的比例明显下降，其他方式融资的规模占比显著上升。2016年，除本外币贷款外的其他方式合计融资5.9万亿元，是2002年的65.4倍；占社会融资规模增量的33.3%，比2002年提高了28.8个百分点。其中，直接融资达4.2万亿元，是2002年的42.7倍；银行表外融资1.1万亿元，而在2002年这些表外业务量几乎可以忽略不计。

因此，随着金融业的发展，金融统计也要随之发展变化，不仅要反映银行对实体经济的支持，也要反映证券业、保险业等其他金融机构对实体经济的支持。

第五章 "十三五"时期金融统计的发展方向：统筹金融业综合统计

2. 金融创新快速发展，金融风险积聚、扩散、传染更加复杂。金融资产规模和结构快速发展的背后，是金融机构日益多样化，金融创新迅速，融资渠道、金融工具、金融产品日趋丰富，金融资产的流动性快速上升，金融体系的关联度、复杂度大幅度提高。传统的金融机构通过创新相互渗透，如银行、信托公司、证券公司、保险公司通过银信合作业务、银证合作业务、银保合作业务等途径经营跨机构、跨行业、跨市场业务和产品。小额贷款公司、担保公司、金融控股公司等新型金融机构以及理财产品、信托投资计划、资产证券化等新型金融产品不断涌现，部分业务游离于监管之外，资金链条延伸，产品复杂化。互联网企业借助第三方支付、网络借贷、众筹融资、网络金融产品销售等业务迅速介入金融业务，规模和影响不断扩大。金融创新的发展导致金融体系的关联性和复杂性大幅提高，金融风险积聚、扩散、传染更加隐蔽和迅速，宏观调控难度加大。

以资管产品为例，近年来跨行业资管业务合作日益密切，多层嵌套的资产管理产品大量涌现。在这些产品中，银行一般作为资金提供方，信托、证券、保险、基金、基金子公司等作为通道，层级复杂，链条较长，规避资金投向监管是其快速发展的主要原因。这些创新的资产管理业务包括银行同业理财、银行信托合作、银行证券合作、银行基金合作、银行保险合作等。除了两两之间的合作外，多行业共同参与合作的嵌套类资管产品也比较多，包括银证信委托贷款（信托贷款）通道业务、银信证基合作的委外业务、银信证基合作的股票质押回购业务、银信证基开展的定向通道业务、银（证）保基合作的股权投资业务等。

金融创新快速发展，有助于加快我国金融深化的进程，在一定程度上顺应了社会投融资多元化的需求，但由于这些创新节奏快、周期短、结构复杂、影响面广，打破了金融机构表内和表外的界限，模糊了传统的资产和负债的概念，使货币政策操作环境和传导渠道发生了重大的变化，降低了货币供应量的可测性，影响了货币供应量计量的准确性、完整性和科学性。同时，M_1、M_2等传统的货币供应量指标与经济增长、物价等宏观经济变量之间的相关性也明显下降。金融风险的积聚、扩散、传染更加复杂，对传统的金融统计分析框架及其有效性、准确性提出了挑战。

3. 金融改革不断推进和深化。随着金融行业快速发展，金融创新不断涌现，我国的金融改革也在持续推进。党的十八届三中全会对我国下一步的总体改革进行了系统而全面的战略部署，其中金融改革是整体改革中十分关键和重要的组成部分。会议提出，要构建更具竞争性和包容性的金融服务业，扩大金融业对内、对外开放，健全多层次的资本市场体系，稳步推进汇率和利率市场化改革，加快实现人民币资本项目可兑换，完善金融监管。2017年全国金融工作会议对金融改革的方向和路径做了进一步阐述。会议指出：要坚定深化金融改革。要优化金融机构体系，完善国有资本管理，完善外汇市场体制机制。要加强金融监管协调、补齐监管短板。

金融改革将对金融统计分析产生广泛而深刻的影响，并且对储蓄、消费、投资、经济增长、经济结构调整、金融稳定、利益格局的调整都可能产生广泛的影响。金融改革的进程与这些宏观经济变量相互作用、动态演进，需要我们更加准确地分析，对改革的效应进行科学的监测和评估，对改革的时机、节奏、强度、策略进行校正和完善。

4. 防范系统性风险任务加重。当前，金融业态增多，金融产品增加，金融风险的积聚、扩散、传染趋于复杂，防范系统性风险压力加大。一方面，经济下行导致银行信贷资产质量不断下滑，不良贷款率仍在持续上升。2016年末，商业银行不良贷款率为1.81%，比上年同期高0.07个百分点。另一方面，随着金融业的迅速发展，我国整体杠杆率的上升速度比GDP的增速要高得多。以实体经济为例，2002年除股票融资外的社会融资规模存量占GDP的比例为116%，而2016年，这一比例已经上升到202%，实体经济整体债务比率的上升使得信用风险

第五章 "十三五"时期金融统计的发展方向：统筹金融业综合统计

积累较多。另外，交叉性金融产品不断涌现和快速发展，不少金融产品边界不清、设计复杂，蕴含较大风险，这些金融产品还存在跨市场、跨机构等特征，如金融机构开展的资管业务。目前，各类资管产品直接汇总后的规模已达金融机构表内资产的三分之一。这些资管产品大多结构复杂，产品多层嵌套，产品与产品之间、产品与机构表内资金之间相互关联，杠杆叠加，资金来源与运用不透明，风险隐蔽性大、传染性强，可能成为金融风险的"放大器"。

目前尚缺乏对这些产品风险的认识，也不完全了解其传染的速度和路径，这增加了中央银行防范和化解系统性风险的难度，也是金融统计改革与发展面临的课题。

（三）宏观审慎管理对金融统计提出了新的任务

1. 中央银行职能从专注于货币政策向货币政策与金融稳定并重转变。维护金融稳定是中央银行的重要职责。2008年国际金融危机前，发达经济体中央银行的工作重点首先是维护物价稳定，其次是促进就业和经济增长，对金融稳定的关注不够。国际金融危机后大家认识到，金融机构的微观稳健并不必然带来宏观稳健，微观审慎监管缺乏对金融体系风险的整体判断，不能有效衡量和防范系统性风险；在宏观货币政策和微观审慎监管之间，还存在如何防范系统性风险的空白，这就需要宏观审慎政策来填补。因此，中央银行除了传统的货币政策目标，还要加强宏观审慎，防范金融风险，维护金融稳定。

金融统计是防范金融风险、维护金融稳定的重要基础性工具。2008年国际金融危机后，国际上一致认为，统计信息缺失是未能及时识别防范本次危机的一个重要原因。2009年10月，国际货币基金组织和金融稳定委员会联合向二十国集团（G20）财政部部长和中央银行行长会议提交了《金融危机与信息缺口》报告，认为现行微观金融统计体系存在统计零散、标准不一的缺陷，无法满足宏观审慎政策对数据信息整合的需求，并提出了 20 条建议。G20 财政部部长和中央银行行长会议通过了这个报告并形成《"二十国集团"数据缺口协议》。此后，相关国际组织和主要经济体均采取了改革措施，完善金融统计制度，拓宽金融统计覆盖范围。

在当前杠杆率上升较快和金融风险上升的背景下，中央银行职能从专注于货币政策向货币政策与金融稳定并重转变，并且维护金融稳定的重要性和紧迫性越来越突出。2016 年中央经济工作会议特别强调，要把防控金融风险放到更加重要的位置，确保不发生系统性金融风险。这要求中央银行的金融统计必须加快转型步伐，从传统的围绕货币政策的职能统计，转向既为货币政策服务又为金融稳定服务的全面统计。2016 年，人民银行正式推出宏观审慎评估体系（MPA），从资本和杠杆、资产负债、流动性、定价行为、资产质量、跨境融资风险、信贷政策执行情况七个方面对金融机构的行为进行评估引导；自 2017 年第一季度起，将银行表外理财纳入 MPA。周小川行长曾指出，宏观审慎评估体系涵盖了当前在维护金融稳定和防范金融风险方面的主要关切，但对未来的发展来说还是不够的，原因之一就是必要的信息和统计数据尚不充足，而这些信息和数据恰恰是开展宏观审慎评估和制定宏观审慎政策的基础。因此，金融统计必须与时俱进，着力构建支持宏观审慎政策决策、评估宏观审慎政策效应的统计体系，为中央银行维护金融稳定提供有力的信息支持。

2. 宏观调控对金融统计提出了新的要求。

一是货币政策多目标框架对金融统计提出了新的需求。货币政策多目标框架是危机后发达国家中央银行发展的一个潮流，即便是实行通货膨胀目标制的国家，危机后也普遍把促进就业和经济增长作为货币政策的目标之一。作为一个发展中国家，我国货币政策目标比发达国家更加多样化，既包括维护物价稳定、促进经济增长、促进就业、保持国际收支大体平衡四大传统目标，还包括金融改革开放、发展金融市场

第五章 "十三五"时期金融统计的发展方向：统筹金融业综合统计

两项动态目标。"十三五"期间，我国金融改革开放的任务非常繁重，要推动金融要素的供给侧结构性改革，完善利率市场化，增强人民币汇率弹性，建立中央银行前瞻性指引机制，实施金融稳健对外开放；同时，我国还要进一步健全金融市场体系，建设满足实体经济投融资需要的多层次、多元化、互补型金融市场。金融改革开放、发展金融市场离不开金融统计的支持配合，同时也会对金融统计产生深刻的影响。我国金融统计除了服务于货币政策四大传统目标，还要围绕金融改革开放、发展金融市场需求，深入开展利率统计，为货币政策调控方式从数量型为主向价格型为主转变提供信息服务；加强证券市场统计、互联网金融统计，为健全金融市场体系提供数据支持；加强统计信息的分析挖掘和公开解读，提高中央银行的预期管理能力。

二是金融统计应当客观、准确、及时地度量金融对实体经济的支持和服务水平。服务实体经济是金融的根本使命。中央经济工作会议指出，针对经济重大结构性失衡，必须加强结构性改革。"十三五"规划指出，要强化信贷政策定向结构性调整功能，支持科技金融、绿色金融、地区性中小金融、普惠型农村金融和特惠型扶贫金融发展。金融统计应当客观、准确、及时地反映金融对实体经济以及结构性改革的支持服务情况。近年来，我国结构性金融统计取得了积极进展，包括开展大中小微企业贷款统计、贷款分行业统计、房地产和"三农"等重点领域专项统计，发布地区社会融资规模，为经济结构调整和区域经济发展提供了重要的数据信息。

（四）危机后国际金融统计改革的新趋势和新方向

美国次贷危机蔓延发展，并最终演变成大萧条以来最严重的国际金融危机，原因之一是金融统计未能及时反映金融变化，统计信息在创新型金融机构和结构型金融产品领域存在缺失，导致金融危机之前金融统计数据没有及时反映危机迹象，危机发生后又无法通过金融统计信息准确判断和估计危机扩散以及传染风险。为此，世界主要国际组织和中央银行深刻总结经验教训，以加强宏观审慎管理、防范系统性金融风险、维护金融稳定和金融安全为主要目标和核心内容，在金融统计领域实施了一系列改革，这些改革措施反映了当前金融统计发展的新趋势和新方向。

改革措施主要包括：一是修订法律框架，扩大中央银行的宏观审慎管理权限。二是拓宽统计领域，增强对非银行金融机构的统计监测能力，填补统计真空地带。多数国家中央银行将金融统计范围从银行扩大到证券、保险及其他新型金融机构等。三是丰富统计内容，强化对跨市场、跨部门、跨机构产品的统计和监测，增强防范系统性和交叉性金融风险的能力。各国普遍将金融统计的范围从资产负债等表内业务拓展至表外业务，从传统业务拓展到创新型，以及跨行业、跨市场产品和业务。四是推进标准化建设，构建统一的宏观审慎管理原则和标准。国际货币基金组织和国际清算银行通过调整统计分类、修订统计框架等工作，进一步完善国际统计标准和统计框架。

1. 主要国际组织的改革举措。危机后，国际货币基金组织修订推出了《货币与金融统计手册与编制指南》（MFSMCG 2016），主要阐述了货币与金融统计的基础概念、统计范围、编制方法以及分类等内容。国际清算银行也致力于不断完善其金融统计体系。

一是强化对非银行金融机构的统计和监测。MFSMCG 2016 将关注重点从银行业存款类金融机构扩展到保险、证券、货币市场基金、特定目的载体等非银行金融机构。国际清算银行建立了新的一般政府债务数据库，为现有的财政数据库提供信息补充。

二是加强对金融活动关联性和金融风险传染性的统计监测。MFSMCG 2016 基于对交叉数据信息的需求，引入资产负债核算矩阵，用于分析某一部门的金融脆弱性及其在经济各部门之间的传导机制。国际清算银行修订了国际银行业统计中的货币、交易对手分类及债券

第五章 "十三五"时期金融统计的发展方向：统筹金融业综合统计

统计中的分类方法，以便更好地监测金融风险在不同部门和市场之间的传染路径。

三是修订国际基础性统计框架。MFSMCG 2016 修订了金融统计存量和流量数据整合的一致性框架。国际清算银行修订了国际银行业统计、资产证券化及信用风险转移统计框架。

2. 美国的改革举措。

一是完善制度保障，突出美联储系统性风险管理的主体地位。2010年7月，国会通过了《多德—弗兰克华尔街改革和消费者保护法案》，以加强系统性金融风险防范为主线，重塑金融监管架构，强化系统重要性金融机构监管，弥补"空白地带"监管，突出中央银行系统性风险管理的主体地位，明确系统性风险的处置安排，并加强金融消费者保护。

二是扩大监管范围，强化美联储维护金融稳定的宏观审慎管理权。危机后，美联储对金融机构的审慎管理权得到进一步强化和扩大，负责对所有系统重要性的证券、保险等非银行机构，以及系统重要性的支付、清算、结算活动和市场基础设施进行监管。同时，美联储新设立金融稳定政策与研究办公室，负责协调和支持金融稳定及影子银行的监测工作，强化对新型金融机构和金融创新产品的监管统计。

三是完善金融账户，强化交易对手信息采集，增强系统性风险识别监测能力。自2013年起，美联储用"金融账户"取代"资金流量"这一概念，意味着金融账户将涵盖范围更广的数据，既包括资金流量数据，也包括资产负债表数据及合并的宏观经济账户数据。

四是建立金融控股公司及其附属公司的统计监测框架。对于任何可能对金融体系和经济造成严重冲击的金融机构，如投资银行、对冲基金、私募基金、保险和经销商等非银行金融控股公司，美联储有权对控股公司及其任何子公司（包括非存款类子公司）直接检查和获取信息，包括交易对手的详细信息，取代了以往须向其功能监管机构获取信息的做法。

3. 欧洲中央银行的改革举措。危机后，欧洲中央银行积极总结经验教训，先后制订了2009—2012年和2013—2016年的统计工作中期工作计划，改进和完善金融业综合统计框架，拓宽金融统计的覆盖范围和数据获取渠道，进一步加强对系统性、交叉性金融风险的监测和防范。

一是修订和完善法律法规，赋予中央银行更广泛的信息采集权。先后两次修订了关于欧洲中央银行收集统计信息的条例，并针对不同类型的金融统计工作出台和修订一系列法规制度。

二是扩大统计监测范围，强化对整个金融体系的宏观审慎管理。欧洲中央银行将非银行金融机构、影子银行、表外业务等创新型机构和产品纳入统计监测范畴，包括按季度编制保险公司和养老基金公司统计数据，统计从事证券交易的金融载体公司的资产、负债数据和背景信息，强化小额信贷机构的资产负债表和利率统计，定期编制货币市场基金以外的投资基金（IFs）资产和负债统计信息等。

三是推进统计标准化，构建统一协调的宏观审慎统计标准。在欧洲中央银行的中期工作计划中，推进统计标准化是非常重要的内容。除着手推进影子银行的标准化统计外，欧洲中央银行将促进共同统计技术在欧元区的使用，实施修订后的国际统计标准——《国际收支手册（第六版）》、非股票证券统计标准等作为高级优先的工作。欧洲中央银行与国际清算银行和国际货币基金组织还发布了《证券统计手册》。

4. 英国的改革举措。危机后，英国对金融监管体制进行了根本性改革，以系统性风险防范和化解为主线，强化宏观审慎管理，突出中央银行在金融监管中的核心地位。

一是改革法律条款，明确中央银行的宏观审慎管理权限。英国出台《2009年银行法》，明确规定了英格兰银行作为中央银行在金融稳定中的法定职责和核心地位。2013年4月1日，新的《金融服务法案》正式生效，新的金融监管体制正式运行，确立了英格兰银行负责货币政

第五章 "十三五"时期金融统计的发展方向：统筹金融业综合统计

策、宏观审慎管理和微观审慎监管的核心地位。

二是调整机构设置，建立由英格兰银行主导的金融业综合统计体系，强化其审慎监管职能。根据新的《金融服务法案》，英国撤销了金融服务管理局（FSA），改由英格兰银行下辖的审慎监管局（PRA）和独立机构金融行为监管局（FCA）实施宏观、微观审慎政策。改革后，英国全境的金融统计都由英格兰银行统一承担。

三是拓宽监管领域，加大对非银行金融机构的统计，提高对系统性金融风险的识别和防控能力。为弥补传统的货币与金融统计在满足政策分析、审慎监管及金融稳定分析等方面的不足，英格兰银行在传统的货币与金融统计基础上，加强了对非银行金融机构的关注，建立了非银行金融机构监管数据报表体系。

四是改革金融统计制度，加强对表外业务、金融衍生品等创新型金融产品的监测和统计。危机后，英格兰银行着力扩大统计内容，扩展统计范围，弥补统计缺口。

二、构建金融业综合统计体系，实现金融数据全覆盖

（一）金融业综合统计的基本概念和目标

金融业综合统计是指以金融机构数据元为采集依据，对包括银行业、证券业、保险业在内的整个金融业的资产负债、风险状况、资金价格和供需、资金流向等信息全覆盖的数据收集和统计。

金融业综合统计的目标是协调整合现有的各类金融统计体系，大力推进金融统计标准化，建立"统一、全面、共享"的金融业综合统计体系，促进金融统计向综合化、统一化、动态化、开放化、标准化和信息化发展，为全面反映金融业发展状况、更好地支持宏观调控和宏观审慎管理，以及为防范和化解系统性风险提供支持。

(二) 金融业综合统计体系的构建思路

未来，金融统计改革的总思路就是适应金融新形势和变化，构建"双核心、三支柱、两条线、全方位"的金融业综合统计体系。

"双核心"是指金融业综合统计工作要以货币金融统计和宏观审慎统计为核心，其实质上就是要求统计信息要能服务于货币政策调控和宏观审慎管理的双重需要，这种需求不是完全重叠的，因此要求统计内容要兼顾两个方向、两种内容，既要包含宏观数据，也要包含微观和中观的信息，就是要有点有面；既要横向比较数据，也要有纵向的动态信息，做到统计信息的点面结合、横纵结合，形成金融领域的立体全方位统计体系。

"三支柱"是指金融业综合统计要建立在"统一的统计标准、主要交易的对手方统计、协调的统计制度"三项基础性工作之上，体系内的任何一项扩展和创新都要以这三项工作为基础。这一基础就是联系货币金融统计和宏观审慎统计之间的那条看不见的准绳，将两方面内容有效地、合理地体现在一个综合性统计体系中。

"两条线"是指金融业综合统计的工作方向要以金融机构（含特定目的载体SPV）存量统计为主线，以市场、价格和流量统计为辅线，双线并行以求涵盖全面的统计信息。近年来，随着金融业务创新的加快，金融体系内交易量逐年增多，尤其是金融机构表外业务更是大幅增长，但这些业务监管较为缺失，对其交易信息的掌握尚有不足，这对审慎监管和风险管理等金融监管工作提出很大的挑战，因此流量统计尤其是逐笔统计的重要性凸显出来，这就是金融业综合统计体系要从存量和流量两方面并行推进的原因。

"全方位"是指金融业综合统计工作最终要形成具有有效关联性的金融基础数据库，生产各类机构资产负债概览及附属产品，全方位涵盖社会融资规模、货币供应量、存贷款余额、国家杠杆率、金融体系若干

第五章 "十三五"时期金融统计的发展方向：统筹金融业综合统计

杠杆率及重要领域杠杆资产等金融调控总量指标。也许用这些专有指标名词来说明这个"全方位"，对于非金融领域人士理解方面有些困难，我们可以用一句现阶段各经济领域通用的术语来描述，就是要通过金融业综合统计来形成"统一、全面、共享"的金融基础数据库。

按照"双核心、三支柱、两条线、全方位"的思路要求，把握好金融统计促进国家发展、服务国家战略的根本定位，站在实践前沿，博采众长，既要创新理念，完善制度，优化方法，提高统计质量和效率，也要精诚团结，加强协作，上下合力，提高金融统计为宏观经济平稳较快发展服务的能力。

（三）金融业综合统计的基本原则

金融业综合统计的部门分类、机构分组、工具划分、计价原则等问题涉及国民经济核算、会计学、统计学、金融学等多方面内容，既要保证各个分类之间的一致性与协调性，又要能够反映货币政策实施效果、满足宏观审慎管理需要，还要考虑与国际接轨。因此，在开展金融业综合统计时，将会遵循以下八个原则。

1. 全面统一的原则。全面是指金融业综合统计覆盖的范围要机构全、业务全、内容全，是一个综合的统计体系；统一是指纳入综合统计范围的各行业金融统计指标的名称、定义、分类、计值和编码等统计规范应是统一的，是以实现标准化为基础和适用于各类金融机构的综合金融统计体系。

2. 制度互补的原则。金融业综合统计着力于弥补现有统计的空白，适应金融业快速发展的现实，满足风险监测和金融稳定的需要。其不是搞大一统，而是与现有的监管统计各有侧重，两者不重复、不矛盾，充分考虑和尊重现有各项金融统计的特点和需要，给相关部门留有充分的灵活性，各个部门有空间去开展具有自身特点、满足特定需求的统计。

3. 协调可比的原则。金融业综合统计应遵循与《SNA 2008》和《货币与金融统计手册》等国际标准统计框架相一致的编制方法和统计口径，形成能够与其他宏观经济和金融账户统计协调一致的、有利于分析的时间序列，为宏观调控、审慎监管以及金融监管提供全面、准确的信息支持。

4. 适度前瞻的原则。当前金融业发展迅速，开展金融业综合统计工作不仅要着眼于当前，还要放眼未来，要从金融改革发展的长远需要出发，前瞻性地考虑未来金融改革以及宏观金融调控和金融监管的需求。尤其是要能够适应日益加快的金融产品的创新行为，及时将成熟的创新型产品和机构纳入统计体系中来。

5. 急用先行的原则。要充分考虑实际情况，指标设计、分类及统计指标的落地可急用先行，尤其是对交易对手方信息统计，视重要性及紧迫性采用分阶段、分步骤的方式，将统计指标、统计分类等标准逐步在金融业各子行业落地，有效促进金融业综合统计工作的顺利开展。

6. 统一灵活的原则。金融业综合统计涵盖的机构范围、工具定义、指标概念等要具有严格的一致性，在统计制度和统计标准保持一致的基础上，各地区自用的报表设计和内容等可因地制宜，灵活设置，满足各级部门经济金融监测和管理的需要。

7. 一分到底的原则。要从不同角度构建平行分类体系。任何一个分类标志要一分到底，仅从一个角度说明和反映事物的分布状况和内部结构；众多的分类标志组成平行分类体系，可以灵活组合，多维度进行分析。

8. 不重不漏的原则。在统计标准化的基础上，在特定分类标志下，任何一个统计对象只能归属于某一组，而不能同时或可能归属于几个组，同时任何一个统计对象都有组可归。

目前，人民银行从上述原则出发，根据《金融机构编码规范》《金融工具统计分类及编码标准（试行）》等金融行业标准和现行国民经济

第五章 "十三五"时期金融统计的发展方向：统筹金融业综合统计

核算中的部门分类标准，以及前期已征求有关部门意见的情况，初步制定了金融业综合统计核心指标以及证券业、保险业核心指标统计体系。这套核心指标由金融工具、交易对手、境内外以及经济部门等大小类分六个层级的资产负债和损益类指标组成。以这套指标采集基础数据并加工处理后，以汇总或合并报表的展现形式，可得到一系列全面反映金融业运行和经营状况的重要信息，为制定货币政策和维护金融稳定提供数据支持。

（四）金融业综合统计的基本框架

金融业综合统计是覆盖整个金融部门的统计，既包括银行业金融机构，也包括证券业和保险业金融机构，还包括金融控股公司、小额贷款公司、贷款公司、融资性金融机构等新型金融机构，甚至包括住房公积金中心、社保中心等对金融部门有重要影响的经济主体。从统计内容看，既包括资产负债业务，也包括表外业务；既包括存款、贷款、结算等传统业务，也包括影子银行、互联网金融、衍生产品、结构型产品等业务。

具体讲，金融业综合统计体系建设主要从五个方面来推进（见图5-1）。

第一，完善货币金融统计，构建总量与结构、存量与流量相结合的金融统计框架。全覆盖采集金融各行业、各机构资产负债信息，形成具有有效关联性的基础数据库。编制金融性公司概览、存款性公司概览以及反映金融部门状况的其他资产负债表，提供基础货币、货币供应量、流动性总量等数据，反映金融机构流动性创造和货币政策传导过程，以及资金的流量和流向，满足货币政策的需要。

第二，构建宏观审慎统计框架，主要包括金融业资产管理产品统计、系统重要性金融机构统计、金融控股公司统计、证券市场统计、非持牌机构（如互联网金融）及其他交叉性金融产品统计等方面。通过

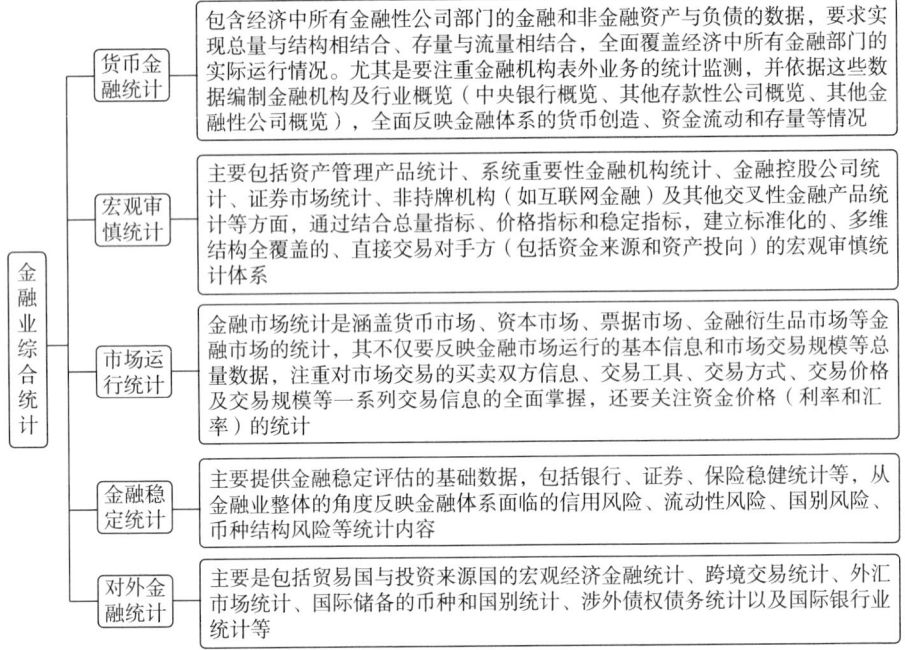

图 5-1　金融业综合统计主要内容

结合总量指标（社会融资规模等）、价格指标（国债收益率等）和稳定指标（金融机构杠杆率等），建立标准化的、多维结构全覆盖的、包含直接交易对手方（包含资金来源和资产投向）的宏观审慎统计体系，反映交叉性金融产品的关联性，发现金融风险的传染性，实现资金链条的穿透性，支持中央银行防范和化解系统性金融风险。

第三，金融市场和资金价格的统计。金融市场统计是涵盖货币市场、资本市场、票据市场、金融衍生品市场等金融市场的统计，其不仅要反映金融市场运行的基本信息和市场交易规模等总量数据，注重对市场交易的买卖双方信息、交易工具、交易方式、交易价格及交易规模等一系列交易信息的全面掌握，还要关注资金价格（利率和汇率）的统计。在了解金融市场运行的情况下，加强对市场运行的动态监测，研究金融结构、金融发展和经济增长的关系，为我国金融改革发展提供

第五章 "十三五"时期金融统计的发展方向:统筹金融业综合统计

支持。

第四,金融稳定统计,主要提供金融稳定评估的基础数据,包括银行、证券、保险稳健统计等,从金融业整体的角度反映金融体系面临的信用风险、流动性风险、国别风险、币种结构风险等统计内容,满足宏观审慎评估对金融部门数据的需要,为宏观调控和审慎管理提供支持。

第五,对外金融统计,主要包括贸易国与投资来源国的宏观经济金融统计、跨境交易统计、外汇市场统计、国际储备的币种和国别统计、涉外债权债务统计以及国际银行业统计等,为中央银行从全球经济角度制定货币政策、分析政策效应提供支持。

(五)实现金融业综合统计的基础保障

1. 完善法律基础。危机后,世界主要发达国家和地区组织纷纷修订法律框架,突出中央银行系统性风险管理的主体地位。完善法律基础是我国构建金融业综合统计体系的重要基础和切实保障。

(1)金融统计立法尚不完善。一是金融统计数据在现有法律体系下彼此独立,难以满足维护金融稳定、防范系统性金融风险和宏观审慎监管的要求。我国自2003年最终确定"一行三会"的金融监管体系以来,金融业整体运行的安全性和有效性显著提升。但同时,以《中国人民银行法》为核心,以《商业银行法》《保险法》《证券法》《信托法》等法律为基础的金融监管体系和"一行三会"的监管机构设置,体现出较为典型的机构型监管模式特征。这种监管模式在金融机构形态简单、业务界限分明的情况下,有助于维护金融业平稳运行和降低监管成本,但随着金融服务一体化程度的加深,严格的分业监管体系已难以适应新形势下金融业快速发展的现状。例如,近年来创新型金融产品层出不穷,多种结构性信托、资产管理计划相互嵌套,金融风险传递更加迅速,出现了相互交织、影响、叠加和放大。在分业监管体制下,相关金融统计数据缺失,对跨行业、跨市场、跨机构的交叉性金融产品和机构的监管有待健全，这使得有关部门难以了解资金流动的全过程，也难以在风险出现前或爆发时及时阻止其传染和扩散。二是金融统计立法滞后，法律法规间缺乏协同性和权威性。目前，人民银行和监管机构从各自职责出发，分别制定了本部门的统计管理规定和办法。一方面，相关规定和办法的制定时间较早，相对于当前金融发展情况有所滞后；另一方面，各种规定和办法之间的协调有待加强，不能全面满足宏观调控和维护金融稳定的信息需求。《中国人民银行法》明确了人民银行"负责金融业的统计"的职责，但细则中只赋予采集银行业数据的权力，《保险法》《证券法》中也未充分体现保险和证券机构对人民银行的数据报送义务。因此，《中国人民银行法》有关金融业统计的条款，在实践中尚难顺畅地落实。

（2）夯实金融统计法律基础，为统筹实施金融业综合统计提供保障。加快金融统计立法，完善我国在金融统计领域的法律法规体系，明确由一个监管部门统筹开展金融业综合统计工作，确立其在维护金融稳定、防范系统性金融风险和宏观审慎管理方面的核心地位是当前统筹金融业统计工作的重要基础。为统一开展金融业综合统计工作，新的法律法规体系需要从如下几个方面提供重点支持和保障：一是拓宽统计领域，增强统筹部门对银行、证券、保险等金融机构，以及新兴金融业态和创新型金融机构的统计监测能力；二是丰富统计内容，强化统筹部门对跨市场、跨部门、跨机构产品的统计和监测，将统计范围从表内业务扩展至表外业务，从传统业务扩展至创新型业务；三是推进标准化建设，协同各个监管部门统一指标名称、定义、分类、计值和编码，协同各监管领域统计制度的设计、制定和实施，以标准化为基础构建金融业综合统计体系。

2. 加强基础设施建设。

一是提高金融统计集中化管理程度，统筹实施金融业综合统计，确保以整体视角审视整个金融业的发展状况。目前，我国的金融统计主要

第五章 "十三五"时期金融统计的发展方向：统筹金融业综合统计

由货币信贷统计、银行业统计、证券业统计、保险业统计、国际收支统计五个部分组成，这些统计内容之间关系密切，但却分别隶属于人民银行、银监会、证监会、保监会、外汇局五个部门分管。金融统计部门化现象突出，不符合集中型的统计管理理念。各个监管部门从自身工作的角度出发，设置统计内容、指标和制度，较少考虑到整体金融运行的需求，难以从全局高度和宏观角度进行规划设计。从国际上看，由一个部门统筹开展金融业综合统计，是危机后各国金融改革的主要方向。世界主要发达国家和地区经济组织，均赋予中央银行在维护金融稳定和宏观审慎监管方面的基本职责和重要权利，各国金融统计一般都由中央银行负责。因此，将金融统计由"分散化"管理改为"集中化"管理，统筹实施金融业综合统计，可以有效缓解在分业监管体制下金融基础设施割裂的现状，避免来自不同监管部门的金融统计数据出现统计标准不一、统计对象缺失、统计内容重复等问题，减少分业监管体制下的监管空白和数据缺失，全面提升金融统计数据采集、汇总、整理和分析的及时性、完备性和准确性，增强监管部门对系统性金融风险的防范能力。

二是促进部门间统计协调，有效整合部门金融统计制度。目前，人民银行采集银行业数据，证券业和保险业数据分别由其监管部门负责采集，这种部门分割的统计模式不利于部门间统计工作的整合和协调。分业监管下的部门金融统计是"铁路警察"式的分段统计，各个监管部门根据各自监管领域内的业务种类和监管需求制定统计制度，相互间彼此独立甚至隔离，统计制度之间可能存在重复或矛盾，尤其是部门间交叉性业务和模糊地带，相关统计可能出现空白，或统计内容难以穿透产品，底层交易信息和资金来源不明。因此，在金融业综合统计框架下，应加强部门间统计制度的沟通和协调，充分发挥统计的评估监督职能。避免各部门站在自身的利益和立场开展统计，减少重复调查，减轻调查人员和调查对象负担，减少不同部门之间数据不衔接、不一致等情况，加强对部门间交叉业务和模糊地带的统计监测，提高对跨境、跨市场、跨部门的金融机构或金融产品的监测能力。

三是加强和拓宽金融统计的深度和广度，突出金融业综合统计在宏观审慎管理和防范系统性金融风险方面的重要作用。

首先，要加强对创新型金融产品的统计。近年来，我国金融机构代客理财、信托投资计划、衍生产品、资产证券化等业务发展迅速。这些业务多为跨行业、跨市场、跨机构的交叉型金融产品和影子银行业务，大多游离于我国以机构为主体的金融统计体系之外。加强对创新型和交叉型金融产品的统计，有助于监测系统性风险的传递路径，掌握整个金融体系的风险状况。

其次，要强化对跨境、跨市场风险传染的监测。通过部门间统计制度的协调和整合，采集交易对手信息，反映跨机构、跨市场、跨境的交易信息，监测和评估诸如热钱、投资组合等金融交易的系统性风险。

最后，要加强对新兴金融业态和创新型金融机构的有效监管。这类机构在发展初期类型尚未定性或针对该机构的统计制度没有及时到位，对这类机构的监管往往缺乏明确的监管部门和有效的监管措施。加强对新兴金融业态和创新型金融机构的全程监管，有利于及时发现影响金融系统整体稳定性的苗头性问题，避免"亡羊补牢"式的补救。

四是扩大数据共享范围，提高金融统计数据的时效性和准确性。一方面，通过科学合理的数据共享制度安排，扩大监管部门间的数据共享范围，有效保障数据共享的时效性和准确性。由于现行金融统计条块分割，数据采集权分散，金融统计标准不统一，统计数据的时效性和准确性在目前的共享方式下难以得到有效保障。因此，应扩大数据共享范围，将共享范围从简单的统计数据共享，深化到底层指标共享，扩展到统计制度和统计定义的共享，真正实现银行、证券、保险各个监管部门之间的协同一致。在此基础上形成金融业综合统计的制度和共享数据，为各监管当局服务，实现合作共享、互利共赢，在制度安排上促进银

第五章　"十三五"时期金融统计的发展方向：统筹金融业综合统计

行、证券、保险监管相互协调，促成金融统计的全覆盖、标准化和法治化。另一方面，通过科学合理的数据共享制度安排，降低监管部门间的协调难度。近年来，各监管部门之间不断加强沟通协调，但金融业综合统计工作在实际推进过程中仍有较大困难，整体进展相对缓慢。有效的部门间协调，不仅有助于金融业综合统计统筹部门采集获取银行业、证券业和保险业金融机构的金融工具数据，还有助于统筹部门顺利采集底层的业务统计数据，特别是获取对金融业综合统计至关重要的交易对手数据，从而提高金融业综合统计在市场关联性和风险传染性等方面的监测能力。

第二节　推进金融统计标准化建设

随着信息技术的发展和信息时代的来临，金融业越来越依靠统计数据作出更为科学和有效的决策，金融机构通过统计数据指导日常运营，提供更好的产品和服务，获取竞争优势，控制风险；中央银行和金融监管当局依托高质量的数据，开展金融业综合统计，监测整个金融体系的运行状况，制定有效的货币政策、宏观审慎政策和监管政策。但来自数据标准方面的需求和挑战也日益成为新形势下管理者和决策者面临的主要问题和难点。

一、金融统计标准化的意义

金融统计标准化是做好金融统计乃至国民经济统计的一项基础性工作，做好金融统计标准化工作有助于使金融体系中的各类机构、各类市场、各类业务形成有机联系，不同机构、不同业务之间互通信息，相互协调、支持，不断提高金融体系的信息化水平，改进金融管理的方法，促进金融体系高效运行。

一是有助于提高金融业信息化水平。为适应快速的信息化时代，各金融机构建设了各种面向特定应用或部门的系统，系统的分散建设导致同一类数据分散在不同应用系统中，缺乏统一的数据来源和技术标准，导致数据不规范、不一致、难以共享。目前，金融业的各类业务标准尤其是相关的信息标准较为缺乏，仅有少数几项标准。统计标准化特别是元数据的标准化，统一规范了各个数据要素的概念、范围、算法与值域，有助于提高金融业的整体信息化水平。

二是有助于宏观部门认识和追踪风险，增强风险应对的手段与能力。目前，金融体系正在从以银行机构为主导的金融体系向以金融市场为主导的金融体系过渡，原来金融业"发起—持有"的模式也逐渐向"发起—销售"的模式转变，原来以机构为核心的统计很难追踪、确定权益与风险的来源与去向，需要建立以机构与产品为双核心、区分交易对手方的新型统计体系。统计标准化可以支持构建协调、统一、共享的统计数据体系，改进风险衡量的方法与手段，监测金融风险传递的可能途径。

三是有助于确保统计工作的客观性、公正性。联合国统计局编写的《统计工作手册》指出："所有统计学家们公认、制定和采用统一的统计标准，是当前继续提高国家统计质量的基础。"统计的标准化是统计调查资料客观性、公正性、统一性的基本保证，它可以指导金融业各机构、各部门在信息采集、报送中采用相同的定义、口径。由于推进了元数据标准，金融机构各业务部门在处理业务的第一线即可按标准采集原始数据，保证统计源头数据的一致性与准确性，可大大提高数据的质量。

四是有助于提高管理部门对金融业务的认识，不断提高管理水平。金融体系不断向大型化、多元化、专业化方向演进，金融业务也随之愈加专业化。不论是宏观管理部门的人员还是金融机构的管理人员，都难

第五章 "十三五"时期金融统计的发展方向：统筹金融业综合统计

以清晰而明确地认识金融业务操作、核算、风险控制等诸多方面的整体情况。金融统计标准作为一项管理标准，是金融业管理经验不断积累和深化的结晶。管理人员可以不断地通过学习标准深入了解金融业务，接受先进管理经验，深化认识，并改进管理。

五是有助于降低统计成本，提高共享效率。金融统计标准建立在国家标准、行业标准、金融企业内部标准的基础上，能够最大限度地保证微观基础与宏观需求的协调性，实现从商业银行会计系统或业务系统直接采集源数据，减少商业银行数据报送环节，降低统计成本。同时，各监管部门采用相同的统计标准采集、编制、发布数据，既可以减少各金融机构的报送负担，也可以使各项数据统一协调，相互呼应，提高信息共享效率。

经过几年的不懈努力，人民银行建立了规范的金融统计标准化工作流程，研制并发布了《金融机构编码规范》《金融工具统计分类及编码（试行）》《金融工具常用统计术语》等多项金融行业标准，加强对金融机构和人民银行分支机构的培训，加大对金融机构落实标准的指导力度，稳步推进金融统计标准在金融机构的落地，将标准化理念渗透和贯彻到金融统计工作的各个环节，切实提升金融统计服务能力与水平。

六是金融统计标准化有助于推进金融业综合统计。在分业统计模式下，我国各监管部门按照自身行业运营特点和监管要求，制定统计标准和设计统计指标。从目前情况看，尽管各监管部门在重要指标的定义和分类上加强了彼此间的沟通和协调，但统计定义不一致、统计标准不统一等问题仍然存在。金融统计标准化关系到不同监管部门数据的整合，是全面推进金融业综合统计的基础和关键，是增强金融业综合统计对宏观审慎管理数据支持作用的重要前提和保障。要制定统一的指标定义和分类标准、明确统一的数据颗粒度标准、协调统一的关联性监测标准，推进金融统计标准化，满足金融业综合统计的要求。

二、金融统计标准化的概念与过程

（一）概念

金融统计标准是国民经济社会标准的一个领域和分支，是对金融统计过程中重复出现的事物和概念所用的统一规定，它以金融理论、统计理论、信息技术和统计工作实践的综合成果为基础，经各相关方协商一致，由金融标准化技术委员会或相关部门批准并公开发布，作为金融统计工作共同遵守的准则和依据。而金融统计标准化，即是制定、修订、发布和贯彻实施金融统计标准的过程，具体包括标准的制定过程、实施过程和信息反馈过程。

（二）金融统计标准化工作流程

标准的制定是标准化的起始过程。它的基本任务是总结实践经验并将其规范化（制定成标准）。由于标准化对象层级的不同，此过程所包含的活动内容也有所不同，尤其是企业标准、国家标准和国际标准产生的过程差别更为显著。但标准的制定大体均包括需求调查、研究论证、起草标准、征求意见、审查批准五个阶段。为了规范标准的制定过程，国际组织发布了专门的导则性文件，我国依据该导则制定了相应的国家标准以规范标准的制定。在标准化过程中，标准的制定阶段是资源投入的重点，也是关注的重点。这个阶段发生的问题有程序性的，如参与制定的人员代表性不够、征求意见范围过小等问题，但更主要的是实质性的，即标准的适用性、可行性、科学性等方面的问题。

标准的实施是标准化的核心过程。它的基本任务是将标准所承载的信息传递给生产、管理等各项实践活动，指导这些活动按照标准提供的信息正确地进行。标准化的目的只有通过标准的实施才能达到，而标

第五章 "十三五"时期金融统计的发展方向：统筹金融业综合统计

准是否科学合理也只有通过实施才能验证，同时标准的改进和发展的动力也来自实施，可以说标准的实施是标准化过程中最为重要的环节。由于标准实施的难易程度不同，其包括的工作也有较大差异。但对于重大且涉及面广的标准，应做到有组织、有计划地实施，一般包括实施策划、实施准备、过程管理、总结改进四个阶段。目前轻实施是较为普遍的现象。

标准实施的信息反馈是标准提升与完善的关键过程。它的基本任务是收集、分析标准在实施过程中的表现，并将有关信息及时传递给相关组织，以便采取措施。信息反馈是标准化基本过程的最后一个环节，是过程的终结，同时也是下一个过程的开始。这个过程至关重要，它能使相关组织及时掌握标准在实施过程产生的效果、出现的问题以及必须及时采取的纠正措施。由于标准的层级不同，信息反馈的活动内容和活动方式会有较大的不同。企业标准是企业自己制定的，实施范围仅在企业内部，因此发现问题和纠正都较为方便。标准层级越高，覆盖的范围越广，表现出的问题就越多、越复杂，要求建立相应的信息渠道，确立接收、分析、处理信息的专门机制。

标准的制定、实施与信息反馈构成了标准化三角形，当一个基本过程结束时，第二个循环就开始了。但这样的循环不是一次次原地旋转，而是每循环一轮，都在原来的基础上有所创新、改进，即通过标准的重新制定或修订，使标准向前发展一步。这一过程就是标准化工作的全过程。

三、金融统计标准化的主要内容

为进一步提升金融统计数据服务中央银行履职的能力，我们积极开展金融统计标准化研究，设计我国金融统计标准化的整体思路，搭建金融统计标准体系框架，对推动我国金融统计标准化的实施和促进金融统计工作水平的提升起到积极、关键的作用。

(一) 金融统计标准的整体设计思路

金融统计及金融信息的目标主要为解决这样一个由简单问题连接起来但非常复杂的组合问题："谁？和谁？做什么？价值多少？风险如何？"如果所有的金融交易都回答这些问题，就可以产生一个描绘整个金融联系网络的信息图。这就要求采集大量的基础数据，但由于统计的成本限制，以及基础数据在可得性和完整性方面的限制，至今所有统计都只涵盖了这个复杂问题的某些方面。例如，各项存款回答了金融机构从哪些部门吸收了多少资金，但没有回答资金的期限情况、利率情况以及流动性情况。

金融统计标准的整体思路是依据统计工作的核心问题而展开的，采用从整体到局部的途径进行设计。整体设计上为避免产生遗漏，假设需要回答前述全部的问题，这样就确定了：金融机构和客户，回答谁和谁的问题；金融工具和产品，回答做什么的问题；账户和计值，回答价值是多少的问题。对风险是多少这样的综合性问题，需要在上述各个环节进行综合体现。根据整体的设计，可以从管理的需求出发，梳理各类宏观管理需求、审慎性监管需求以及各类合规性要求，列明各类业务指标，按整体框架对这些业务指标进行归类，形成一个完整、分类清晰、不交叉重复的数据需求体系，结合金融机构自身的经营管理要求与现实的业务系统，再按整体框架的设计进行归类、梳理，就形成统计标准化的主干内容（见图5-2）。这些内容可形成两大类标准，与业务相关的界定业务范围、属性，为业务分类标准；与技术相关的要落实到业务系统中，主要界定各数据的属性、表示方法、编码与值域，为技术标准，即元数据标准。再辅之以与之配套的术语、数据交换等系列标准，就形成了完整的标准体系。

第五章 "十三五"时期金融统计的发展方向：统筹金融业综合统计

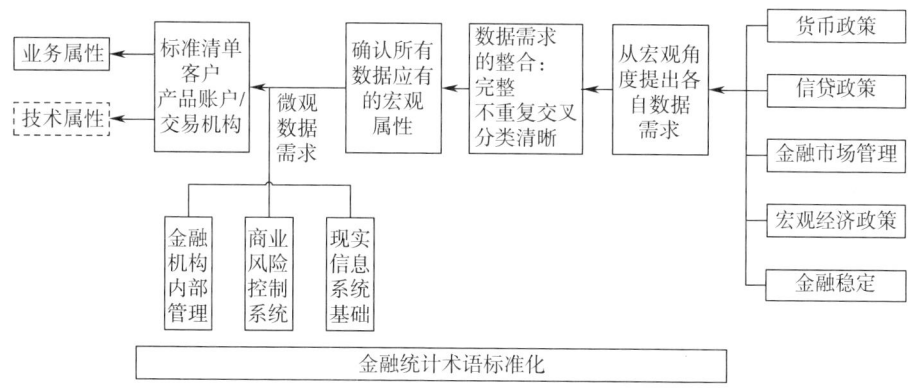

图 5-2 金融统计标准设计工作流程

（二）金融统计标准化的框架

金融统计标准化依据统计工作的普遍规律来构建标准化框架，先确定交易双方的主体，即金融机构与客户，因为金融机构自身也是客户，所以此处的客户专指除金融机构之外的所有机构单位。再确定机构与客户间的交易，金融交易繁复众多，依据金融学原理，将金融工具划分为十三大类，然后细化金融工具，制定金融产品的清单，统计的依据是合同和账户（见图 5-3）。

首先，机构部门分类标准是标准化工作的起点。包括三方面内容：一是国民经济部门金融统计分类标准，从金融统计的角度规定了我国机构单位的部门分类；二是金融机构编码规范，规定了我国金融机构的范围、分类及编码；三是特定目的载体（SPV）标准，规定了金融机构资产负债表外独立核算、独立管理的准实体机构的范围和分类，如资金信托、代客理财等新型业务。这三个标准合在一起，覆盖了我国经济活动的各类主体，既包括作为金融统计对象的金融机构，也包括金融机构从事交易活动的所有交易对手，从而为准确刻画社会资金在各部门间的分布与流转、衡量各部门的风险、评估我国经济结构奠定基础。

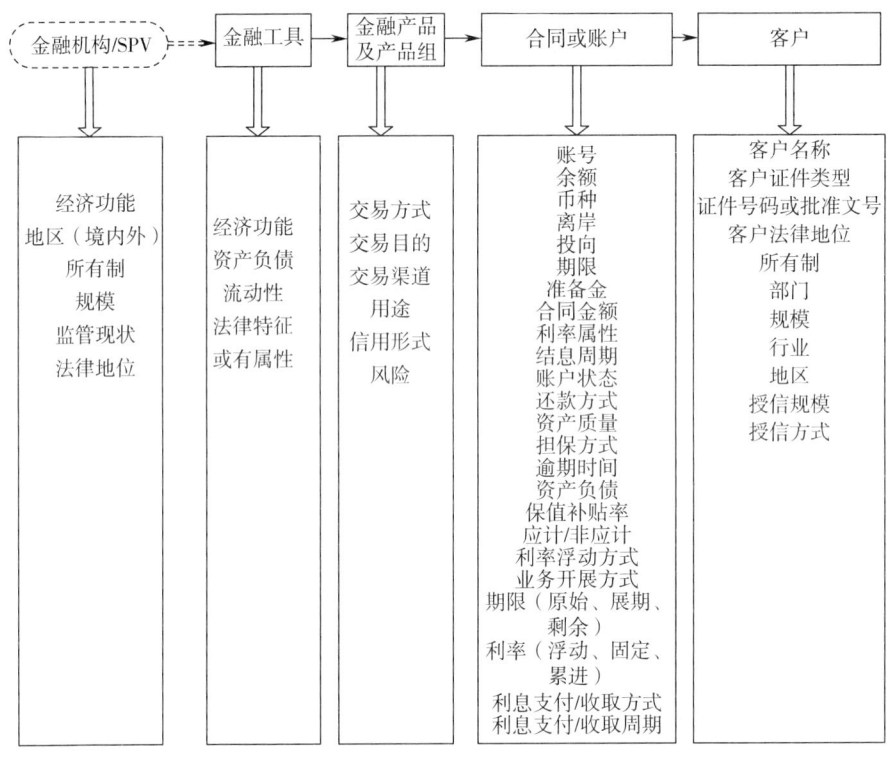

图 5-3 金融统计标准体系核心：金融机构和金融工具

其次，金融工具统计分类标准是标准化工作的重点。金融工具是金融活动的主要载体，通俗地讲就是金融合同或契约。金融工具标准化就是根据金融合同的经济功能、流动性、法律特征等属性对金融合同进行分组，形成十三大类金融工具，如存款、贷款、非股票证券、股票和其他股权、金融衍生产品、委托代理协议等，然后再根据金融合同的交易主体、期限、风险等特征对十三类金融工具进行多维度的细分。这样就系统地界定了金融工具的范围，明确了金融工具的含义，进而对金融工具进行编码，构造多维统计指标体系。金融工具标准对于准确刻画社会资金总量和结构、支持金融调控、有效监测政策传导及效果、客观衡量金融市场与金融机构的风险状况、全面评价我国金融市场的发展程度都具有重要意义。

第五章 "十三五"时期金融统计的发展方向：统筹金融业综合统计

最后，金融工具计值标准是标准化工作的难点。制定金融工具计值标准的目的是统一交易双方对同一金融工具统计计值的认定，并为编制流量统计提供指导，从而正确评估和衡量金融体系、金融机构的交易规模与风险，提高金融统计数据的同质性、协调性、一致性。这项工作比较复杂，金融工具统计计值以金融机构会计核算为基础，目前存在三套会计制度或准则，对金融资产和金融负债的计价存在较大差异，还需要结合我国金融业务现状与国际标准框架进行深入研究与探讨。

同时，为便于沟通与数据交换的需要，还要制定统计术语标准、数据及其诠释和交换标准。

根据这一思路构建的标准体系可以较为明确地反映某种金融工具各类客户的交易状况，然而由于忽略了金融业务之间纵横交错的交易关系，难以清晰反映同一客户进行各种金融交易的情况。因此，还需要进一步考虑金融业务的基础条件，如贷款的客户分类应与存款、非股票证券、金融衍生产品的客户分类完全一致，这样更易于评估各类客户的风险状况。为此，需要将各类标准之中共用的、相同的标准抽离出来，并作为标准化的基础形成通用标准，而仅适用某类机构或某项工具的标准形成专项标准，这样就需要对上述框架进行调整，既考虑统计工作的流程，又按照标准的层次搭建统计信息标准化框架（见图5-4）。共有三类标准：一是通用标准，即在金融统计过程中的各个环节都采用的标准，如金融机构标准、客户信息标准、金融工具分类标准等；二是专项标准，即在金融统计过程中个别环节、个别金融工具或产品采用的标准，如存款统计分类标准、贷款统计分类标准等；三是数据元标准，即描述定义、标识、表示和允许值等数据单元的标准，包括中文名称、内部标识符、定义、数据表示类型及格式、值域、计量单位、备注等。

金融统计标准体系主要包括统计术语标准、机构部门统计分类标准、金融工具统计分类标准、金融工具统计计值标准、金融工具统计数据元标准、统计数据交换与发布标准等。此外，金融统计采用其他部门

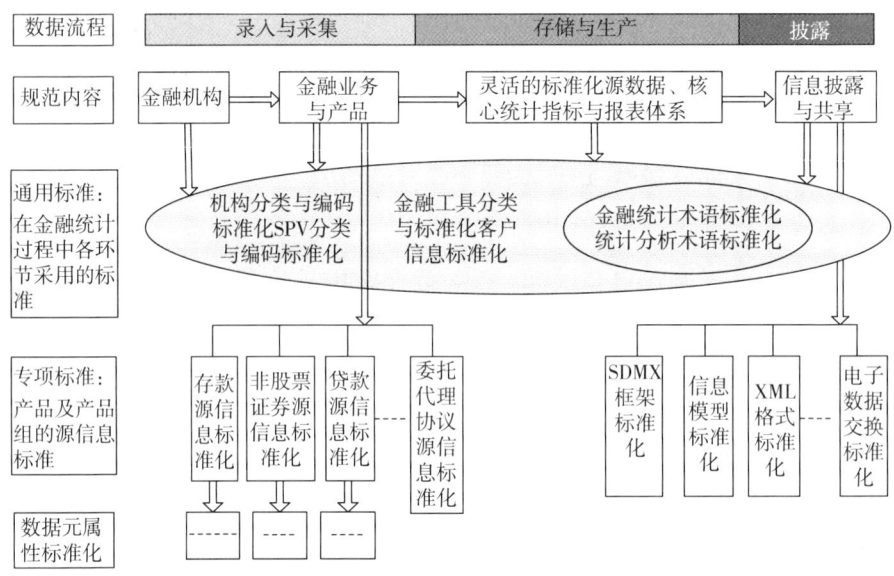

图 5-4 金融统计标准框架

颁布的标准，例如，企业的划型标准由工信部与国家统计局制定，金融部门引用即可，这类标准为引用标准。

第三节 以资管产品统计为突破口，推进金融业综合统计体系建设

一、统筹金融业资管产品统计

人民银行认真落实"十三五"规划要求和党中央、国务院指示精神，积极应对，创新进取，坚持风险底线思维，将统筹金融业资管产品统计作为当前金融业综合统计的主要推进领域。

第五章 "十三五"时期金融统计的发展方向:统筹金融业综合统计

(一)金融业资管产品统计背景和目标

1. 建立金融业资管统计的背景。维护金融稳定是中央银行的重要职责。2008年国际金融危机使各国认识到中央银行对金融稳定的关注度不够,这需要通过宏观审慎政策来填补。目前,我国服务于宏观调控的货币政策统计相对成熟,而服务于金融稳定的宏观审慎统计还较为薄弱。近年来,我国金融体系的关联性与复杂性大幅提高,金融风险的积聚、扩散、传染更加隐蔽和迅速,宏观调控难度加大,中央银行职能逐渐从专注于货币政策向货币政策与宏观审慎并重转变,服务于宏观审慎的统计的重要性和紧迫性越来越强。

当前,创新型金融产品不断涌现,这些产品有其产生的客观背景,但部分产品边界不清,设计复杂,蕴含较大风险,还在一定程度上影响了货币政策的传导,其中典型的代表是资管产品。近几年资管产品发展迅猛,已经全面覆盖银行、证券、保险等金融行业,还存在跨市场、跨机构的相互交叉。据估算,截至2016年末,我国各类资管产品余额直接汇总后共约94万亿元,规模约为同期金融机构表内资产的37%,剔除交叉持有后规模为60多万亿元。资管产品快速发展,在一定程度上顺应了社会投融资多元化需求,有助于续接资金链、发现金融价格,但是其结构复杂、多层嵌套,风险隐蔽性大;产品关联、杠杆叠加,风险传染性强,可能成为当前金融风险的"放大器"。目前,由于缺乏对这些产品的深入认识,也不完全了解其风险传染的速度和途径,更加大了防范系统性风险的难度。因此,目前我国宏观审慎管理关键点是资管产品管理。

金融统计是防范金融风险、维护金融稳定的重要基础。金融业综合统计的主要推进领域是基于宏观审慎的资管产品统计。通过建立资管产品统计反映交叉性金融产品的关联性、发现金融风险的传染性、实现资金链条的穿透性,三者有机联系,互为支撑,缺一不可。产品识别是统计的基础，产品关联是统计的纽带，传染渠道清晰和资金投向穿透是统计的目的，这符合针对交叉性金融产品投融资行为的功能监管要求。没有产品关联的穿透会忽略传染渠道，无法发现金融风险症结所在；没有实现穿透的关联则会忽略统计的目的，无法衡量金融对实体经济的实际影响。

目前，我国资管产品统计实行的是以机构为核心的分业统计。不同资管产品统计体系的统计原则、统计分类、统计方法等均存在不一致，难以从整体上反映全部资管产品的资产负债规模和结构，无法支持跨行业、跨市场资管产品的合并和关联分析，缺乏对资管产品的规模、风险及其传染渠道的准确信息。因此，迫切需要建立统一的统计框架和制度，对资管产品实施统一的统计监测，真正实现关联性分析和穿透式监管。

统一的金融业资管产品统计以金融产品标准化为基础，通过对金融产品的标准化统计，提高金融风险监控的及时性和精准度。标准化的产品统计还可在完善监管信息、降低金融机构报送成本和提高金融机构风险控制能力等方面起到积极作用，现阶段建立在标准化基础上的金融业资管产品统计顺应了国际金融统计发展的趋势，积极应对宏观审慎政策对数据信息的全面需求。

2. 金融业资管统计的目标。落实"十三五"规划要求和党中央、国务院指示精神，统筹金融业资产管理产品统计，实现对银行、证券、保险业资产管理产品的全面有效监测，反映交叉性金融产品的关联性，发现金融风险的传染性，实现资金链条的穿透性，为识别和防范系统性金融风险提供完整、坚实、可靠的数据基础。

金融业资管统计通过实施统一的资产管理产品统计制度，建立全方位监测资产管理产品关联性、传染性的数据库，编制有效的政策管理指标，通过全资金链统计实现风险及其传染渠道的监测，满足宏微观多方需求：一是准确监测资产管理产品业务的规模及变化，评估其对 M_2、

第五章 "十三五"时期金融统计的发展方向：统筹金融业综合统计

贷款、社会融资规模等重要指标的影响；二是明确资金来源与投向，反映资产管理产品资金在金融体系内部循环程度、进入实体经济和金融市场的规模和结构等，防止在金融体系内循环的资产管理产品资金过度膨胀、控制杠杆水平和资产负债过度扩张；三是全面监测产品杠杆率、收益率、资产质量及期限等，发现资产管理产品风险的源头和传染渠道；四是获取分行业、分地区、分企业规模等结构性数据，为区域政策及结构性政策服务。

（二）金融业资管产品统计的理念

一是标准化理念。标准化是资管产品统计的基础。统一的统计标准一方面保证数据属性的定义和分类一致，提高统计体系的兼容性，有利于资管产品统计与其他统计体系互联互通；另一方面，确定标准唯一的产品代码，能够逐层识别、追踪资金的来源和投向，实现全资金链监测统计，从根本上增强宏观部门识别和追踪系统性风险的能力，满足穿透式监管等多方面需求。金融业资管产品统计在设计时，依据《国民经济行业分类》等多项国家和金融行业标准，制定了包括银行业、证券业、保险业在内的、统一的机构、产品及字段编码规则，对每只产品的资金来源和运用进行统一分类。

二是全覆盖理念。全覆盖定义了资管产品统计的范围。全覆盖不仅指机构的全覆盖，更重要的是指按功能监管原则，以产品为中心整个资金链条的全覆盖。资管产品不属于哪一个特定机构，可跨市场、跨机构多层嵌套。因此，金融业资管产品统计明确了统计对象为银行业、证券业、保险业金融机构发行的各只资管产品，报数机构为资管产品的发行机构，统计从产品发行开始到产品终止的整个生命周期，建立了"以产品为中心"的全资金链统计框架，实现从各层次资金来源方到资金最终使用方的监测，为识别风险、评估风险、预警风险、控制风险提供必要条件。

三是直接交易对手方理念。按直接交易对手方统计是资管产品统计的基本原则。如果不统计直接交易对手方，而是采集底层资产信息，对识别微观机构或产品的信用风险、价格风险有一定作用，但无法判断系统性风险的源头和传染渠道。金融业资管产品统计制度要求各统计对象按照直接交易对手方原则报送上游直接资金来源及下游直接资产投向数据，保证资金链层层连接。最终在汇总数据时，实现对资金链条的全面描述，既能反映机构和产品间的关联性，又能在此基础上实现真正意义上的穿透。

四是多维结构化数据理念。多维结构化数据明确了资管产品统计的数据来源。国际金融危机后，各国和国际组织推行的数据采集方式发生了转变，趋向逐笔采集多维结构化数据，提高了数据颗粒的细化程度。多维结构化数据可以逐产品实现风险及其传染渠道的监测；可以对基础数据灵活加工，满足多层次、多角度分析监测需求；此外，还有利于发现交易或敞口中的极端值，弥补汇总指标无法反映的薄弱环节。

（三）金融业资管产品统计的整体方案

基于上述背景和理念，坚持底线思维和问题导向，按照资管产品的类型而非按照金融机构的类型，人民银行构建了统一、全面的金融业资管业务统计体系。金融业资管统计整体方案以"四个统一"为抓手，实现资管产品的全面有效监测。

金融业资管产品统计要实现对银行、证券、保险资管产品的全面有效监测，反映交叉性金融产品的关联性，发现金融风险的传染性，实现资金链条的穿透性。

1. 统一的资产管理产品报告制度——产品关联的基石。规定银行业、证券业、保险业金融机构发行资产管理产品后，应在规定时间内向人民银行报告，获取统一的产品编码，作为产品之间以及产品与其他市场统计体系之间互联互通的标识。

第五章 "十三五"时期金融统计的发展方向：统筹金融业综合统计

产品识别是统计的基础，产品关联是统计的纽带，传染渠道清晰和资金投向穿透是统计的目的，这符合针对交叉性金融产品投融资行为的功能监管要求。在统一平台上报送产品基本信息，按统一规则获取产品代码，其目的就是产品识别，这样才能打通产品涉及的整个资金链条，发现风险及其传染渠道。

2. 统一的资产管理产品统计制度——风险监测的核心。建立并实施统一的统计制度，设置统一的数据定义与分类，是进行跨行业、跨市场信息整合，支持产品关联和穿透式统计监测的基础，是识别风险、评估风险、预警风险、控制风险的核心。现拟定的统计制度以人民银行理财与资金信托统计制度为基础，结合各行业资管特点建立，具有现实可操作性。理财与资金信托统计制度已在银行业无障碍执行，若能进一步推广应用到证券业和保险业，即可展现全行业资管产品的全部资金交易链条，实现跨市场穿透。

3. 统一的资产管理产品信息系统——常规直报平台。信息系统是落实统计制度的重要基础设施，建立统一的资管信息系统，能够全面记录资管产品基本信息、募集信息以及资产负债信息等，为整个统计提供扎实的基础；建立基础数据库，达到标准统一、覆盖全面、关联清晰、共享高效；实现与股票市场、债券市场、机构监管以及货币信贷统计信息互联互通，有效监测跨市场金融交易；生成统一的资管产品统计报表体系，为宏观审慎管理提供数据支持。

4. 统一的过渡期数据报送模板——急用先行的过渡期方案。建设完整的信息系统需要一定周期，但当前识别和控制资管产品可能引发的系统性风险已刻不容缓。习近平总书记在中央经济工作会议上强调"要努力跑在风险前面"。为尽快弥补数据缺口，短期内取得突破，在统一的资管产品信息系统建成之前，按照急用先行原则制定统一的数据报送模板，实现过渡期间的数据采集和基本的监测工作。

通过统一的统计模板报送数据，可以从整体上评估资管资金在金融体系内循环的程度,判断其进入实体或金融市场的规模,计算资管产品整体的杠杆率;但与通过信息系统实现的逐产品统计相比,模板数据对深入监测关联性、识别风险及其传递路径有较大局限,及时性和准确性也会打折扣。

(四) 金融业资管产品的监测分析框架

金融业资管产品统计制度包括产品基本信息、产品募集、资产负债、资产证券化及收益权转让基础资产、除回购和拆借外贷款明细、特定目的载体交易对手明细、产品终止信息七个模块。各模块互联互通,构成完整的统计框架,支持从以下七个方面对资管产品进行监测分析:

一是资管产品规模。统计全部及各类别资管产品资产负债的总量,以及剔除交叉持有后的规模,用于评估资管产品对货币供应量、贷款、社会融资规模等重要总量指标的影响,提高宏观调控政策的有效性。

二是资管产品关联性。逐层统计资金来源方和运用方交易对手,反映资管产品之间、资管产品与金融机构表内资金之间的相互交易,识别风险源头和传染路径;反映资管资金在金融体系内部循环的程度,支持控制资产负债过度扩张,防止资产泡沫。

三是进入实体经济的资管资金总量和结构。通过关联产品的逐层统计,实现资金链条的穿透,统计各种类型资管产品以贷款、股权投资等方式进入实体经济的资金,反映资金在实体部门的运用情况;统计资金运用的行业投向、企业类型、地区分布等结构性信息,反映对实体经济的结构性影响。

四是进入金融市场的资管资金总量及来源。在统一分类、协调互通的基础上,统计表内外交易对手,实现金融机构表内外并表,统计进入股市和债市的资管资金总量、结构和来源,评估资管产品风险对金融市

第五章 "十三五"时期金融统计的发展方向：统筹金融业综合统计

场的冲击。

五是资管产品杠杆率。通过对资管产品优先、劣后级募集资金的分类统计，计算产品的分级杠杆率（＝全部募集资金[①]/劣后级募集资金）；通过对资管产品债务和权益资金的统计，计算产品的负债杠杆率（＝总资产/全部募集资金）和总杠杆率（＝总资产/劣后级募集资金），反映资管产品杠杆叠加的过程和叠加后的杠杆水平，从而有效监测资管产品风险放大的程度。

六是资管产品收益率。逐产品登记基本信息，统计产品预期收益或净值，计算产品负债端收益率，反映资金成本，成为金融市场价格体系的重要组成部分；结合资管产品投向的贷款、债券等资产端的收益率，评估收益错配情况。

七是资管产品期限结构。统计产品合同期限和剩余期限，并结合资产端的期限结构，评估期限错配情况。

二、推进其他重点领域的金融业综合统计工作

（一）探索编制汇总的金融业资产负债表

1. 开展金融业综合统计试点，编制试点地区金融业资产负债汇总报表。为加快推进金融业综合统计体系建设，夯实货币政策框架和宏观审慎管理基础。2010年末和2012年3月，人民银行在深圳和温州有序开展了金融业综合统计试点。2016年3月，人民银行会同"三会"在天津、广东、浙江、安徽四省市开展金融业综合统计试点工作。同时，江西、湖北在地方政府的支持下，全省也开展了金融业综合统计工作。还有不少省市通过加强研究、在部分地区试行采数等方式积极开展金

[①] 全部募集资金＝优先级募集资金＋劣后级募集资金。

融业综合统计试点工作。

目前，金融业综合统计试点进展顺利。人民银行总行与分支行密切合作，建章立制，制订方案，加强调研，完善指标，培训队伍，严把质量关，开展了一系列工作。2016年7月末，第一期试点数据的收集与汇总完成，四个试点地区共采集1 875家法人金融机构数据，其中银行业金融机构600家、证券业104家、保险业34家、其他金融机构1 137家，资产规模总计36.24万亿元。通过试点，"一行三会"第一次实现了辖内全部法人金融机构的数据报送，第一次编制了试点地区银行业、证券业、保险业的资产负债汇总报表。

金融业综合统计试点工作的实践表明：金融业综合统计有利于统一金融统计标准，实现协调的统计制度，收集主要交易的对手方数据，有利于逐步形成金融统计的三个支柱；也有利于实现金融机构和业务范围的全覆盖，摸清金融业家底，有助于强化对影子银行、其他非银行金融机构、创新型业务和产品的监测，填补统计空白；还可以测算杠杆率，加强金融风险监控，为金融业增加值核算提供更准确的依据，有助于完善货币政策框架、加强宏观审慎管理。

2. 未来编制汇总的金融业资产负债表的主要方向。

一是加大试点深度，扩大试点广度，完善金融业综合统计制度和核心指标体系。要深化指标采数层级，争取实现所有核心指标数据的采集，建立跨机构、跨市场交易对手统计，实现对金融活动关联性的监测。进一步完善试点范围，加大对金融业新业态、创新产品和创新机构的统计监测。适当增加一些反映证券、保险业务特点的指标，建立更加清晰的核心指标与证券、保险指标的对应关系。要加强与地方监管部门、政府部门的协调，强化与报数机构的业务交流，积累经验。

二是推进金融统计标准化。要加快推进金融统计标准化建设的落地工作，把金融业综合统计试点工作的各项细节融入各金融主体的业务流程，从信息采集源头统一和规范统计概念、分类和计值，实现数据

第五章 "十三五"时期金融统计的发展方向：统筹金融业综合统计

一次采集、多方共享，从根本上搭建跨部门数据共享桥梁。

三是加强调查研究。及时了解金融机构最新业务发展和统计制度，深入研究各类金融机构的业务特征和会计核算，加强对影子银行、宏观审慎以及金融市场关联性、风险传染性等方面的跟踪研究，为完善金融业综合统计体系奠定理论和实践基础。

（二）开展贷款流量统计

目前，我国对贷款的统计以存量统计为主，主要通过余额、增量和增速指标反映金融机构贷款的总量和结构分布状况，更多是从静态角度描述贷款配置的结果。随着我国逐渐进入经济发展新常态，金融机构和实体经济信贷行为的影响因素更加复杂多样，信贷数据波动加大。同时，金融机构不良资产处置、政府债务置换等因素也对信贷数据产生了较大扰动，仅依靠传统的余额和增量数据，已经越来越难以全面反映信贷投放实际状况及其对实体经济的支持。为此，人民银行新建了贷款发放情况专项统计，修订了贷款变动因素专项统计，覆盖贷款发放、收回、转让、资产证券化、贷款重组、置换、转抵债资产、核销、债转股等贷款变动因素，全面反映信贷资金的流向、流量和周转速度等，初步形成了存量和流量、全量和抽样、数量和价格相结合的贷款流量统计综合监测框架。

贷款流量统计综合监测框架有两条主线：一条主线是对贷款流量的总量监测，主要包括贷款发放情况专项统计、贷款变动因素专项统计，以及现行信贷投放相关统计；另一条主线是对贷款流量的结构监测，主要是通过标准化存贷款综合抽样统计，从数量和价格两个方面对贷款流量的期限、行业、额度、企业规模、经济成分、笔数等结构状况进行监测，同时还利用贷款的逐笔明细数据，进行数据挖掘和研究，及时跟踪、监测信贷投放的新特点、新变化。

贷款流量统计的两条主线相互独立又紧密联系，通过严格的数据交叉校验关系，打通了信贷收支统计、信贷发放统计、贷款变动因素统计之间的数据通道，使之成为一个相互联系、相互印证的整体。贷款流量统计为现行贷款统计提供了重要的补充和支撑，从存量和流量两个角度共同反映贷款总量、结构、价格和变动情况，有利于科学评估货币信贷政策执行效果，对信贷资源配置进行更加有效的引导和调控，更好地支持实体经济发展。

(三) 研究系统重要性金融机构和非持牌机构统计框架

1. 研究系统重要性金融机构统计框架。具有定价主导权和市场交易主动权的系统重要性金融机构，是政府、中央银行、监管部门在发生系统性风险时，切断风险传染源、建立有效"防火墙"的关键节点。系统重要性金融机构的内部组织和关联关系非常复杂，需要多维度、细颗粒度的统计监测数据。要在认真研究国际有关做法、总结经验的基础上，对我国系统重要性金融机构统计监测模板开展前瞻性研究，并有针对性地进行试点。不仅要关注系统重要性金融机构的资产负债情况，还应关注系统重要性金融机构之间、内部实体之间以及内部各实体与外部机构之间的交易往来，加强对其证券交易、衍生产品等方面的"机构对机构"交易统计，及时、全面掌握其资产负债和风险状况，了解其在金融体系中的影响程度及风险传导节点，提高金融业综合统计对系统性风险的监测和防范能力。

2. 研究非持牌机构及其他交叉性金融产品统计框架。目前，我国存在部分非持牌机构，虽无金融机构之名，但实际从事了金融业务，它们通常具有影子银行的特征，如担保公司、典当行、融资租赁公司以及包括P2P平台、互联网理财等在内的互联网金融企业。随着经济金融形势的快速发展，还可能出现其他创新型、交叉性的机构和产品。这些非持牌机构和创新型产品不在金融监管范围之内，目前还没有正规的统计，但很可能与实体金融机构或资管产品等宏观审慎关注的重点领域发生关联。

第五章 "十三五"时期金融统计的发展方向：统筹金融业综合统计

要加强对非持牌机构和其他交叉性金融产品的金融统计制度的研究。一是充分了解国外中央银行对类似机构的统计框架和风险评估情况。二是摸清我国各类非持牌机构的业务种类、业务流程、会计处理方法和指标设置情况。三是研究建立对非持牌机构的风险评估指标体系，既要准确把握其资产负债状况，也要全面监测和评估其风险规模和传染路径。四是尝试建立政策工具箱，应对或减轻非持牌机构的相关风险。

▼ 专栏24

金融稳定理事会（FSB）对影子银行的统计监测

影子银行（Shadow Banking）是2008年国际金融危机后，各国反思危机的产物之一。自2010年以来，金融稳定理事会受G20委托，牵头开展影子银行体系研究，从定义分类、数量规模、风险监测和政策工具等方面初步构建了统一的影子银行监测框架。

一、影子银行的定义和重要特征

影子银行，是指游离于正规银行体系监管之外，容易导致系统性风险和监管套利的信用中介机构（实体）或业务（活动）。一般具有五个重要特征：一是游离于正规银行体系之外，没有受到类似于银行的严格的审慎监管（如资本、流动性要求等）；二是具有信用中介功能，是常规银行体系为实体经济提供融资支持的重要补充；三是通过期限转换、流动性转换、不完全信用风险转移和（或）杠杆等行为，产生类似于银行的金融风险，并通过信用中介链条向传统银行体系传导，从而引发系统性风险；四是进行监管套利，损害金融监管的有效性；五是从形式上看，影子银行既包括信用中介机构（实体），也包括机构（实体）开展的影子银行业务（活动）。

二、影子银行的统计理念

FSB 在具体确认影子银行范围时，创造性地遵循了"机构统计"（Entity-based）和"业务统计"（Activity-based）并重的理念。从经济功能（业务和活动）角度出发识别和判断影子银行，取代了过去单纯以法律形式或机构名称作为影子银行识别标志的传统做法。根据经济功能，影子银行主要包括以下五类：

1. 有挤兑风险的集合投资工具。集合投资工具是指投资者把资金集中在一起，通过公司形式、信托形式或某种合同安排形式进行统一投资。有挤兑风险的集合投资工具特指因投资标的市场价值下降、投资载体信誉受损等因素可能出现投资者集中、大量赎回的投资工具，主要包括货币市场基金（MMFs）和非货币市场基金等。

2. 依靠短期融资提供贷款服务。指在细分市场上为非金融性公司和住户提供贷款服务的机构，主要包括贷款公司、租赁公司、汽车金融公司、专业金融公司、典当行等。

3. 依靠短期融资或客户资产担保抵押融资的证券中介服务。指在证券市场上为买卖双方提供中介服务的机构，不包括证券承销服务和证券交易服务，主要包括证券经纪商和证券金融公司等。

4. 为信用创造提供便利。指为金融机构发行金融工具提供担保服务或是信用增级服务的实体，主要包括信用保险公司、融资担保公司、信用增级公司等。

5. 以证券化形式提供融资服务。指利用现有资产，通过结构化融资或证券化的形式来提供融资服务的实体，主要包括结构化融资工具、资产证券化工具等。

三、影子银行的统计方法

金融稳定理事会从"广覆盖"到"窄聚焦"分三步对影子银行相关数据进行统计。"广覆盖"，是指将监测范围扩展到所有可能潜

第五章 "十三五"时期金融统计的发展方向:统筹金融业综合统计

在产生影子银行风险的机构;"窄聚焦",是指集中聚焦那些传统银行体系以外,通过期限转换、流动性转换、不完全信用风险转移和杠杆交易等行为导致系统性风险和监管套利的信用中介实体和业务。

统计时,主要分三个步骤进行:第一步统计非银行金融中介(Monitoring Universe of Non-Bank Financial Intermediation,MUNFI);第二步统计其他信用中介(Other Financial Intermediations,OFIs);第三步统计影子银行。其中,非银行金融中介和其他信用中介是基于"广覆盖",通过监测传统银行体系以外从事信用中介职能的机构,从范围上界定所有可能潜在产生影子银行风险的机构;影子银行是基于"窄聚焦"严格定义的影子银行口径。由于非银行金融中介和其他信用中介分机构采集数据,统计边界清晰且易于统计,在统计实践中得到了普遍的认可,被广泛用于影子银行统计监测的中间步骤和规模估算。具体步骤包括:

1. 非银行金融中介(MUNFI)。非银行金融中介是指非银行金融中介广义监测,机构范围包括传统银行体系以外的保险公司、养老基金和其他信用中介(OFIs)。这是评估非银行金融中介参与影子银行业务程度的起点。

2. 其他信用中介(OFIs)。其他信用中介是指除了中央银行、银行(存款性银行)、保险公司、养老基金、公共金融实体和金融辅助实体以外的所有金融中介实体。机构范围包括货币市场基金、对冲基金、其他投资基金、房地产投资信托和房地产基金、信托公司、贷款公司、证券经纪商、结构化融资工具和中央交易对手等。实践中其他信用中介可作为影子银行的近似替代指标,因此又被称为广义影子银行(Broad Measure of Shadow Banking)。

3. 影子银行。影子银行是非银行金融中介剔除未直接发挥信用中介作用或未产生影子银行风险的实体和活动后的剩余部分,是按照

> "游离于正规银行体系监管之外,容易导致系统性风险和监管套利的信用中介机构或业务"这一定义严格界定的影子银行口径,也可称为狭义影子银行(Narrow Measure of Shadow Banking)或经济功能分类法下的影子银行(Shadow Banking under the Economic Functions Approach),是金融稳定理事会进行风险评估和政策工具摸底的主要载体。

(四)完善与现代中央银行相适应的统计信息披露机制

金融统计是人民银行履行职能的基础,是政府统计的重要组成部分,是中央银行与金融市场参与者、社会公众以及国际社会沟通的重要纽带。2002年,中国正式加入数据公布通用系统(GDDS),2015年10月,中国正式采纳国际货币基金组织数据公布特殊标准(SDDS)。GDDS、SDDS均将官方统计数据视为公共产品,将"及时与机会均等"获得统计数据看做是公众的基本要求。与GDDS相比,SDDS在数据的覆盖范围、周期性和及时性,所公布数据的质量,公布数据的真实性以及公众可得性等方面有着更高的要求,采纳SDDS是我国在完善统计体系、提高透明度方面取得的重大进展。

随着金融改革开放的不断深入以及金融与实体经济交融性的不断增强,社会各界对金融统计信息的需求和要求越来越高。建立完善统计信息披露机制,一是要认真学习领会中央经济工作会议精神,围绕稳健货币政策,做好数据解读,加强预期引导。二是不断完善统计信息披露制度,注重金融统计基础设施建设,加强政务公开平台数据信息的准确、及时、完整,积极推动做好信息发布、回应关切等方面的工作。三是更加关注市场需求,加强数据分析解读,为国内外各类市场主体提供更加及时、准确的信息服务。下一步,除按照SDDS要求继续做好金融

第五章 "十三五"时期金融统计的发展方向：统筹金融业综合统计

统计数据的发布和报送工作，还要继续做好与国际货币基金组织、国际清算银行以及金融稳定理事会的数据交流与报送工作。四是完善应急处置机制，高度重视舆论引导和舆情监测，注重发挥主要新闻媒体作用，争取主动宣传、主动发声，提高舆情风险处置效率。

参考文献

[1] 周小川. 把握好多目标政策：转型的中国经济的视角［R/OL］. http://www.pbc.gov.cn/goutongjiaoliu/113456/113469/3090366/index.html.

[2] 周小川. 国际金融危机：观察、分析与应对［M］. 北京：中国金融出版社，2012.

[3] 陈雨露. 社会融资规模与金融业综合统计［J］. 中国金融，2016.

[4] 潘功胜. 加快推进金融业综合统计 夯实金融宏观调控和审慎监管基础［R/OL］. http://www.pbc.gov.cn/publish，2012.

[5] 张晓慧. 走向间接调控的中国货币政策［J］. 中国金融，2008（23）.

[6] 杜金富. 金融统计标准及诠释［M］. 北京：中国金融出版社，2012.

[7] 杜金富. 货币与金融统计学（第三版）［M］. 北京：中国金融出版社，2013.

[8] 杜金富. 银行监管统计学［M］. 北京：中国金融出版社，2014.

［9］阮健弘. 完善金融业综合统计体系［J］. 中国金融，2017（2）.

［10］刘春航. 金融结构、系统脆弱性和金融监管［R］. 在中国金融四十人论坛的学术交流，2012－05.

［11］张晓朴. 同业业务与金融不稳定：传导机理与风险监管［R］. 在中国金融四十人论坛·青年论坛第57期双周内部研讨会上的主题演讲，2014－06.

［12］张璇. 全球系统重要性银行统计的新进展及其对我国宏观审慎统计监测的启示［J］. 中国货币市场，2016（6）.

［13］中国人民银行调查统计司. 时间序列X－12－ARIMA季节调整——原理与方法［M］. 北京：中国金融出版社，2006.

［14］中国人民银行调查统计司. "三农"贷款与县域金融统计［M］. 北京：中国金融出版社，2012.

［15］高铁梅，陈磊，王金明，张同斌. 经济周期波动分析与预测方法（第2版）［M］. 北京：清华大学出版社，2015.

［16］汪寿阳，张循，尚维，郑桂环. 宏观经济预警方法应用与预警系统［M］. 北京：科学出版社，2015.

［17］第十二届全国人民代表大会第四次会议. 中华人民共和国国民经济和社会发展第十三个五年规划纲要［M］. 北京：人民出版社，2016.

［18］国务院扶贫办. 习近平关于扶贫开发论述摘编［G］. 2015.

［19］中华人民共和国国家统计局. 中国主要统计指标诠释［M］. 北京：中国统计出版社，2013.

［20］国际货币基金组织. 货币与金融统计手册［Z］. 2000.

［21］巴塞尔银行监管委员会. 巴塞尔协议（第三版）［M］. 中国银行业监督管理委员会，译. 北京：中国金融出版社，2011.

［22］国际货币基金组织、国际清算银行、欧洲中央银行. 证券统

计手册[M].中国人民银行调查统计司,译.北京:中国金融出版社,2016.

[23] 欧洲中央银行.利率统计手册[Z].2017.

[24] M. A. 科普兰.通过美国经济跟踪货币流通[J].美国经济学年会,1947(1).

[25] FSB. Policy Measures to Address Systemically Important Financial Institutions, November 2011.

[26] BCBS. Global Systemically Important Banks: Updated Assessment Methodology and the Higher Loss Absorbency Requirement, July 2013.

[27] BIS. Macroprudential Policy Frameworks Instruments and Indicators: A Review [R/OL]. http://www.bis.org/ifc/publ/ifcb41c_rh.pdf.

[28] www.pbc.gov.cn.

[29] www.fedreserve.gov.

[30] www.ecb.int.

[31] http://bis.org.

[32] http://imf.org.